8° Ye
2212

RECHERCHES

Sur l'Histoire du Langage et des Patois

DE CHAMPAGNE.

Cette édition se tire à 350 exemplaires, dont 16 sur papier de couleur.

Reims. — Imp. de P. REGNIER.

RECHERCHES
SUR
L'HISTOIRE DU LANGAGE ET DES PATOIS
DE CHAMPAGNE.

P. TARBÉ.

TOME PREMIER.

J'aimons nonte villège,
Là voùs qu'en parle bié,
Où qu'jons nonte hirétège,
Que j'n'y manquom' de rié.
J'aimons nonte villège,
Et pis nont' vié queuchié,
Là voùs qu'edsous l'herbège
Erpousont lés ancié.
J'aimons nonte villège,
Là voùs qu'é ma boun' mé,
L'anmin de mou june ège,
Et stell' qu'a m'amiquié.

REIMS.

1851.

A SON ÉMINENCE

Monseigneur le Cardinal GOUSSET,

ARCHEVÊQUE DE REIMS.

Monseigneur,

J'ai l'honneur de vous dédier mes recherches sur l'histoire du langage et des patois de Champagne. C'est une œuvre de famille: plusieurs enfants de notre province y ont pris part. A qui pouvais-je en faire hommage, si ce n'est à celui qui représente ici-bas notre père commun ? Veuillez donc l'accepter.

Mon livre résume la vie des dialectes adoptés tour à tour par nos ancêtres. La raconter, sans remettre en mémoire les infortunes, les jours glorieux de notre pays, serait chose impossible. Vous avez compris que mes pages appartiennent aux chroniques de votre seconde patrie.

La Champagne eut été fière de vous compter au nombre de ses fils bien-aimés : elle est heureuse de vous voir adopter avec amour son passé si riche d'honneur, si riche d'avenir. Comme vos prédécesseurs, pères de nos écoles, de nos colléges, vous n'avez cessé de remplir avec ardeur la mission bienfaisante, qui vous est venue d'en haut. Améliorer les hommes en les éclairant, leur donner des armes pour résister au mal en leur prodiguant les bienfaits de l'éducation, en allumant partout le flambeau de l'étude et de la vérité, leur apprendre les premiers devoirs du chrétien, l'amour de Dieu, la fraternité, en leur donnant l'exemple de la tolérance et de la religion éclairée, tel est votre but. Les lettres ont répondu à votre appel. Le mouvement studieux, qui s'opère dans nos contrées, vous reconnaît pour chef. Sous votre égide le clergé reprend ses travaux sérieux. Comme aux jours passés il rentre dans la carrière des sciences et des lettres, qui firent pendant dix-huit cents ans sa force et sa puissance. Dans un siècle éclairé comme le nôtre, la victoire doit rester au plus sachant. Qu'importe la robe du savoir, pourvu qu'il soit le savoir. Partout où il sera, dans les cloîtres, dans les écoles chrétiennes, dans les collégiales, on ira le chercher. Grâce à vous, on le trouvera sous notre ciel.

La croisade contre l'ignorance et les préjugés, contre le mépris affecté de ce qui est ancien, rencontre plus d'un partisan. Nos compatriotes, nos amis ont déjà pris place sous sa bannière. Qu'il nous soit permis de nous mêler à leurs rangs. Nous avons cherché les traces de notre histoire dans les monuments de notre antique langage, et les vestiges de nos vieux dialectes dans les souvenirs de nos chroniques. Puisse notre travail vous sembler digne d'intérêt! Votre approbation sera la récompense de nos peines. Dans toutes les circonstances de ma vie, vous n'avez cessé de me témoigner estime et bonté. Veuillez recevoir ici l'expression de ma reconnaissance. Que ces lignes soient le faible monument du respect et de l'affection, que je vous dois.

J'ai l'honneur d'être, Monseigneur,
de votre Eminence,

Le très humble et très dévoué serviteur,

Prosper TARBÉ.

RECHERCHES

sur l'Histoire du Langage et des Patois

DE CHAMPAGNE.

RECHERCHES

Sur l'Histoire du Langage et des Patois

DE CHAMPAGNE.

Du Langage dans la Gaule Belgique avant l'arrivée de César.

Le premier monument de l'histoire d'un peuple est son idiome. Révolutions, conquêtes, émigrations, affranchissements, jours de gloire et de bonheur, jours d'oppression et d'infortune laissent sur son langage des empreintes ineffaçables. Les flots des âges passent sur les faits et en lavent la mémoire : le temps mine, ronge et détruit l'édifice, la statue, le bronze si long à périr. Mais tant que sur un point du globe il restera des hommes, l'étude, en les écoutant parler, pourra réfléchir sur les légendes de leurs races, vérifier leurs traditions, interroger les mystères du vieux monde, et retrouver des échos fidèles encore après des milliers d'années.

Pour atteindre ce but, souvent même pour l'entrevoir, il faut ardeur et résignation. Sans elles comment aborder les archives de la terre ? Comment descendre dans les profondeurs où dorment les dernières étincelles du feu sacré ? Que de fois la lampe allumée par le travailleur ne donnera qu'une lueur pâle et vacillante ! Le temps entre elle et lui jettera son manteau poudreux : si la méditation parvient à le soulever, derrière se dresseront le doute à l'air sardonique, et ses voiles aux plis longs et flottants. Des traits de lumière perceront peut-être les

Riches d'avenir, plus heureuses au début que leurs sœurs, elles n'en succomberont pas moins un jour : mais elles pourront dire comme le poète *non moriar totus*. Leur mémoire vivra : leurs monuments perpétueront les récits de la tradition, rectifieront ses erreurs et fonderont l'histoire sérieuse du monde. Que saurions-nous de nos pères, si Rome n'eut existé, si Rome n'eut enfanté conquérants, artistes et chroniqueurs ? Enfants des Gaules, qui pourrait parler de vous, si César n'eut raconté vos exploits et vos glorieux malheurs ?

Lorsque César interroge les Celtes sur leur origine, ils se disent tous issus de Dis (1). Dis est Jupiter, ou Pluton : c'est Dieu. N'est-ce pas là d'ailleurs la tradition hébraïque ? Dieu n'a-t-il pas créé l'homme ? Mais comment les Celtes sont-ils aux bords de la Marne et de la Seine ? ils n'en savent rien. Leurs voisins les Belges, plus près de l'orient, ont des traditions plus récentes, plus précises : mais avant d'en parler, il est indispensable de faire connaître en peu de mots l'état des Gaules, cinquante ans avant l'ère chrétienne.

L'Europe fut peuplée par l'Asie et l'Egypte. La Grèce, la Thrace, la Pannonie furent les stations, où s'arrêtèrent en passant les hordes venues des bords de l'Euphrate et du Nil. Plus tard, à de longs intervalles, des colonies maritimes occupèrent l'Italie, la Sicile, les rivages d'Afrique, le midi des Gaules et l'Espagne. D'autres tribus suivirent les côtes de la mer Illyrienne et le pied des Alpes ; d'autres encore remontèrent aux sources du Danube. Elles prirent possession de l'Italie septentrionale et de la Germanie ; de là, des bouches du Rhône à l'embouchure du Rhin, elles s'avancèrent pour s'emparer des Gaules et de la Bretagne. L'Helvétie fut un des noyaux de la vieille Europe : et dans son sein se trouvent encore les dialectes les plus variés. Dans cet asile, facile à défendre, plus d'une race s'est assise, plus d'une race laissa les traces de son idiome.

Quelle langue parlaient les premiers possesseurs des Gaules ? D'abord examinons quelle nation habitait cette contrée : vingt peuples environ, et plus de 300 tribus se partageaient le sol. Au midi se trouvaient les Aquitains et les Narbonnais. De ce côté nous n'avons pas à nous occuper longuement. Les Phocéens

---

(1) *Galli se omnes à Dite patre prognatos prædicant.* Cæsar. Bellum Gallicum. Lib. vi.

avaient-ils conquis la Provence? avaient-ils chassé devant eux les Celtes et les Gaulois? avaient-ils sur une terre vierge fondé des colonies depuis si florissantes? Nous l'ignorons. Les Carthaginois, les Phéniciens fréquentèrent, habitèrent aussi ces contrées. On y parlait grec ; mais sans doute la différence des nations, qui vivaient ensemble sous ce beau ciel, avait dû porter atteinte à la pureté de ce poétique idiome. La langue d'Aix, celle de Marseille ne devaient guère ressembler à celle entendue sous les tentes du grand Alexandre.

Les Romains ne tardèrent pas à soumettre ces heureuses provinces. Avec eux la langue latine pénétra dans ce beau pays. Nous ne ferons pas l'histoire de son origine et de ses variations jusqu'au temps de César. La langue des Saliens, les premières lois des XII tables, les réformes opérées sous Caton d'Utique dans ce texte historique, indiquent suffisamment que cet idiome, comme toutes les choses de ce monde, n'avait cessé de changer.

Enée et les Troyens fugitifs purent à la rigueur fonder Rome : mais ils ne peuplèrent pas l'Italie ; ils purent amener dans la langue du Latium quelques mots asiatiques ou grecs. Mais bien avant les Romains, l'Italie avait ses peuples, ses villes déjà rivales, ses arts, ses belles-lettres et son idiome. Ses habitants venaient-ils de la Grèce? Cela paraît certain pour la Sicile et la Calabre. Au nord ne sont-ils pas arrivés par la Suisse et l'Illyrie? n'ont-ils pas la même origine que les Germains et les Gaulois?

Interrogez les vallées de l'Helvétie, écoutez causer les montagnards, qui vivent aux sources du Rhin et dans les cantons catholiques : leur langage n'est pas allemand : il n'est pas italien ; il n'est ni latin, ni français. N'a-t-il pas conservé, au moins en débris, la langue de la Gaule Cisalpine et l'idiome de l'Etrurie. Le latin primitif fut peut-être facilement compris des Gaulois Cisalpins et de ceux établis aux bords du Rhône : mais ils restèrent barbares, pendant que Rome se civilisait. Des idiomes, peut-être analogues au berceau, se séparèrent et devinrent des langues distinctes.

Cependant le nord des Gaules avait aussi reçu des habitants : deux grands peuples se le partageaient. Ils avaient pour principales limites la Marne et la Seine. La Champagne, telle que nous la connaissons, était donc divisée entre ces deux nations. Les mots Gaules et Gaulois étaient d'invention latine ou méridionale. Les Gaulois du nord-ouest se nommaient

Celtes (1). Ce sont ceux qui reçurent plus particulièrement le surnom de Gaulois. Leurs territoires embrassaient l'Ile de France, une partie de la Normandie, la Bretagne, le pays Chartrain, le Gatinais, le Sénonois, Troyes, la Bourgogne ; entre eux et les Germains, au nord-est, se trouvaient les Belges. Leurs terres, divisées entre des tribus nombreuses, embrassaient le pays de Reims et les Ardennes, Langres, l'Alsace, le Luxembourg, les rives de la Moselle et du Rhin, les Pays-Bas, la Flandre, la Picardie et une partie de la Normandie. Les plus proches voisins des Celtes étaient donc les Rémois (2).

Ce sont les Celtes, qui prétendaient descendre de Dis : — la Gaule fut leur berceau : ils n'ont d'autres ancêtres que les Celtes. Tel était leur système généalogique : tel fut longtemps, tel est peut-être encore celui des Armoricains. Contre eux combat l'histoire générale de la terre : contre eux s'élève cette suite non interrompue d'émigrations d'orient en occident, cette tradition partout admise de peuples tour-à-tour vainqueurs et vaincus, envahisseurs, puis chassés ou réduits en esclavage. Les Celtes sont les ainés de la race Gauloise : et les ainés des Celtes sont peut-être en Bretagne, aux confins des Gaules. C'est au point, où l'on ne peut plus avancer, qu'ont dû rester les premiers venus sur notre sol. C'est dans les landes de l'Armorique, qu'on peut seulement retrouver les restes du langage Celtique.

Les Belges, les derniers arrivés des hôtes primitifs des Gaules, n'avaient pas de si hautes prétentions : ils se disaient modestement issus de tribus sorties de la sombre Germanie (3). Séduites par la beauté du ciel, par la fertilité du sol, elles s'étaient arrêtées entre le Rhin et la mer du Nord, la Seine et la Marne. Les ambassadeurs Rémois l'apprirent à César (4).

La légende, qui donne à Rémus, frère de Romulus, ou à ses soldats, la gloire d'avoir fondé Reims, est une de ces fables historiques nées et admises sans examen pendant les ténèbres du

---

(1) *Ipsorum lingua Celtæ, nostra Galli appellantur.* — Cœs. Bel. Gallicum.

(2) *Remi, qui proximi Galliæ de Belgis sunt.* Cœs. liv. II.

(3) *Germaniam informem terris, asperam cœlo, tristem cultu aspectu ve, nisi si patria sit.* — Tacite, de Morib. vet. German.

(4) *Plerosque Belgas esse ortos a Germanis, Rhenum que antiquitus traductos propter loci fertilitatem ibidem consedisse.* Cœs. lib. II.

moyen-âge. César n'en dit rien : les députés Rémois, qui eurent plus d'une fois à traiter avec lui, dont il n'oublie pas d'ailleurs d'analyser les discours, n'auraient pas manqué de rappeler l'origine de leur cité. Ne serait-elle pas devenue la sœur de la ville éternelle ? — Les populations de nos contrées sont donc filles des Celtes mêlés aux Germains, ou des Germains seuls établis sur les ruines des cités vaincues. Des invasions perpétuelles mêlèrent les deux races : et ces premiers faits révèlent déjà la langue, que devaient parler nos pères.

300 ans environ avant l'ère chrétienne les Gaules se trouvèrent écrasées par leur population : une jeunesse ardente, trop nombreuse demandait une vie active et guerrière. Elle se mit en marche vers le midi. Bientôt Brennus arrive sous les murs de Rome et prononce le célèbre *Væ victis!* — Un autre chef, avec une armée non moins audacieuse, passe les Alpes Rhétiennes, pénètre en Grèce et finit par entrer en Asie. Elle dresse ses tentes près de l'antique Troade et fonde une nation, qui devait durer des siècles. C'était un fait unique dans l'histoire des hommes! Que de fois on envahit l'Orient, mais pour le dévaster : les Gaulois l'occupent, s'y établissent et forment une nation. — De là peut-être les légendes mensongères, qui donnent à nos pères les Phrygiens pour ancêtres ; de là peut-être ces chroniques fabuleuses, où l'on nous montre Paris, le galant Troyen, débarquant en Belgique et partageant le nord des Gaules entre ses compagnons de voyage.

Le territoire des conquérants fut de leur nom appelé la Galathie. L'histoire romaine, celle de Byzance jusqu'à sa chûte nous parlent de cette race guerrière toujours intrépide, téméraire, toujours riche en gens de cœur et de dévouement. Les empereurs d'Orient recrutaient leur garde personnelle, leurs troupes d'élites parmi les Galathes. Ces armées aventureuses venaient du nord des Gaules (1). Chartres, Beauvais, Amiens, Sens, Meaux, Langres, Troyes, Reims les avaient fournies : elles devaient donc renfermer des Celtes, des Belges, et sans doute des Germains. L'histoire nous apprend quel idiome elles parlaient.

---

(1) Justin : lib. 24, c. iv, — lib. 25, c. v. — Florus : lib. 2, c. ii. — Caius Julius Solinus (vivant vers l'an 250). Polyhistor : Deuxponts, 1794, in-8º. — Parmi les tribus de la Galathie, il y en avait encore une du temps de Pline, qui portait le nom d'Ambituani : — Pline, liv. 5, chap. xxxii.

630 ans plus tard naissait en Pannonie un homme, dont la vie devait être humble et le nom célèbre. Jérôme, un des princes de la science chrétienne, une des gloires de l'église catholique, depuis canonisé, passa ses jours à répandre les bienfaits du saint évangile tantôt en Orient, tantôt en Occident. Il visita les Galathes : depuis six siècles ils avaient dédaigné de se mêler aux peuplades efféminées de la Grèce et de l'Asie : ils avaient appris leur langue pour converser avec elles ; mais ils avaient pieusement gardé l'idiome de leurs pères. Saint Jérôme, homme de savoir et d'observation, constate que les Galathes usaient d'un idiome semblable à celui des habitants de Trèves (1). Il pouvait émettre cette opinion avec certitude, lui qui pendant sa jeunesse avait habité cette cité. Or quelle langue parlait-on à Trèves dans la première moitié du IVe siècle de l'ère chrétienne ?

Le territoire de cette ville, compris dans la Belgique comme celui de Reims, embrassait les terres encadrées entre le Rhin, la Moselle et la Meuse. Il touchait à celui des Rémois : leurs limites respectives étaient dans les Ardennes. Les Trévirois étaient plus exposés que d'autres aux invasions des Germains toujours envieux des beaux domaines, des terres fertiles des Gaules (2). Cependant les premiers, qui passèrent le Rhin, paraissent s'être établis au milieu des Ardennes et des Belges du Nord (3). Les habitants de Trèves les avaient vu venir aussi, mais un peu plus tard. Du temps de Tacite, ils se vantaient d'être issus des Germains (4). Ce grand historien vivait dans le commencement du IIe siècle de l'ère chrétienne. C'était donc la langue germaine, tudesque, thyoise ou theostique, que l'on parlait à Trèves, quand saint Jérôme y passa. C'est donc cet idiome, qu'il retrouve dans la Galathie, chez ce peu-

---

(1) *Galathas, excepto sermone græco, quo omnis Oriens loquitur, propriam linguam eamdem penè habere quam Treviros, nec referre si aliqua exindè corrupuerint.* — Hiéronymus : Prol. com. in epist. ad Galathas. Chap. III. — V. aussi : *Quesiiones Hebraicæ.*

(2) *Gallia ubera gleba et pabulosa, et ad usum animantium apta, fluminibus quoque et fontibus irrigata.* — Isidorus : Etimolog.

(3) *Qui primum Rhenum transgressi Gallos expulerunt, nunc Tongri, nunc Germani vocati sunt.* — Tacite, de morib. veter. Germ.

(4) *Treviri et Nervii circa affectationem Germanicæ originis ultrò ambitiosi sunt.* — Tacite, de morib. vet. Germ.

ple sorti des Gaules six siècles auparavant. La langue de nos pères était donc la même que celle des Allemands : et les Rémois disaient la vérité, quand ils apprenaient à César que presque tous les Belges descendaient des Germains. Ils pouvaient en dire autant des Celtes.

Des rives de l'Océan aux bouches du Danube, des îles de la Scandinavie aux pieds des Alpes, parlait-on la même langue? Y eut-il jamais une langue germaine partout identique? Non certainement. Cet immense territoire fut peuplé lentement : les émigrations et les conquêtes s'y succédèrent, mais à de longs intervalles. A chaque colonie son dialecte, à chaque siècle son cachet, à chaque peuplade son génie. Partout la racine tudesque; mais partout aussi des désinences variées, des règles, des habitudes diverses : partout des différences si profondes, qu'il fallait être un saint Jérôme pour n'en pas tenir compte et retrouver le fil, qui renouait les races et reliait leurs idiomes. Les Celtes du nord-ouest, plus éloignés des bords du Rhin que les Belges, se trouvaient aussi plus qu'eux étrangers au dialecte germain.

D'autres causes contribuèrent encore à l'altérer profondément. Les idiomes grecs, phéniciens et puniques, régnaient en Provence. Ils durent s'avancer dans l'Aquitaine et dans la Gaule Celtique, qui l'entourait. Les peuples, à cet égard, ne sont guère impunément voisins. Des mots grecs, phéniciens peut-être, purent s'introduire dans la langue celtique bien avant l'invasion de César. Nous en dirons autant du latin. La Gaule cisalpine avait depuis longtemps vu son idiome primitif se fondre avec celui du Latium. Entre les deux races la lutte avait été longue : son issue ne fut jamais douteuse. Le Gaulois léger et turbulent sait créer, mais ne conserve pas : il succomba. Son idiome cependant ne périt pas tout entier : comme celui de l'Étrurie, comme tous ceux connus dans le Latium, il prit place dans la langue latine, dont il subissait néanmoins les formes et les règles. Les Belges plus longtemps que les autres échappèrent à cette contagion. Les Celtes, placés entre eux et les Latins, entre eux et les colonies grecques, leur servirent de remparts contre les agressions des langages méridionaux. Au contraire, voisins immédiats de la Germanie, ils retrempaient sans cesse leur idiome dans les eaux de sa source. Cela pouvait-il suffire pour en perpétuer la pureté?

Rome s'était vengé des insolences de Brennus : bien antérieurement à la naissance de César, ses étendards flottaient dans la Gaule méridionale. Les Eduens, les Avernes, dont l'empire allait jusqu'aux bords de la Seine, les Rémois avant leur soumission, avaient souvent entendu la langue latine. Guerres, négociations politiques, relations commerciales les initiaient d'une manière inévitable au langage appris par leurs frères Cisalpins et Transalpins. Ainsi se préparait lentement, mais à coup sûr, la ruine du langage gaulois. Il ne devait cependant périr qu'avec la nationalité du pays. La discorde avança le jour de leur chûte commune. Nous ne ferons pas ici l'histoire des guerres intestines, qui provoquèrent l'intervention de César. Les Germains y avaient pris une part active : déjà maîtres en partie de la Belgique, ils attendaient l'occasion de se partager les belles cités des Gaules. Elle n'était pas encore venue pour eux : ce n'était pas à leur profit que l'indépendance des Celtes entendit sonner sa dernière heure. Les aigles romaines pénétrèrent même dans l'Armorique. Elles y laissèrent des soldats et des colons, c'est à dire la semence de la langue latine.

La victoire permit enfin à César de raconter ses campagnes dans les Gaules. Nos pères trouvèrent dans ce grand conquérant leur premier oppresseur : mais ils eurent en lui leur premier historien. Ce n'est pas une consolation pour leurs descendants : néanmoins ce fut un bonheur pour la science. Littérateur élégant, profond observateur, historien impartial, il a su rendre hommage au courage malheureux. Si les gaulois durent leurs défaites aux talents militaires de César, ils durent à sa plume, à son noble esprit les rayons de gloire dont se couronne leur infortune, les brillants souvenirs, qui font la base de notre histoire. — Au *Væ victis* de Brennus, César répondit : Honneur aux vaincus. L'un était barbare ; l'autre était Romain.

L'auguste historien nous montre dans les Gaules les lettres et les sciences en grande estime. Les Druides dirigeaient des collèges : ils étaient chargés de l'éducation de la jeunesse, du culte et de l'enseignement religieux. Les Bardes chantaient la gloire des braves et formaient des poètes. Les Eubages développaient des thèses philosophiques, dont les principes étaient connus et respectés en Grèce, si l'on en croit Aristote. Les sciences exactes avaient des professeurs. Des connaissances aussi variées exigeaient une langue facile, claire et précise. Il lui fallait des règles, des traditions : elle devait être ancienne. Le contact des colonies grecques et romaines avaient nécessairement exercé sur l'idiome gaulois une heureuse influence. Il avait pu gagner en éclat, en pureté ce qu'il avait perdu d'originalité. Faible cours d'eau dans les vallées de l'Helvétie, le Rhin dans sa marche majestueuse devient torrent rapide, puis fleuve vaste et profond : mais il a reçu, dans sa route, ruisseaux et rivières. C'est l'image de notre idiome : Germain au départ, il recueille dans son sein l'étranger du midi, l'étranger du nord : Il s'est enrichi, fortifié en se dénaturant. Deux raisons peuvent faire douter cependant qu'il ait jamais acquis une grande perfection. — Les druides ne l'écrivaient pas. Ne peut-on pas en conclure qu'il n'avait pas subi l'examen de la critique grammaticale, qu'il refusait de se soumettre au joug minutieux de l'orthographe ? — S'il avait eu son génie et ses lois, aurait-il succombé si facilement sous l'influence latine ?

La langue gauloise, belge ou celtique, était non seulement entendue, mais professée avec succès en Bretagne. C'est dans cette île que les riches habitants des Gaules envoyaient leurs enfants perfectionner leurs études (1). Les colonies Germano-Belges occupaient le littoral du pays ; et les premiers possesseurs du sol s'étaient retirés dans l'intérieur des terres. De même en France les premiers des Celtes avaient été refoulés au fond de l'Armorique. L'idiome Belge était le lien, qui devait unir le Celte et le Germain : c'est dans nos contrées que se parlait le dialecte intermédiaire.

La Gaule possédait autant de dialectes que de tribus : chaque nation avait le sien. Mais il ne formait pas une langue incomprise sur les territoires voisins. Les peuplades gauloises avaient chacune leurs codes, leurs institutions, leur idiome. C'était la preuve de leur arrivée successive sur notre sol (2), de l'enfance de leur civilisation. L'indépendance grammaticale, l'insubordination de l'orthographe auraient, sans doute, succombé devant la logique et l'étude : si elles eussent existé sérieusement sur un point du territoire, l'unité n'aurait pas manqué de gagner du terrain. Ce qu'elle n'avait pas fait

---

(1) *Et nunc, qui diligentius rem cognoscere volunt, plerum que in Britanniam discendi causâ proficiscuntur.* César. lib. 2.

(2) *Omnes linguâ, institutis et legibus differunt.* — César. liv. 1.

dans le premier siècle de l'ère chrétienne (1), Rome allait à peu près le réaliser.

La langue des Gaulois était distincte de l'idiome des Allemands restés au delà du Rhin. Le lien, qui primitivement unissait ces nations, était brisé depuis longtemps : elles vivaient dans un état permanent d'hostilité, qui les rendait étrangères l'une à l'autre.

César ne savait ni le gaulois ni le germain : il avait besoin d'interprète pour négocier avec ses adversaires. Le tribun Valerius Procellus avait étudié leur langue et put lui servir d'intermédiaire. Arioviste, roi des Allemands, avait habité les Gaules ; il savait le Gaulois ; et c'est encore Procellus, qui se mit au nom de César en rapport avec lui. — Quatre-vingts ans après la conquête, Caligula veut se donner à Rome les honneurs d'un triomphe sur les Germains. Pour augmenter la pompe de son entrée dans la ville impériale, il oblige des esclaves Gaulois traînés à sa suite à parler tudesque (2). Ne peut-on pas en conclure que si les deux langues étaient distinctes, au moins n'étaient-elles pas sans rapport? Des esclaves, gens sans éducation, abrutis par le malheur, auraient-ils jamais pu savoir une langue entièrement nouvelle pour eux, surtout de manière à satisfaire rapidement aux caprices d'un César ? La terreur et les menaces n'ont jamais multiplié les ressources de l'esprit et développé l'intelligence.

Faut-il répondre à ceux, qui voient la langue grecque au fond de notre idiome. Sans doute le français actuel renferme nombre de mots nés aux bords de l'Hellespont : mais d'abord les colonies Phocéennes en introduisirent une grande partie. Le latin en contenait une multitude et nous les a transmis. Que quelques termes grecs d'origine aient survécu dans la langue des tribus, qui peut-être résidèrent dans le nord de la Grèce, avant d'occuper la Gaule, cela n'est pas impossible. Mais quels sont-ils? Qui peut les distinguer de ceux venus de Marseille ou de Rome? On a dit aussi que les Gaules avaient doté la Grèce de leurs sciences, de leur langue et de leur alphabet. Le peuple, assez savant pour apprendre à d'autres ses caractères, son écriture, sa prononciation, aurait su manier la plume, le burin et le ciseau. Il aurait laissé

---

(1) *Eadem non usque lingua utuntur omnes, sed paululum variata.* Strabon. liv. IV.

(2) Suétone. — Vie des douze Césars. — Caligula.

derrière lui des monuments écrits, gravés, ciselés, sculptés. C'est ce que nous donne l'antique Hellade : c'est ce que les Gaules ne nous ont pas légué.

Mais, a-t-on dit, César raconte lui-même avoir trouvé dans les Gaules l'usage des caractères grecs (1). Ce fait est incontesté. S'ensuit-t-il que la nation savait s'en servir ? Dans le camp des Helvétiens on saisit des renseignements de statistique écrits en lettres grecques ; ils étaient relatifs au nombre de soldats, que chaque peuplade pouvait fournir. César ne dit nullement que ces documents fussent rédigés en langue grecque. Il s'agissait d'une pièce officielle, politique, destinée à rester confidentielle, faite pour les chefs de la nation. Les caractères dont on se servit en ce cas, ne sont-ils pas des signes de convention ? C'est ce que de nos jours on nomme un chiffre. Leur emploi, dans une pareille occasion, ne prouve-t-il pas au contraire que la foule n'en connaissait pas la valeur ? Il a suffi d'un Gaulois voyageur, d'un Belge ayant habité la Grèce, Rome, ou la Sicile, d'un esclave fugitif, d'un Romain déserteur, pour trouver l'homme capable de rédiger les tablettes dont il s'agit.

Les Gaulois du midi pouvaient seuls écrire et parler en langue grecque. César nous donne lui-même la preuve que ceux du nord ne savaient ni la lire, ni l'entendre. Il a besoin d'envoyer à un de ses lieutenants un ordre, qu'il veut tenir secret : il l'écrit en grec, afin, dit-il, que si l'ennemi le surprend, il ne puisse en connaître le contenu ; c'est à un Gaulois qu'il confie cet important message (2).

Varron, contemporain de César, pense, il est vrai, que les colonies grecques pénétrèrent jusque dans la Gaule Belgique : mais elles n'y vinrent certes pas l'épée à la main et ne purent imposer à personne leur langue et leurs lois. Dans le second

---

(1) *In castris Helvetiorum tabulæ repertæ sunt litteris Græcis confectæ, et ad Cæsarem relatæ: quibus in tabulis nominatim ratio confecta erat qui numerus domo exisset eorum, qui arma ferre possent.* — § 29, liv. 1. Cæsar. Bellum Gallicum.

(2) *Tum cuidam ex equitibus Gallis magnis præmiis persuadet uti ad Ciceronem epistolam deferat. Hanc Græcis conscriptam litteris mittit, ne, interrupta epistola, nostra ab hostibus consilia cognoscantur.* — Cæsar. Bellum Gallicum, liv. 5.

siècle de l'ère chrétienne, Philostrate parle d'un Gaulois nommé Phanorinus, et s'étonne de ce qu'il savait parler grec (1) : c'était un savant.

Il faut donc s'en tenir aux traditions nationales, aux souvenirs recueillis par César. Les Belges, c'est à dire en Champagne, les Ardennais, les Rémois, les habitants de Langres, sont issus des Germains : ils durent parler l'idiome allemand ou tudesque. La langue celtique, dans nos contrées, fut celle des Senonais, des Troyens et des gens de Brie. Elle dut avoir la même origine. De ces anciens idiomes, il reste quelques mots cités par César, quelques noms disséminés dans l'histoire de la guerre des Gaules. Ce sont les premiers monuments de notre langue. Malheureusement l'auteur a cru pouvoir leur donner une terminaison latine. C'était certainement le moindre caprice permis à un vainqueur ; et celui-là en eut bien d'autres. Qui peut répondre qu'il n'a pas abrégé, augmenté les syllabes qui composaient ces noms, modifié les lettres, dont ils étaient combinés ? A-t-il bien saisi la prononciation gauloise, l'a-t-il bien rendue avec les lettres et les syllabes latines ? Dans cette suite de noms d'hommes, de villes, de rivières, de montagnes, que reste-t-il du dialecte de nos pères ? Aussi laisserons-nous aux étymologistes sans peur, mais rarement sans reproche, le soin d'indiquer la racine de chacun d'eux. Nous n'entrerons pas dans cette carrière fertile en dangers comme en in-folio. Dans ce labyrinthe sans issue, nous serions forcés d'emprunter à des langues plus modernes l'explication de celles, qui les ont précédées. Nous trouverions du Franc, du Sicambre, du Saxon, du Goth, du Bourguignon. Trouverions-nous du Gaulois réel ? Dans le doute abstiens-toi, dit le sage. Ainsi ferons-nous.

Nos pères n'ont laissé ni statues, ni médailles. Toutes celles, qu'on leur attribue, sont postérieures à la conquête. Ne sont-elles pas d'informes copies, de serviles imitations ? Mais ils avaient fondé des cités ; ils avaient reconnu des rois, des chefs : on sait, à peu près, comment ils les appelaient. Nous citerons quelques uns de ces noms (2), seules reliques sérieuses de notre langue nationale antérieure à l'invasion ro-

---

(1) Marlot. Histoire de l'Église de Reims, t. I.
(2) Voyez page 2.

maine : ils sont restés debout sur les ruines d'une nationalité, qui n'aurait pas succombé, si le courage eut pu la sauver. Romains et Francs n'ont pu faire oublier ces villes, ces peuples, qui luttèrent sans crainte contre Rome et ses consuls. Fleuves rapides, forêts majestueuses, dignes témoins de leur énergique patriotisme, comme les Gaulois vous nommaient, nous vous nommons encore. Tribus antiques, mères vénérables de notre grande nation, vieilles cités, berceaux de nos libertés et de nos arts, que vos noms vivent à jamais ; qu'autour d'eux viennent se grouper tout ce que le passé donne de gloire à la France, tout ce que l'avenir nous en garde. Et vous chefs indomptés, guerriers libres et braves, l'histoire sur son livre d'honneur a pieusement écrit vos noms en lettres d'or. Ils vivront tant qu'en France l'amour de la patrie fera battre les cœurs. Qu'en les lisant chacun dise : — gloire aux preux ! courage aux fils de leurs fils !

Du Langage en Champagne depuis l'arrivée de César jusqu'à celle des Francs.

De l'an 50 avant J.-C. à l'an du Christ 420.

Lorsque Rome conquit les Gaules, elle n'était plus au temps où sa langue, encore jeune, avait besoin de tuteur. Son idiome avait vieilli : l'expérience, l'étude, la logique l'avaient formé. Ses lois étaient devenues fixes ; elles avaient tout prévu, tout réglé ; les moindres détails échappaient à l'arbitraire. Le latin était donc puissant de ses propres forces : il s'appuyait encore sur l'épée et la victoire. Les ordres émanés du Capitole avaient pour eux la raison, la clarté, le style : c'était l'aigle, qui les apportait.

La langue gauloise ne pouvait être plus heureuse que les Gaulois. Elle ne survécut pas à leur indépendance. Sans œuvres classiques, sans textes écrits, sans grammaire connue, elle se recommandait seulement par son origine libre, mais barbare. Aussi ne pouvait-elle lutter contre un adversaire habitué au combat, armé de toutes pièces, et commandant en maître.

Rome couvrit les Gaules de colonies, fonda pour elles des cités, leur donna des terres : pendant plus de quatre siècles elle ne cessa de mêler aux races belges et celtiques des soldats, des esclaves venus de toutes les parties du monde.

Pendant plus de quatre siècles elle leur imposa des gouverneurs, des généraux, des magistrats choisis dans son sein. Les villes, qu'elle avait affranchies, Reims par exemple, durent néanmoins accepter ses lois écrites, ses officiers, ses dépôts militaires et ses colons.

Code pénal, procédure, lois fiscales et militaires tout fut romain (1). La terreur se faisait obéir. La tyrannie la plus impitoyable étouffait toute opposition ; il fallut se soumettre, apprendre le latin, le comprendre, le parler, l'écrire. Nul ne pouvait se défendre, négocier, prétendre à une place et surtout parcourir une carrière, s'il ignorait le latin. La nécessité, l'ambition, l'amour du bien-être sont d'habiles professeurs. Rome trouva dans le christianisme un auxiliaire actif ; de ses murs partirent les premiers missionnaires, qui pénétrèrent dans les Gaules. Le peuple s'empressa d'étudier une langue, qui prêchait la morale, et posait en principe l'affranchissement, la dignité de l'homme. Le latin eut donc pour lui la force brutale, la supériorité grammaticale et littéraire, la puissance intellectuelle et religieuse.

Dès le premier siècle de notre ère chrétienne, avant que les apôtres des Gaules aient visité nos contrées, on y voit des écoles romaines. Lyon, Besançon durent celles, dont elles jouirent, à la munificence capricieuse de ce Caligula, qui voulait un autre jour anéantir les œuvres d'Homère, de Virgile et de Tite Live.

La langue gauloise fut abandonnée. Inutile dans les camps, au barreau, dans les villes de commerce, elle ne fut même plus un idiome savant ; les chants du Barde s'évanouirent avec la liberté : personne n'en recueillit les derniers accents. Ce peuple Gallo-romain, qui savait enfin écrire, ne fit aucun effort pour réunir les monuments de son histoire, de sa religion, de ses lois. La lampe palissait et personne ne songeait à lui rendre quelques gouttes d'huile : elle s'éteignit. Comme la flamme, comme l'onde qui fuit, comme le chant des oiseaux, elle périt sans laisser trace ; et les Gaulois inconstants et légers, avides de choses nouvelles, amis de la mode alors comme depuis, ne purent faire lire à leurs fils les récits, qui bercèrent la jeunesse de leurs

---

(1) *Quod si ea, quæ in longinquis nationibus geruntur, ignoretis, respicite finitimam Galliam, quæ in provinciam redacta, jure et legibus commutatis, securibus subjecta, perpetua premitur servitute.* — Cœsar. liv. 7.

pères, exaltèrent leur courage et consolèrent leurs vieux jours. Dans nos contrées parmi les villes, qui durent le plus rapidement et de la manière la plus complète accepter l'idiome du maître, il faut citer Langres et Reims. Alliées de Rome dès l'origine de la guerre des Gaules, elles furent comblées des bienfaits du vainqueur; Reims surtout, capitale de la Belgique, peuplée d'officiers et de fonctionnaires romains, possédait un cirque, des arènes, un palais impérial, des villas sans nombre. — A Reims tout fut romain. La cité gauloise fut latinisée.

Entre la langue celtique et la langue romaine, la lutte pouvait-elle être sérieuse ? La résistance cependant se prolongea. Comme toujours les villes et les populations commerçantes se plièrent facilement à la révolution de langage imposée par les circonstances. Les familles puissantes donnèrent l'exemple : nous voyons presque tous les personnages éminents sortis des Gaules désignés par des noms romains. Ceux même, qui renfermaient dans leur cœur la haine du conquérant, ceux qui s'insurgèrent et tentèrent bravement de briser le joug, n'en portaient pas d'autres (1). Les clercs, les prêtres, les évêques choisis dans l'élite de la population, avaient aussi presque tous des noms, qui rappelaient Rome ou la Grèce (2). Ces faits ne disent-ils pas avec une convaincante éloquence quelle langue parlait la haute société des Gaules ?

Mais les races, qui restèrent libres au milieu des forêts, dans les vallées inabordables, dans les montagnes, ces forteresses bâties par la nature, celles qui comme les Armoricains reculèrent autant que possible devant l'Empire et ses lois, conservèrent en partie la langue de leurs ancêtres. La population des campagnes, les esclaves, les indigents, tous ceux, qui n'eurent pas les moyens de s'instruire, ne surent de latin que ce que la nécessité, les relations de tous les jours purent leur en apprendre : le Gaulois resta d'abord leur idiome familier.

Saint Irénée, mort vers l'an 202, évêque de Lyon, c'est-à-dire d'une province soumise des premières au joug de Rome, était obligé pour se faire entendre du peuple de se servir de la langue gauloise (3). Les tribunaux eux-mêmes

---

(1) Voir p. 4. — (2) Voir p. 4, 5.

(3) Préface du livre des cinq hérésies. — Le P. Massuet. In-folio. Paris 1710.

furent contraints d'admettre les transactions conclues et écrites en gaulois. Ulpien reconnaît la validité des fidéicommis rédigés en cette langue (1); il mourut vers l'an 230 du Christ. Notre idiome avait donc encore des représentants parmi les gens maniant la plume et parmi ceux qui possédaient. Deux siècles plus tard, le Salluste chrétien, Sulpice-Sévère, l'élégant auteur de l'histoire sacrée, signale comme existant encore les langues celtique et gauloise (2).

Certaines circonstances favorisèrent ces derniers soupirs d'une nationalité vaincue. Rome était loin de posséder paisiblement la souveraineté des Gaules. De perpétuelles invasions tentées par les Germains réveillaient chez les Belges le souvenir de leur antique indépendance. Les insurrections de C. J. Vindex, de Claudius Civilis et de bien d'autres, rappelaient à nos pères qu'ils avaient formé jadis une grande nation. Les empereurs durent admettre sur le sol Gaulois des tribus Germaines, qui demandaient des terres et promettaient de payer l'impôt. A la fin du 3e siècle de l'ère chrétienne les Bourguignons avaient passé le Rhin; plus tard ils envahirent l'Helvétie et la portion des Gaules, qui depuis garda leur nom. Des hordes d'Allemands et de Sicambres entrèrent au service des Césars, combattirent pour les tyrans, qui bravèrent Rome et régnèrent sur les Gaules. Bien plus l'empereur Constance voulut réparer les ravages causés par la guerre, et repeupler les contrées, qui forment aujourd'hui la Champagne et la Picardie; il y appela des Francs et leur donna des terres sur les territoires d'Amiens, de Beauvais, de Langres et de Troyes. Au malade l'air natal rend la vie: L'idiome allemand, source de la langue des Belges, sans cesse rajeuni sur notre sol, donnait à nos pères des moyens toujours renaissants de conserver les débris de leur idiome. Elle redevenait tudesque; et dès lors commençait sur les ruines du dialecte gaulois la lutte, qui devait un jour séparer en deux camps les langages de l'Europe.

Tous ces faits retardaient la ruine du dialecte des Belges,

---

(1) Lib. XI. *De legatis.*

(2) Vie de saint Martin. — V. ses œuvres. Verone, 2 vol. in-4º. 1741-1755. — Il naquit en 367 et mourut en 410 ou en 429.

mais ne pouvaient le ressusciter. Banni du forum, des palais, de l'église, des monastères, il avait contre lui toutes les aristocraties, toutes les masses actives. Il dut de siècle en siècle faire des pertes notables, et ouvrir ses rangs à des termes devenus rigoureusement nécessaires au langage usuel. Il ne pouvait rien imposer ; il lui fallait sans cesse recevoir. Bientôt il ne fut plus qu'un dialecte gallo-latin : et plus les jours de l'indépendance s'éloignèrent, plus durent s'étendre les conquêtes de l'idiome usurpateur. Le latin remplit tous les vides faits par le temps, l'oppression et ses suites Mais s'il entrait en vainqueur dans la place, il recevait des blessures. Sa pureté classique essuyait des échecs ; ses règles étaient méconnues, sa grammaire irrévérencieusement traitée. Peu à peu se formait un idiome de convention plus latin que gaulois, latin dans le fond, barbare dans la forme, que Sidoine Apollinaire nommait si bien *rubiginem trivialium barbarismorum* (1). C'était la revanche de l'idiome vaincu. C'était de la réaction populaire en attendant mieux. Sans doute les écoles publiques, l'éducation privée auraient fini par vaincre la barbarie et Rome aurait définitivement imposé son langage au monde connu, si Dieu n'avait marqué les temps, auxquels devait s'écrouler à son tour le colosse impérial

Dès le règne d'Auguste, la Belgique de César, cette vaste étendue de territoire, qu'embrassaient la mer du nord, le Rhin et la Seine, avait été divisée. On en fit deux grandes provinces nommées Belgique et Germanie. A cette dernière revinrent les bords du Rhin, Trèves, et une partie de la Lorraine. Plus tard chacun de ces deux gouvernements se partageait encore en deux. La population augmentait aussi au milieu des hordes barbares ; elles connaissaient de longue date les trésors de notre sol, les richesses de nos villes, et quand elles inondèrent l'empire, elles ne les épargnèrent pas. Bourguignons, Vandales, Goths, Huns et Francs les attaquèrent ; les dialectes théostiques allemands, slaves, asiatiques et tartares, arrivèrent avec eux parmi nos pères. Après le passage de ces conquérants sauvages, après le séjour, qu'ils firent sur notre sol, après le règne des rois, qu'ils y proclamèrent, qui peut reconnaître les traces du véritable langage gaulois ? Que devint-il ? Faut-il encore chercher ses traces ? Le torrent n'a-t-il pas tout entraîné, tout submergé ? La civilisation romaine, les belles-lettres, les lois, la religion surtout arracheront le latin à l'orage social. Lui seul surnagera ;

---

(1) Histoire de Reims. —Marlot, t. i, p. 164.

lui seul pourra relever la tête et reparaître après la tempête. Le reste ne sera plus qu'un idiome bâtard sans père connu, un jargon sans lois, sans nom, un corps sans tête, une masse informe. La Champagne n'échappa pas à toutes ces dévastations : fidèle alliée de Rome dès l'arrivée de César, elle lui resta fidèle tant que l'aigle plana dans les Gaules. Si dans le nord quelques contrées conservèrent plus tard que d'autres le culte de la langue latine, ce dut être aux bords de la Marne et de l'Aisne. L'idiome germain attendit pour s'insurger l'arrivée de Clovis.

―

Du Langage depuis l'an 420 jusqu'à la fin du VIIIe siècle.

L'histoire du langage en Champagne, pendant le règne des Mérovingiens, est peu facile à suivre. La province était bien loin d'exister telle que nous la connaissons. Les territoires, qui la composèrent dans les XIe, XIIe et XIIIe siècles, faisaient partie de plusieurs gouvernements, dont la destinée fut différente. La Belgique, sous les premiers empereurs, forma quatre provinces consulaires. La Gaule celtique eut aussi ses divisions. Toutes obéissaient aux préfets impériaux.

Vers la fin du IVe siècle arriva, sur les frontières du nord et sur les bords du Rhin, une nation belliqueuse : depuis longtemps elle fournissait des colons aux Gaules, des soldats aux Césars. Pharamond, roi des Francs, et après lui Clodion le Chevelu s'emparèrent d'abord de la Belgique septentrionale ; ce dernier envahit même le Soissonais et le Vermandois. Mais Aétius, le dernier général romain dans nos contrées, le vainquit et le fit reculer. Mérovée, le galant Childéric continuèrent les conquêtes de leurs pères : mais c'était à Clovis qu'était réservé l'honneur de chasser l'italien de nos contrées. Il écrasa le faible successeur du brave Aétius ; et à la fin du Ve siècle il avait réuni sous son sceptre à peu près tout ce que contenait l'ancienne Belgique. En 496 il recevait le baptême à Reims. Bientôt il soumettait l'Armorique, la Bourgogne et l'Aquitaine. Mais en l'an 511 la mort l'arrêtait au milieu de ses triomphes.

L'aigle avait fui des Gaules, et sans retour. Avec lui disparut la civilisation. Les arts, les lettres retombèrent dans la barbarie. Depuis plus de quatre siècles la nationalité gauloise était écrasée : trop longtemps, trop cruellement opprimée, elle ne pouvait renaître. Les Gaules changeaient simplement de maîtres. La farouche dûreté des Francs n'était pas moins tyrannique que la rigueur réfléchie des Romains. Cette fois n'était-ce pas le barbare, qui se trouvait le conquérant ? Il ne fallait pas s'attendre à ce qu'il se soumit de gaité de cœur aux lois, aux mœurs et surtout à la langue du vaincu. L'idiome des Francs était l'allemand. Ses monuments au ve siècle de l'ère chrétienne sont rares : En existe-t-il un seul sérieux ? Nous citerons, d'après Borel (1), quelques phrases en langue franque, qu'il date hardiment du premier siècle de l'ère chrétienne. Il a eu le malheureux soin de ne pas dire, où il avait puisé ces lignes importantes ; elles paraissent relatives à la Vierge. Or les Francs, ceux du moins qui conquirent les Gaules, ne se convertirent que vers 496. Il est vrai que des colonies Franques reçurent, près de deux siècles avant, des terres en Belgique et surtout dans notre province. Au surplus quelques doutes que l'on ait sur la date de ce fragment, du moins peut-il compter parmi les anciens titres du tudesque.

Un poème composé dans le ixe siècle, et dont nous publions quelques vers, nomme clairement langue franque, langue des Francs, *Zungun Frenkisga*, celle que l'Allemagne revendique comme la source de la sienne (2). C'est contre cet idiome alors pur, mais sauvage et impérieux, que le latin dut soutenir la lutte, dans laquelle une fois déjà il avait triomphé ; mais la position politique des deux adversaires, était bien différente. Aucun d'eux d'ailleurs ne devait remporter la victoire.

Le conquérant fut obligé d'apprendre le latin : mais il faut en convenir, il l'apprit en maître, à son aise, à sa guise. Il fit du latin à son bon plaisir, en substituant aux noms reçus jusqu'alors des noms allemands (3), en ajoutant des désinences latines aux termes tudesques, en enlevant aux mots romains leur finale naturelle. Rois, princes, nobles, fonctionnaires, y mirent plus de scrupules que la foule et firent de leur mieux ; la nécessité les y réduisait. Les usurpateurs se trouvaient, comme toujours, en minorité, au milieu d'une grande population, parlant à peu près latin. Le christianisme, qu'ils adoptèrent, prêchait et priait en latin. Les Francs sanctionnèrent en partie les lois administratives, municipales et fiscales de Rome : il fallut les étudier les comprendre, les appliquer. Les chefs d'armées, les ministres, tous ceux,

---

(1) V. p. 5. — (2) V: p. 18, 19. — (3) V: p. 7.

qui voulaient parvenir à de hautes fonctions, furent contraints de savoir la langue de César. Toute la noblesse se soumit rapidement à cette obligation (1). Le langage officiel, religieux, judiciaire ne fut donc pas changé. En 612 saint Colomban, écossais élevé au monastère de Bonchor, en Irlande, vint s'établir dans la province de Reims. Il prêchait dans les villes et villages : sans aucun doute il parlait en latin : autrement l'aurait-on compris. Mais le langage du peuple était déjà vicié dans le fond d'une manière irréparable. Le latin à moitié gaulois, dont il usait au commencement du ve siècle, n'avait-il pas de plus subi les caprices, les innovations d'un vainqueur brutal, tranchant, même en nature de style, et peu flexible à l'endroit des règles grammaticales.

Clercs, jurisconsultes, prêtres, secrétaire de la chancellerie, au milieu de ce mouvement révolutionnaire, ne purent se défendre de la contagion. Le solécisme irréfléchi, le barbarisme présomptueux entrèrent sans scrupule dans les actes publics, dans les textes religieux. Les Belges, les Rémois, les anciens alliés de Rome ne purent, pas plus que d'autres, arrêter cette décadence littéraire (2). Elle fut universelle. Dès le ve siècle nous voyons saint Remy, le chef du clergé de France, le célèbre évêque de Reims, dans cette lettre mémorable, où il donne à Clovis de si sages conseils, employer indistinctement les mots *tu* et *vos*, *tuus* et *vester*. — Dans son testament nous voyons des noms d'origine grecque, latine, romaine et tudesque : il nous montre Clovis imposant, en vertu de son bon plaisir, des noms allemands à des fermes, qu'il lui donne. (3) Quelques actes du vi^e siècle nous font voir (4) la contraction abrégeant le centre des mots latins. Le titre de fondation du monastère de Saint-Michel, aux bords de la Meuse, nous révèle une innovation, qui va fonder la langue romane (590).

La conjugaison et la déclinaison étaient les deux principales bases de la langue latine. Les Francs acceptèrent la première et rejetèrent la seconde. Dans cette charte de 590 éclate cet acte d'insubordination, dont la langue française a consacré l'œuvre. Nous

---

(1) V. Sidoine-Apollinaire, lib. 5, Épist.
(2) *Sermonis pompa, si qua uspiam est, Belgicis olim sive Rhenanis abolita terris, in te residet.* — Sidoine Apollinaire : Panégyrique adressé à Majorien.
(3) Voyez page 6, 7. — (4) V. p. 7, 8 et 9.

donnons plusieurs exemples de ce curieux affranchissement (1).

Grégoire de Tours constate que, de son temps, on secouait le joug du cas et du genre (2). Lui-même observait peu les règles de la bonne latinité. Son histoire des Francs fourmille de fautes de tous les genres. Quand des hommes de son caractère, de son génie, de sa science, ne savaient plus la langue classique, à qui pouvait-on demander une rédaction, une conversation sans reproche? Venantius Fortunatus, l'évêque de Poitiers, le poète du VIe siècle, à chaque ligne, pour ainsi dire, admet dans ses vers des termes barbares : il ne se donne pas toujours la peine de les déguiser en latin. Ce docte prélat, qui mourut vers 609, laisse entendre que de son temps une langue gauloise se trouvait en présence des idiomes franc et romain (3). Mais il nous peint les rois s'essayant à comprendre le latin et cherchant à le parler. Donc à cette époque le peuple savait l'entendre et s'en servir. Caribert, roi de Paris, mort en 567, aimait les lettres et les cultivait : il sut parler latin avec élégance (4). Mais les princes savants furent rares au moyen-âge; et la langue de César et de Virgile se refugia bientôt dans les cloîtres et dans les chapitres ecclésiastiques.

Le VIIe siècle vit continuer cette décadence ; chaque jour portait un coup mortel à la littérature savante ; chaque acte émané du pouvoir constatait une perte essuyée par elle. Ce n'était plus seulement aux finales, qu'on s'attaquait : les lettres assises au milieu des mots étaient supprimées ou changées. D'autres lettres venaient indûment prendre place dans des syllabes stupéfaites de leur impertinence. Dans un seul acte on voyait certains mots répétés, mais écrits de diverses manières (5). D'autres qui n'avaient jamais été latins commencent à s'introduire intrépidement dans les textes publics (6). La conjugaison résiste aux barbares ; ils lui font une guerre de partisans et la combattent

---

(1) Voyez page 8, 9, 10, 11.
(2) *Prolog. libri de glor. conf.* — Il mourut en 595.
(3) *Nomine Wernemetes voluit vocitare vetusta,*
 Quod quasi fanum ingens Gallica lingua refert.
(4) *Cum sis progenitus clara de gente, Sicamber,*
 Claret in eloquio lingua latina tuo.
                                        Fortunat, lib VI.
(5) V. page 8. — (6) V. page 9, 10.

en détail. Mais au fond elle les a vaincus ; ils ne lui échapperont plus. Rome laisse cette empreinte dans le langage des Gaules : elle va devenir indélébile. Après deux mille ans elle est encore pleine de vie.

A la fin du vii" siècle, la nation n'entend plus Horace ni Justinien : la révolution est consommée. Après 700 ans d'existence, la langue des Romains est morte dans les Gaules : mais elle a péri comme le chêne altier, dont la foudre a brisé la tête : de sa souche vigoureuse, de ses racines pleines de sève, désormais inhérentes aux entrailles du sol, naissent des rejetons jeunes et verdoyants. Ce ne sera plus le vieux tronc ; ce sera toujours le noble chêne.

Italiens, Anglais, Espagnols, Allemands, Belges et Français, vainement votre amour-propre s'insurge contre la vérité. Tracez entre vous des frontières : égorgez-vous les uns les autres pendant des siècles. L'histoire vous dira toujours : — Tous vous fûtes frères. La conquête de vous tous n'avait fait qu'une nation. Tous vous avez parlé la même langue. L'unité sociale, l'unité religieuse pouvaient exister. Rome et le christianisme les avaient fondées : la barbarie et les passions sauvages ont détruit l'édifice de la civilisation. »

Le Gallo-Romain et le Franc se trouvèrent aux prises, non pas les armes à la main, mais idiome contre idiome. Dans le nord surtout la mêlée fut sérieuse : si la langue tudesque ne l'emporta pas, ce fut aux gens de Champagne et de Flandres qu'on le doit. — Sans doute les Francs avaient conquis toutes les Gaules. Mais c'est dans l'ancienne Belgique, que l'on avait vu leurs premières colonies : ils la soumirent un siècle avant de pénétrer dans d'autres provinces. N'était-elle pas d'ailleurs la plus proche voisine de la Germanie? Le territoire de Reims touchait celui de Trèves. Sous notre ciel les Francs campèrent en plus grand nombre et plus longtemps qu'ailleurs. Dans les partages faits maintes fois entre les descendants de Clovis, la Champagne fut presque toujours entièrement donnée au royaume d'Austrasie. Reims et Metz furent tour à tour capitale de cet état éphémère.

En Austrasie, aux bords de la Meuse, dans les Ardennes, naquit et s'éleva cette famille franque, qui devait remplacer les Mérovingiens. Les petits-fils de Pépin de Landen et de Pépin d'Héristal, comme leurs ancêtres, parlèrent la langue franque ou tudesque. Aussi, pendant plusieurs siècles, cet idiome fut-il celui de la cour et celui des fonctionnaires. Le latin appartenait aux clercs, aux magistrats. Le peuple des villes et des campagnes usait du langage latin altéré, ce qu'on nommait avec mépris la langue rustique (1). Les possesseurs de la terre s'énorgueillissaient de leurs victoires sur Rome, sans jamais vouloir se mêler avec les vaincus, se plaisaient à les traiter de Romains. Ils donnèrent à la langue du peuple le nom de romaine ou de romane, et la dédaignaient comme celle d'une race, qu'ils avaient réduite en servage. Les Francs tenaient peu de compte de leurs vassaux, des artisans, des campagnards, des habitants des villes. Avant le huitième siècle, nous ne voyons pas qu'on se soit occupé de mettre à leur portée les vérités évangéliques, les textes de lois, les ordonnances royales. Peut-être les considérait-on comme parlant et comprenant à peu près le latin. Au contraire dans les actes du célèbres concile de Lestines (743), nous trouvons une foule de mots francs ou germains (2). On rédigea même des formules pieuses en langue tudesque : nous les publions (3). Ce sont les premiers monuments, que nous connaissions, du langage des Francs dans nos contrées. En effet ils furent écrits précisément pour les Austrasiens. Ils nous apprennent quelle était la langue comprise en Flandre et en Champagne par les fils des soldats de Clovis. Qu'on ne croye pas qu'ils ont conservé dans sa pureté naturelle l'idiome de leurs pères : On trouvera dans ces pièces des désinences latines, des mots d'origine romaine ou grecque. On y remarquera des tournures de phrases empreintes de latinité. L'auteur de ces pièces semble traduit un texte latin. La langue franque n'avait-elle pas, comme l'idiome gaulois, partiellement subi le joug de Rome.

Malgré la défaveur, qu'elle rencontrait à la cour, et l'inutilité, dont elle était affligée dans les affaires, la langue romane se constituait. Elle profitait de la supériorité du latin sur l'idiome des barbares. Charlemagne, qui parlait allemand de préférence, avait appris le latin; il exigea qu'il fut l'objet de

---

(1) *Advenientes ad quemdan locum Ambianensium, ubi quidam comes Sigobardus, juxta morem seculi, concioni præsidebat, quod rustici mallum vocant.* — V: note 1. p. 29.

Vie de saint Valery. Marlot franc. — T. 2, p. 180.

(2) V. page 13. — (3) V. page 12.

sérieuses études. Les chartes du viii⁰ et du ix⁰ siècles sont en effet beaucoup plus régulières que celles des âges précédents. Mais l'éducation donnée à la jeunesse dans les monastères, dans les universités, profitait indirectement à la langue romane. Fille de la langue latine, elle grandissait sous le bouclier de sa mère : elle attendait le moment de supplanter le tudesque indompté.

Le grand empereur aurait voulu maintenir le latin comme langue savante, et le langage franc comme idiome usuel. Sa naissance, l'exemple de ses pères, l'affection qu'il eut sans cesse pour les rives majestueuses du Rhin, expliquent suffisamment ses sympathies : mais il se vit impuissant pour faire plier devant sa volonté les tendances nationales. Par un décret de 794, il dut reconnaître l'indépendance du langage et le droit de prier Dieu en toutes langues (1).

Aussi bien ne faisait-il, comme beaucoup de législateurs, qu'admettre en jurisprudence ce qui se passait en fait. Les litanies, qui se chantaient à Soissons en son honneur et en celui du pape Adrien 1er, mort en 795, nous révèlent les conquêtes de la langue romane : elle nous montrent l'article simple, une de ses créations, envahissant même les textes sacrés. Cette concession, qu'ils lui faisaient, allait devenir un des ressorts actifs de la langue française Tel est le premier indice de son existence, que nous puissions signaler dans nos contrées (2). Avec Charlemagne l'idiome des Francs va perdre le seul protecteur, qui eut pu le faire triompher. Bientôt le grand empire sera déchiré. La Germanie se séparera des Gaules ; la France enfin va naître..

Histoire du Langage depuis le IX⁰ siècle jusqu'à la fin du X⁰.

Nous avons vu l'agonie de la langue latine dans la bouche du peuple : nous allons voir la langue romane prendre enfin

---

(1) *S. L.* — *Ut nullus credat quod non nisi in tribus linguis Deus orandus sit. Quia in omni linguâ Deus adoratur, et homo exauditur, si justa petierit.* — Cap. Francfort 794. — Baluze. T. I, p. 269.

(2) Voyez page 15. *Litaniæ carolinæ.*

position et faire entendre sa voix dans les églises, devant les tribunaux, sous la tente du guerrier, au milieu des assemblées nationales. Charlemagne avait fait traduire en langue tudesque la Sainte Écriture (807); par son ordre on avait composé dans cette langue des chansons destinées à être populaires, des poèmes, qui célébraient la gloire de nos preux et les grands événements de notre histoire. Mais il travaillait pour les Francs seuls ; le Gallo-Romain n'apprit pas des poésies, qui lui semblaient barbares, dont l'idiome lui rappelait ses défaites. Dès que la Germanie eut ses rois et ses empereurs, elle cessa d'envoyer en France des Allemands et des Sicambres ; chaque jour vit diminuer le nombre des conquérants. Les chroniques, les légendes versifiées, d'après les instructions de Charlemagne, eurent malheureusement le sort des poésies de cour. Elles furent peut-être mal accueillies de la foule, subies comme une leçon de classe par les écoliers, et dès lors antipathiques. Mal vues, mal conservées, rapidement oubliées, elles laissent de nos jours à nos historiens des regrets inconsolables. Nos chroniqueurs, les amis de notre vieille littérature s'épuisent en efforts superflus pour en trouver la trace. Si le grand empereur eut adopté franchement l'idiome gallo-romain, s'il eut réellement travaillé pour le peuple, sans esprit de caste, les poèmes, qui chantaient sa gloire et celle de ses ayeux n'auraient peut-être pas péri complètement. Si puissant qu'on soit, on ne heurte pas impunément les sympathies, les tendances, l'idiome des nations ; tôt ou tard elles prennent leur revanche.

En 794 Charles avait proclamé la liberté religieuse en fait de langage : en 813, un an avant sa mort, il vit le Concile de Tours aller plus loin, ordonner que les écritures saintes, les prières seraient traduites en langue rustique ou romane, et en langue théostique ou tudesque, pour que tout le peuple put les comprendre. C'était un premier acte de réaction gauloise, d'opposition nationale : c'était la langue rustique, celle du pauvre peuple, des serfs, des vaincus, qui revendiquait ses droits sacrés. On la nommait la première: on travaillait donc cette fois pour les campagnes, pour les masses populaires (1).

Le concile de Reims, tenu la même année, laisse entendre que

---

(1) *Et quisque Episcopus homilias aperte transferre studeat in rusticam romanam linguam, vel theosticam, quo facilius cuncti possint intelligere, quæ dicuntur.* — Concile de Tours, 813.

XXX.

les membres du clergé même ne comprenaient plus tous l'oraison dominicale en latin. Il les engage à les étudier, à en apprendre les mots, à chercher à saisir leur sens. Il veut qu'ils essayent de mettre cette sublime prière à la portée de tous les auditeurs et même de traduire dans l'idiome du peuple les homélies des pères de l'église (1).

Il est à remarquer cependant que les seules traductions parvenues jusqu'à nous sont celles, qui furent faites dans l'idiome des Francs. Nous possédons l'oraison dominicale, le symbole des apôtres, le symbole de saint Athanase, écrits dans cette langue vers l'an 813 (2). Négligea-t-on de faire les même versions en langue romaine? Non : Mais ce travail ne fut fait ni pour la cour, ni pour l'aristocratie. On y attacha peut-être moins d'importance : on en fit de moins belles copies. Les progrès de la langue romane le rendirent bientôt inutile : il fallut souvent faire subir à ces versions des remaniements complets. Les leçons primitives, devenues sans objet, ne tardèrent pas à périr. Celles, qui les suivirent, eurent le même sort et pour le même motif.

La langue Franque continuait à régner : pour elle les grands travaux continuaient à se faire. C'était en vers allemands, que les poètes s'exerçaient pour plaire à la cour et mériter ses faveurs. Vers l'an 820, un bénédictin de Weissembourg en Alsace, publiait un poème tudesque, dont le sujet était fourni par les saints évangiles : nous en publions quelques vers (3). C'était pour Louis le Débonnaire, qu'il entreprit ce célèbre travail. Pendant le règne de ce prince les mots et les noms Francs ne cessèrent encore de prendre place dans les actes officiels (4). Cependant la langue romane, c'est-à-dire la nationalité gallo-romaine, marche, se développe et s'élève : bientôt il faudra que les petits-fils de Pépin et de Charles Martel s'inclinent devant elle, c'est à dire devant le pays. On pourra

---

(1) §. 2. — *Ut orationem, quam Dominus noster Jesus Christus discipulos suos orare docuit, verbis discerent, et sensu bene intelligerent; quia illam ignorare nulli christiano licet.*

§. 15. — *Ut Episcopi sermones et homelias Sanctorum Patrum prout omnes intelligere possent, secundum proprietatem linguæ prædicare studeant.* — Concile de Reims, 813. — Act. de la province eccles. de Reims. Th. Gousset, t. I, p. 530.

(2) Voyez page 14. — (3) V. p. 18. — (4) V. p. 15.

répéter le célèbre adage : *vox populi, vox Dei*. Les conquérants essayeront de manier la langue romane.

Le faible fils de Charles le Grand meurt. Sa tombe est à peine fermée et déjà recommencent les luttes fratricides, qui ont ensanglanté son règne. L'empire français se déchire pour ne plus jamais se reconstituer. Les champs de Fontenay se couvrent de morts : la noblesse de la conquête y périt presque entière. Les Gallo-Romains ont survécu : le peuple ne peut mourir. Cette sanglante journée fut un duel entre la race Celto-Belge et la Germanie. A la première restèrent la victoire et la vie. — Lothaire empereur possède l'Allemagne ; Louis règne sur la Germanie : Charles-le-Chauve est roi de France. Le voilà enfin ce royaume si cher à nos ancêtres, si cher à leurs enfants, le voilà paré du nom qu'il gardera, qu'il couvrira de gloire, de ce nom qu'il fera craindre jusqu'aux limites du monde. La France se couronne, s'affranchit du joug des Germains. Elle parle sa langue, non plus en secret, dans les bois, dans les villages. Elle la fait retentir dans les camps par la bouche des souverains. L'idiome rustique va bientôt devenir l'idiome de nos Rois.

Charles et Louis-le-Germanique signent, à Strasbourg, le fameux traité de 842. Ils prêtent serment devant tout le peuple, tour à tour, en langue franque et en romane : et le peuple leur répond par un serment en idiome franc et roman (1).

En 860, les fils de Louis-le-Débonnaire se lient par un nouveau traité : C'est en Allemagne, à Coblentz, qu'ils sont réunis (2). C'est encore dans les deux idiomes que se font les discours, qu'on lit les formules sacramentelles. Lothaire paraît le seul, qui ne sache pas la langue romane : empereur d'Allemagne, il avait le droit de lui rester étranger. Mais Charles-le-Chauve, Louis-le-Germanique, l'emploient également. Entre eux se trouvait partagée la Champagne. Si le roi de France parle publiquement la langue tudesque, c'est que d'abord il s'adresse aux peuples Germains ; c'est que tous les Francs n'ont pas repassé le Rhin et la Meuse à la suite de ses frères. Quelques-uns ont voulu devenir français : ils le sont déjà de cœur ; ils le seront bientôt de mœurs et de langage.

---

(1) Voyez page 16. — (2) V. p. 20.

Le serment de 842 est le premier monument de notre langue:
il suffit d'y jeter un coup d'œil pour y découvrir que sa source
est purement latine. L'idiome populaire ne lui fournit que des
finales et des prononciations étranges. Le Gaulois avait préféré
Rome à l'Allemagne, la civilisation de son temps à la barbarie.
il avait accepté la suprématie de la ville éternelle : mais il avait,
en murmurant, courbé la tête sous celle des Francs ; et de
celle-ci, la Providence devait lui permettre de s'affranchir cette
fois sans changer de maître.

Le clergé de nos contrées suivait attentivement les révolutions
de la langue. Dans son sein, il gardait avec piété le culte du latin,
le dépôt des belles-lettres antiques, des sciences des anciens jours
(1) ; mais, en même temps, il veillait avec scrupule à l'éducation
religieuse du peuple, et cherchait sans relâche les moyens de lui
faire comprendre le sens des textes originaux, qu'il ne pouvait plus
entendre. L'instruction offerte aux clercs dans les écoles publiques,
leur donnait bien les moyens de parler et d'écrire dans la
langue latine : mais leur enseignait-on les idiomes roman ou
tudesque ? Nous n'en voyons pas de preuves dans notre province.
La grammaire dont Charlemagne ordonna l'enseignement (2), était
grammaire latine : les humanités, qu'il fit professer dans tout
les chapitres et les monastères, étaient les belles-lettres latines
(3). Cependant il était en général interdit aux ecclésiastiques de
prêcher dans une langue étrangère à leur auditoire ; s'ils se
trouvaient dans l'impossibilité d'entrer personnellement en
rapport avec les fidèles soumis à leur direction, ils devaient
se faire assister par un clerc plus instruit, et chargé de
transmettre au peuple dans son dialecte les paroles sacrées.
mais ce moyen de communication pouvait manquer souvent :
les hommes parlant assez purement plusieurs idiomes pour s'en
servir en public et coopérer à l'interprétation des saints textes
étaient rares. Pour y suppléer on inventa des formules latines.
auxquelles devaient se réduire l'exhortation du prêtre. Ce fait
important prouve que la langue latine pouvait encore à la
rigueur être entendue par la population Romane (4).

---

(1) *Labia sacerdotis custodient scientiam...* — Malach. 2.
— Lettre de Rieulfe, évêque de Soissons, 882. — Act. de la
prov. de Reims, t. I.

(2) Voyez Loup de Ferrières et Eginhard.

(3) Voyez Concile de Châlons-sur-Saône, chap. 3 et 8.

(4) *Notum est omnibus impossibile esse sine fide placere
Deo, et ideo nullus sit presbyter qui in ecclesia publice*

Les conciles et les synodes multipliaient dans le même sens leurs prescriptions (1). Hincmar, le célèbre archevêque de Reims, dans les statuts qu'il publiait en 852, avoue clairement que les prêtres ne savaient ni tous le latin, ni tous l'idiome vulgaire (2). Hérard, archevêque de Tours, dans ses études sur les capitulaires, ne veut plus de prières, de formules récitées et non comprises (3). Le christianisme est fait pour l'intelligence et non pour les lèvres. Il parle au cœur et non aux oreilles. Ce qui lui faut, ce ne sont pas des mots, mais des impressions, des croyances raisonnées (4).

---

non doceat linguâ, quam auditores intelligent, fidem omnipotentis Dei in unitate et trinitate simpliciter credere, et ea quæ omnibus generaliter dicenda sunt de malis evitandis, sive bonis faciendis, et judicio in resurrectione futuro. — Si vero ipse verbis manifestè explicare non potuerit, petat sibi a doctiore transcribi qualiter aperte legat quod, qui audient, intelligant, — et qui amplius non potuerit, his verbis admoneat: — pœnitentiam agite! Appropinquabit regnum cœlorum. — Capitulaires, 6e livre, § 185. Baluze, p. 954.

(1) *Scholæ sane ad filios et ministros ecclesiæ instruendos, sicut nobis præterito tempore ad Attiniacum promisistis et vobis injunximus, in congruis locis, ubi necdum perfectum est, ad multorum utilitatem et profectum, a vobis ordinari non negligantur.* — Concile d'Attigny, 882.

(2) *Cap. I. — Necnon et sermonem Athanasii de fide, cujus initium est: — Quicumque vult salvus esse, etc. — memoriæ quisque commendet et sensum illius intelligat et verbis communibus enuntiare queat.* — Synode de Reims, 852. — Act. de la prov. de Reims. T. 1, p. 205.

(3) *Ut nemo a sacrofonte aliquem suscipiat nisi orationem dominicam et symbolum juxta linguam suam et intellectum teneat; et omnes intelligant pactum quod cum Deo fecerunt.* — Extrait des Capitulaires, par Hérard, archevq. de Tours, 859. — Baluze.

(4) *Ut scholæ sanctarum scripturarum et humanæ litteraturæ, undè annis præcedentibus per religiosum imperatorum studium magna illuminatio ecclesiæ et eruditionis utilitas processit, restituantur, deprecandi sunt pii principes nostri, et omnes fratres, et cœpiscopi nostri instantissimè commonendi; — ut ubicumque omnipotens Deus idoneos ad docendum, id est fideliter et veraciter intelligentes, donare dignetur:—constituantur ubiquè scholæ publicæ—scilicet ut utriusque eruditionis, divinæ scilicet et humanæ, in ecclesia Dei fructus valeat accusare, quia quod nimis dolendum est et perniciosum maximè, divinæ scripturæ verax et fidelis intel-*

Si les princes Carlovingiens, déjà dépouillés de l'Allemagne et de l'Italie, avaient oublié leur origine pour adopter les mœurs, les passions, l'idiome des Gallo-Romains, ils seraient restés puissants et populaires. Mais pour ressembler à Charlemagne, il ne leur suffisait pas de savoir l'allemand : ce n'était pas aux traditions minutieuses de leur race, qu'ils auraient dû rester fidèles. En 883, Louis III triomphe des Normands : un poème célèbre sa victoire. C'est pour lui plaire qu'on l'écrit : l'auteur le compose en vers allemands. Nous en citons quelques lignes (1).

Les flatteurs n'ont jamais sauvé les dynasties ; et celle des Carlovingiens descendait rapidement l'échelle, que ses chefs avaient gravie d'une manière si glorieuse. Divisés entre eux, trahis par les hommes de leur sang, menacés de toutes parts, ils étaient chaque année forcés de livrer en fief quelques provinces de leur royaume. La Champagne, longtemps administrée par des ducs ou gouverneurs, découpée depuis en plusieurs comtés, se trouvait, au milieu du xe siècle, possédée par les descendants de Bernard, roi d'Italie. Herbert, 2e du nom, son petit-fils, le trop fameux comte de Vermandois, celui qui ne craignit pas de faire prisonnier Charles-le-Simple son parent et son roi, laissa quatre fils : ils partagèrent ses domaines. Albert, l'aîné, reçut le Vermandois et la Picardie ; Herbert obtint la Brie et le comté de Meaux ; Robert fut comte de Troyes : ce fut lui, qui fonda le comté de Champagne, en 958. Hugues, son quatrième frère, parvint à s'emparer de l'archevêché de Reims. Nous ne ferons pas l'histoire de ces temps malheureux ni celle des fautes commises par les descendants de Charles le Grand. Disons seulement qu'à une époque où toute la nation parlait roman ou français, les princes, par un entêtement incompréhensible, persistaient à user de l'idiome germain. En 948, Artaud, archevêque de Reims, dépossédé par Hugues de Vermandois, envoie ses plaintes au concile d'Engilheim. Là se trouvent Othon, roi de Germanie, et le roi de France Louis d'Outremer. Ils ne comprennent pas le latin ; et c'est en tudesque qu'il faut

---

ligentia jam ita dilabitur vix ut ejus extrema vestigia reperiantur ; et idcircò ingenti curá et studio remedium procurandum est.

Canon du concile de Toul, 869. Approuvé à Langres quelques jours auparavant.

(1) Voyez page 18.

traduire la lettre du prélat rémois (1). Etrange aberration de Louis, alors que son royaume ne renferme plus guères que Laon, Soissons et Reims.

Cette faute capitale devait naturellement profiter aux ennemis de la couronne : les petits-fils de Robert le Fort, successivement comtes de Paris, marquis et ducs de France, entreprenaient tout, sacrifiaient tout pour se faire français, pour s'enraciner au milieu de ce peuple, qui les adoptait pour chefs, qu'ils sauvaient de l'anarchie et de la guerre étrangère. Sous leur patronage naquit et grandit l'idiome, que nous parlons. Les pays, qui composaient leur fief, furent les premiers délivrés du tudesque. C'est sur notre sol, que les Germains perdirent leur dernière bataille. Les Ardennes, Langres, Troyes, Meaux, Sens, avaient abandonné la cause Carlovingienne, quand Reims et Laon lui donnaient encore asile.

C'est à Reims, dans l'ancienne métropole de Belgique, que se leva l'étoile des Francs, quand Clovis fut converti : c'est à Reims, c'est à Laon qu'elle s'éteignit, quand Louis V mourut sans enfants, quand son frère Charles fut livré à ses adversaires. Les Belges se donnaient une origine germanique : ils furent les derniers partisans de la monarchie allemande. Aussi ce n'est pas dans nos contrées, que la langue romane fit au début ses plus rapides progrès.

Nous n'avons pu trouver aucune de ses œuvres relative à la Champagne proprement dite. Des mots, des noms épars dans des chartes latines peuvent seulement être cités (2). On peut néanmoins juger du terrain conquis dans la France orientale par l'idiome gallo-romain, quand on voit, en 940, Adalberon, évêque de Metz, de cette capitale du royaume d'Austrasie, cette ville notable du royaume de Germanie, parler presque français (3), quand on voit Aimoin, évêque de Verdun, dans la même contrée, prononcer, devant un illustre auditoire, une harangue en roman (4). A la fin du xe siècle, on n'était plus réduit à traduire en tudesque ce qu'on voulait dire au roi de France. Hugues Capet et son fils entendaient et parlaient la langue

---

(1) Flodoard, histoire de l'église de Reims, liv. IV, chap. 35.
(2) V. p. 21 et 22. — (3) V. p. 23.
(4) Concile de Verdun, 995.

romane. Le roi Robert affectait d'en user : il montrait à ceux, qui la possédaient, une préférence marquée. Aussi les puissances étrangères, les grands vassaux de la couronne avaient-ils soin de choisir leurs envoyés auprès de lui parmi les hommes sachant l'idiome de l'île de France (1). Les temps étaient changés : c'était alors en roman que chantaient les poètes. Le poëme de Boèce, les vers conservés dans un manuscrit de Saint-Benoit-sur-Loire, dont nous publions quelques lignes (2), paraissent remonter à cette époque. Ils sont écrits dans ce dialecte de transition qui n'est plus le latin, qui n'est pas encore le français. — Le roi Robert avait fait des études aux écoles de Reims : le célèbre Gerbert, depuis souverain pontife, y occupait une chaire. Il y compta plus de 4,000 écoliers. Mais c'était probablement le latin qu'on enseignait dans cette université, dont le berceau se perd dans la nuit des temps. Hincmar, à la fin du IXe siècle, avait soutenu nos écoles. Foulques, archevêque de Reims, mort en l'an 900, les rétablit : il y appela la jeunesse des villes et des campagnes (3). Le latin, professé par les maîtres les plus savants, était loin d'avoir la pureté classique du siècle d'Auguste. Almannus, moine d'Hautvillers, auteur fécond et estimé, convenait lui-même qu'il s'inquiétait peu des règles de la grammaire, et qu'un barbarisme ne troublait pas sa conscience littéraire (4). Néanmoins la langue latine était encore, sinon parlée, au moins entendue par l'élite de la société. Sans doute on pouvait trouver un auditoire en état d'assister à un cours ou à un sermon en latin : mais il fallait le composer de clercs, de prêtres, d'écoliers se préparant aux études de droit, et de princes, qui doivent tout savoir. Aussi le roi Robert, l'élève des écoles de Reims, passait pour un prince instruit. Il encouragea les lettres par son exemple. — Roi sans lettres, disait-il, est un âne couronné. S'il possédait le latin, s'il composait dans cette langue des hymnes, que nos églises n'ont pas encore oubliées, il savait se montrer français en public. Premier prince de sa race, possesseur héréditaire et

---

(1) Chronique de saint Michel.

(2) V. p. 24 et 25.

(3) V. Flodoard, liv. 4, chap. IX.

(4) *Ipsas grammaticæ cautelas, quibus a barbarismo aut solœcismo censet ipsa cavendum, aut nihil aut parum curamus.* — Lettre d'Almannus à Theudoin, doyen de Châlons-sur-Marne. — Marlot français, t. II, p. 676.

légitime de la couronne, il s'en montra digne en donnant au pays 35 ans de paix et de bonheur. Avec les Capetiens renaît en eux la nationalité gauloise; avec eux commence le règne de la langue française.

Période du XIe et du XIIe siècle.

Le Roman, idiome d'un peuple libre, va cependant garder son nom pendant un siècle encore. Pendant un siècle, comme la monarchie, il doit attendre ses jours de conquête; ils ne tarderont pas à se lever. Mais il subira d'abord toutes les conséquences de l'anarchie féodale.

Dans tout comté, dans tout domaine il y a des écoles; églises, chapitres, monastères ont les leurs; chaque ville, chaque bourg devint un centre autour duquel se réunissent les gens de campagne. Les cantons se grouppent, s'isolent et redeviennent presque des tribus. Les hommes des fiefs limi- trophes sont étrangers les uns aux autres : souvent ils sont ennemis. Ils ont leurs frontières et leur douane. Champenois et Lorrains, Normands et Bretons, Français et Flamands, se regardent comme des races distinctes. L'université de Paris consacre ces prétentions en divisant ses élèves non pas en classes, mais en nations.— Les rivalités des grands vassaux perpétuèrent pendant près de deux siècles cette léthargie de l'unité nationale. C'est alors que se formèrent les dialectes usités encore dans les provinces. Il y eut un patois français né dans l'île de France, dans les comtés de Reims, de Vermandois, d'Orléans, de Sens et de Valois. Il a partagé la destinée du trône. Placé sous la bannière des Capétiens, il la suivit partout où elle se fit reconnaître. C'est lui que les littérateurs et les poètes, ces fidèles serviteurs de la fortune, ne cessèrent dès lors d'étudier, de polir et de conduire à l'état de langue régu- lière. Les autres patois, en leur qualité de vassaux, de sujets, furent négligés : voués au mépris des muses ils restèrent sans monuments et finirent par être abandonnés aux gens de cam- pagne.

Si les premiers Capétiens eussent été assez puissants pour rétablir rapidement l'empire de Charlemagne, l'unité du langage se fut réalisé comme celle de la nation; mais ils durent d'abord chercher à s'asseoir, à comprimer les attaques de leurs pairs aussi jaloux que redoutables. Leur influence ne put s'étendre qu'autour de leur domaine. Les anciennes provinces de Narbonne, de l'Aquitaine, du Lyonnais restèrent étrangères à ce qui se passait dans les contrées septentrionales. Probablement elles parlèrent dans l'origine un roman analogue à celui du nord. Mais ces deux idiomes n'eurent bientôt de commun que le point du départ. Pendant que les habitants de l'ancienne Belgique, les Wallons, les Picards, les Normands, les Français et les Champenois suivaient à peu près dans leur langage une même direction ; celui des méridionaux subissait d'un autre côté une déviation notable. Bientôt le Sud et le Nord eurent chacun le sien ; au premier la langue d'oc, au second la langue d'oil. A chacune d'elles de nombreux dialectes, tout à la fois analogues et distincts, variés mais néanmoins de la même famille. La langue d'oil ne cessa de changer, de se perfectionner jusqu'à ce qu'elle devint la langue française. La langue d'oc, plus longtemps fidèle aux créations de la langue romane, plus longtemps digne de ce nom, eut ses lois et sa littérature. Pendant près de deux siècles elle soutint avec avantage le combat, que lui livrait la langue d'oil. Mais celle-ci fut celle de nos rois : elle devint celle des courtisans, des littérateurs, des grammairiens, des avocats, des marchands, des gens d'affaires, de ceux qui parlent, chantent, voyagent, négocient et écrivent.

Notre province était voisine de l'île de France : la couronne possédait une partie de la Brie et du Vermandois. D'un autre côté, les comtes de Champagne, issus des Carlovingiens et par suite de la race Allemande, s'éteignirent en 1019. Un prince, déjà possesseur de la Beauce, des comtés de Blois et de Tourraine, terres éloignées de la Germanie, fut leur héritier. Eudes, tel était son nom, réclama cette succession du chef de sa bisayeule, fille d'Herbert IIe, comte de Vermandois. Sa famille, établie dans la Gaule celtique, y occupait un rang distingué dès l'an 900. Il fonda la maison de Champagne, que nous allons bientôt voir protectrice éclairée des arts et des belles-lettres. Élevé loin de la Germanie, près de l'Orléanais, cette partie notable du royaume de France proprement dit, il dut être familier avec la langue, qu'on y parlait : son arrivée sur notre sol accéléra le triomphe du dialecte, dont la Providence voulait faire l'idiome d'une grande nation.

Cependant la langue romane, en se modifiant sans doute d'une manière irrégulière et capricieuse, allait se perpétuer jusqu'à la fin du xi⁰ siècle (1). Alors seulement, elle prit un caractère spécial et se soumit aux lois du dialecte admis dans l'île de France. Son nom lui survécut longtemps : dans les premières années du xiii⁰ siècle on voit les poètes et les chroniqueurs parler de traduire le latin en roman, alors que leur dialecte est le Français de leur âge.

La langue tudesque avait encore dans les Ardennes, en Lorraine surtout, des représentants. Elle était loin d'être morte dans nos contrées : leurs relations perpétuelles avec la Saxe, l'Alsace, les Vosges, maintinrent parmi nous un grand nombre de mots théostisques, preuves irrécusables de la domination exercée par l'idiome franc en Champagne.

Quant au latin son règne était passé depuis longtemps. On ne l'apprenait plus au berceau : il fallait l'étudier à grande peine. Jusqu'à la fin du xi⁰ siècle, les religieuses durent le savoir, l'entendre et le parler. Mais à cette époque il devint impossible d'exiger d'elles des travaux sans rapport avec l'éducation de la famille, avec la vie commune, et sans utilité sociale. Elles en furent enfin dispensées. Des sermons en langue romane, des instructions écrites dans le dialecte des pays qu'elles habitaient, leur permirent de comprendre les préceptes de la religion, à laquelle elles s'étaient vouées.

Une portion de l'ancienne Belgique s'était, bien avant la Champagne, soustraite à la langue des Francs. La Neustrie, dans les dernières années du ix⁰ siècle, avait été donnée en fief à Rollon, l'aventureux chef des Normands. Il arrivait de Norvège : son idiome était probablement pur de tout mélange avec la langue latine ; mais le nouveau duc se convertit au christianisme, adopta les mœurs neustriennes et le langage d'une province jusqu'alors dépendant de la couronne de France. Dans ce jeune état la civilisation marcha rapidement : elle s'appuya sur la force et la victoire. Sous ses ducs, la Normandie devint la plus grande, la plus puissante des provinces de l'ancien empire français. Rollon et ses successeurs, loin de faire accepter par la violence les lois et l'idiome des Scan-

---

(1) *Si vulgari, id est romanâ linguâ uteretur, omnium aliarum putaretur inscius; si vera teutonicâ enitebat perfectiùs; si latinâ, nullâ omnino absolutiùs.* — Vie d'Adélard, abbé de Corbie, composée par Gérard, dans le xi⁰ siècle. — D. Mabillon. — Act. s. Ord. s. Bened. t. V.

dinaves, apprirent même les poëmes carolingiens : à la bataille d'Hastings, en 1066, c'était la chanson de Rolland que chantaient les conquérants de l'Angleterre. Leurs lois, rédigées vers 1080, forment le texte le plus ancien, que l'on connaisse en langue française ayant date certaine. La Normandie, dès la première moitié du xiie siècle, avait des poètes brillants. Ils fondaient une littérature appelée à traverser les âges. A eux revient le célèbre mythe de la table ronde : et quand les poètes champenois chantaient ses héros, ils traitaient des sujets inventés aux bords de la Seine, de la Tamise, ou dans l'ancienne Armorique.

Ce n'est pas la poésie mondaine, qui fait les langues ; elle les illustre, les perfectionne. Mais leur véritable père, c'est le peuple. C'est après lui, que travaillent professeurs, philosophes et grammairiens : ce sont ses œuvres, qu'ils essayent d'embellir, de régulariser. Aussi la prose doit-elle toujours naître avant le poème. Les textes officiels, les traductions des saintes écritures, les lettres missives, les sermons précédèrent dans le nord les vers de Me Gasse et ceux de Chrétien de Troyes. Quelques chants sacrés peut-être leur furent antérieurs. Nous citerons comme exemple l'Épistre de Saint-Étienne, telle qu'on la chantait à Soissons dans le xiie siècle. Cet hymne sacré, mêlé de prose latine et de vers français, monument des plus caractérisés, élevé entre l'avenir et le passé, est une transaction entre Rome et la France (1). Nous publions aussi un fragment de la Passion, traduit en dialecte lorrain, un chapitre du second livre des Rois, quelques lignes des sermons de saint Bernard, des chartes qui, par leur date, prennent place dans notre littérature avant le milieu du xiie siècle (2). Ces textes émanent de contrées qui de toutes parts entourent la Champagne : elle est bourguignonne par Langres et Troyes, lorraine par Sainte-Ménehould et Vitry-le-François, wallonne par les Ardennes, picarde par Reims et Château-Thierry, française par la Brie. Le langage de la cour de France était devenu rapidement le sien. Autrement, aurait-elle pu, quelques années plus tard, se trouver à la tête du mouvement littéraire, et donner à la patrie ses écrivains les plus purs, ses poètes les plus riches de style et d'élégance.

---

(1) Voyez page 29.
(2) Voyez pages 30, 54, 35, 57.

Les pièces, que nous éditons, sont également loin et du serment de 842 et des vers d'Athalie. On y trouve des mots encore latins, et des mots qui ne l'ont jamais été. On y voit encore insurrection complète contre la déclinaison, le genre et le nombre : mais le joug de la conjugaison latine s'est fait accepter ; on commence à en appliquer les règles. Quelques termes ont atteint leur forme définitive ; d'autres moins heureux, séparés radicalement de leurs racines, devront encore attendre longtemps l'arrêt souverain, qui fixera le nombre et la nature de leurs syllabes. Dire à quel signe on peut dès lors distinguer l'idiome champenois de l'idiome français, est chose impossible. L'orthographe du xiie siècle est à la merci de quiconque sait écrire. Chaque scribe, moine ou laïque, règle en maître absolu la manière, dont il entend rendre les sons, qui frappent son oreille. Les plus érudits songent à la source des mots et s'efforcent de les ramener à leur point de départ ; les autres, plus ignorants, plus présomptueux, se borneront à noter les assonances, qu'ils recueillent. Les intonations de la voix, les échos, même les plus fidèles au latin, varieront avec les contrées. La langue de Virgile n'a pas péri partout également et à la même heure. Les idiomes, qui s'y sont mêlés n'ont pas, en tous lieux, été les mêmes. — En Champagne, Goths, Vandales et Huns, n'ont fait que passer. Les Bourguignons n'ont pas possédé les pays de Reims et de Troyes. Le Normand n'y est venu que pour piller. — Mais le Vermandois fut la dernière province, où régnèrent les Francs. Lothaire, Louis d'Outremer, ces princes qui n'entendaient que l'allemand, eurent à Reims leurs palais et leurs tombes. L'idiome germain eut donc des sectateurs dans nos murs jusqu'à la fin du xe siècle. Si quelque chose dans les xie et xiie siècles pouvait distinguer le dialecte champenois de ceux qui l'environnaient, c'étaient les mots tudesques, les termes d'origine théostique, les noms Francs et Germains de racine. Nous en avons relevé quelques uns consignés dans des textes latins, écrits de l'an 1000 à l'an 1150 (1). Nous aurions pu en citer un plus grand nombre : mais force nous est de nous limiter.

Néanmoins la Champagne secouait avec ardeur la poussière germanique : avec ses nouveaux Comtes elles passa du roman

---

(1) Voyez pages 30, 31, 32, 33, 34. — On peut, à cet égard, consulter avec fruit les Actes de la province ecclésiastique de Reims, t. 1 et ii.

à la langue française. C'était une nécessité de la savoir. Chrétien de Troyes, le prince de nos poètes, le gracieux romancier du xiie siècle, le modèle du style pur, le second chantre de la table ronde, disait dans son roman du Chevalier de la Charrette, en parlant de la cour d'Artus :

> Et si i fut la Reine ensemble ;
> Si ot avec lui, ce me semble,
> Meinte bele Dame cortoise,
> Bien parlant à langue françoise (1).

le célèbre Adenès, dont la Champagne voudrait être mère, ajoute dans son roman de Berthe au long pied :

> Tout droit à celui temps, que je ici vous dis,
> Avait une coutume ens el Tyois pays,
> Que tout li grand signor, li comte, li marchis,
> Avoient à l'entour aus gent Françoise tous dis,
> Pour apprendre François leurs files et leurs fils.
> Le Rois et le Roïne, et Berte o le cler vis
> Sorent près d'aussi bien le François de Paris,
> Com se il fussent nés el bourc à saint Denys (2).

Rien n'est plus précis que ce passage : c'est de France, c'est de Paris, que partait la réforme linguistique : c'était-là qu'avait lieu le mouvement littéraire ; c'était-là que les sciences travaillaient, que les lettres donnaient des fleurs. Écoutons encore, à cet égard, Chrétien de Troyes :

> Puis vint cevalerie à Rome
> Et de la clergie la some,
> Qui or est en France venue.
> Dex doint qu'elle soit retenue,
> Et que li lius li abelisse,
> Tant que jamais de France n'isse !

La poésie française était fidèle aux traditions de la poésie franque : elle adorait le soleil. N'en sera-t-il pas toujours ainsi ?

---

(1) Le roman du Chevalier de la Charrette. Reims, 1849. — p. 2.

(2) Roman de Berthe au long pied. — Paris. — Paulin Paris.

A partir du milieu du xii⁰ siècle la langue française existe à la cour, dans les villes. Elle a détrôné la langue romane et ses milles dialectes. Les classes inférieures, les campagnes, les provinces, qui doivent encore longtemps vivre étrangères à la France et aux mœurs du grand monde, seules la cultiveront avec ses variantes. Cependant son nom restera dans quelques auteurs celui de la langue vulgaire : elle le gardera jusque dans le xiv⁰ siècle (1). Dans l'histoire de Foulque de Candie, composée par un poète de Brie, Herbert-Leduc, de Dammartin, vers le début du xiii⁰ siècle, la langue française est appelée roman à chaque ligne (2); et cependant l'auteur a grand soin de distinguer sans cesse les Français des Champenois.

Avant de dire un éternel adieu aux anciens idiomes parlés dans nos contrées, examinons en peu de mots ce qu'ils étaient devenus. Le grec était oublié depuis longtemps, même dans le midi : jusqu'au ix⁰ siècle, peut-être jusqu'au dixième on conserva dans quelques diocèses, dans quelques communautés l'usage des prières grecques. Le *kirie eleison* est un monument de cet antique usage.

A la même époque on trouve dans les chartes des mots grecs, des textes quelquefois écrits entièrement en cette langue. Des signatures d'évêques, de moines, de scribes sont quelquefois encore tracées avec ses caractères : c'est un souvenir de ces tablettes helvétiennes conquises par César. Le grec n'a jamais cessé d'avoir pour la foule un aspect scientifique, mystérieux et indéchiffrable. En 1793, quand la ville de Sens émit ses assignats, elle y fit graver la fameuse légende *la loi punit de mort les contrefacteurs* : mais cette phrase française fut écrite en caractères grecs. La langue des Hellènes se maintint plus longtemps en Sicile qu'en France ; jusque dans le 13⁰ siècle elle fut employée dans les actes publics, dans les pièces officielles. C'était dans cette antique contrée la langue native, l'idiome national ; le voisinage de la Grèce

---

(1) Voir la préface d'une traduction faite dans le xiv⁰ siècle par un littérateur lorrain. — Livre des rois. L. de Lincy. Préface, p. 74.

(2) M^{it} 7188 de la bibl. nat.
    Bien sai roman et grejois et latin......
    Mes tant i mit s'entente et s'i ot sou penser
    Qu'en un mois sot romans et entendre et parler....

celui de l'empire d'Orient en auraient perpétué l'usage : mais les invasions des Arabes et l'arrivée des Normands, leur règne dans cette île, y mirent fin.

En Champagne le grec à la fin du XIIe siècle était devenue une langue étrangère. La conquête de Constantinople, par les croisées de 1198, la leur fit entendre ; elle était pour eux si nouvelle, tellement inintelligible que les poètes de Champagne la confondent avec les autres dialectes de l'Orient. Dans le roman de Foulque de Candie, c'est la langue Grezoise, que l'auteur fait parler aux musulmans d'Espagne et d'Orient (1).

Quant à la langue latine sa destinée ne pouvait être la même. Le roman et plus tard le français avaient bien pu lui succéder au milieu des laïcs : mais elle avait été nationale, universelle en France, en Europe ; elle ne pouvait périr. Elle resta toute puissante dans l'église, dans les universités et fut l'idiome des négociateurs, des magistrats, des jurisconsultes et des littérateurs sérieux.

Lui seul pouvait supporter l'analyse, l'examen, les exigences de l'écriture : sa grammaire était sans doute peu comprise, mal appliquée (2); mais elle existait. Le latin seul pouvait mettre en communication tous les savants, les politiques, les théologiens, les juristes du monde civilisé. Et remercions hautement les clercs du moyen-âge, les chanceliers des Carlovingiens et des premiers héritiers d'Hugues-Capet, remercions hautement évêques, prêtres et moines d'avoir su conserver la seule langue digne de ce nom, qui fut alors en Europe, d'avoir su sacrifier aux vrais intérêts de l'avenir le succès d'une éphémère popularité. Si Grégoire de Tours, Hincmar, Gerbert et tous les princes de notre littérature ancienne, avaient écrit dans la langue romane primitive, ar-

---

(1) Grezois parle : ne sait autre latin. — C'est un Arabe qui porte la parole. V. m^{it} 7188 de la Biblioth. nationale, fol. 206, 70.

(2) *Erat paulò antè id temporis, et adhuc partim sub meo tempore, tanta grammaticorum caritas, ut in oppidis pene nullus, in urbibus vix aliquis reperiri potuisset : et quos inveniri contigerat, eorum scientia tenuis erat; nec etiam moderni temporis clericulis vagantibus comparari poterat.* — Guibert de Nogent. 1053, m^{it} 1124. — Voyez ses œuvres publiées par D. d'Achery. Paris 1651. In-folio.

bitraire et barbare, seraient-ils de nos jours lus et compris partout ? Leur mémoire est récompensée de leur dévoûment à la science, de leur intelligence des temps futurs. Chansons, romans, chroniques écrites en langue populaire, en langue romane, qu'êtes vous devenus ? La langue française vous a traduits ; puis vous êtes tombés dans le dédain du peuple, honteux de l'idiome sauvage de ses pères. La langue latine au contraire n'a cessé d'être étudiée, respectée et professée. Tout ce que les idiomes modernes ont de règles, de netteté, de concision, d'harmonie, leur vient du latin. N'est-il pas fait plus que tout autre pour mériter l'attention, exciter l'intérêt, former l'esprit et inspirer le genie. Après avoir cessé de vivre au milieu du peuple, il s'était retranché dans ses formules, sa littérature et ses lois. Dans cette sainte citadelle il brava les révolutions : il régna dans le cabinet des rois. Les chancelleries osaient à peine, dans le xiie, rédiger une charte en français : les lettres en latin seules pouvaient alors être interprétées partout d'une manière identique. Parfois on y joignait une version française pour l'intelligence de la foule : mais cette traduction était un essai timide, une concession faite aux tendances nationales. On essayait les forces de la langue naissante : rarement, avant le xiiie, elle se sentit de taille à remplacer, d'une manière officielle, la langue latine, à se passer de son protecteur, à se mettre hors de page.

Nos poètes français ne cessaient de rendre hommage à la toute puissance du latin. Chez les apôtres du nouvel idiome populaire, on trouve nombre de phrases analogues à celle-ci :

Je parlerai à eux en leur latin (1).

Le roman de Foulque de Candie nous fournit deux autres citations du même genre. Voici la première : — Un chevalier chrétien prie une princesse arabe de se convertir. Voici la réponse de la jeune musulmane :

Vassal, a dit Ganite, trop demenèz grand briu :
Bien savez sermoner ens el vostre latin.
Vous serez archevesque à Tours, à Saint-Martin.

Le mot latin ne représente-t-il pas ici deux idées ? Il signifie

---

(1) Roman de Foulque de Candie. Manuscrit 1188 de la Bibl. nationale. — Il s'agit de parler à des arabes.

langage évidemment, comme dans l'exemple ci-dessus, comme dans les vers, que nous avons cités page 44. Mais ne fait-il pas aussi allusion à l'usage oral de la langue latine conservée par le clergé ? Des sermons furent rédigés et prêchés en latin, les discours officiels et publics furent prononcés en cette langue jusque dans le xvie siècle.

Le roman de Foulque de Candie, dans une autre occasion remarquable se sert du mot latin : il s'agit d'un mouvement exécuté par l'armée chrétienne, commandée par le roi de France. Les troupes se partagent en deux corps :

> A une part se traient Mancel et Angevin,
> Et Normans et Bretons et tuit li Poitevin.
> Et cis de France en l'autre ; car il sont d'un latin.

C'est-à-dire qu'ils ont un langage à part. Ce vers nous reporte au temps, où le français ne se parlait encore que dans l'île de France, au temps où il n'était encore qu'un des mille dialectes du latin corrompu, du gallo-romain, du roman dans l'enfance. Chaque province avait son latin, c'est-à-dire son dialecte dérivé du latin. Les villes avaient le leur ; la campagne avait le sien ; aussi trouvons-nous quelquefois dans nos vieux auteurs des expressions du genre de celle-ci :

> Le Villain dit souvent en son latin :
> Qui donner peut, il a maint bon voisin (1).

La langue latine était sacrée : on la vénérait dans la tombe. Elle était toujours souveraine : c'était encore la langue des Césars. Morte, elle planait partout : partout elle apparaissait comme une ombre paternelle. On ne la parlait plus ; mais on la sentait vivre aux champs, à la ville, chez les princes, dans le cloître. En France, dans toute l'Europe elle vivifiait tous les dialectes : et tous pouvaient lui dire :
— Mère, salut à toi, à toi respect et amour.

Combien fut autre la chûte de la langue romane. De ses œuvres, quelques lignes seulement existent encore : sa mémoire est effacée du souvenir des hommes ; son nom est celui d'une littérature frivole, faite pour les oisifs et les esprits incapables d'application. Et ce n'est pas de nos jours qu'elle a reçu cet

---

(2) Roman d'Aubery le Bourgoing. Reims, 1849, p. 38.

affront. Dès le 13e siècle le mot roman était synonime de conte fantastique. Bien rarement on lui donnait le sens de récit ou d'histoire (1). Jamais la langue romane n'avait pu s'asseoir sur une base solide et régulière. Partie du latin pur, elle passa par toutes les transitions, qui devaient la conduire au français. Jamais elle ne s'était arrêtée dans sa marche progressive pour réfléchir sur elle-même, essayer de s'arrêter, de se corriger, de se perfectionner. Comme les conquérants elle n'avait cessé de courir et n'avait rien fondé. Le roman du ixe siècle était loin du latin barbare usité dans le viie ; il était sans rapport avec l'idiome du xie siècle. Sans cesse il fallait renouveler, rajeunir ses œuvres ; d'âge en âge elles devenaient inintelligibles. Les poèmes historiques, versifiés en langue tudesque par ordre de Charlemagne, subirent plus d'une transformation : pour rester nationaux, et parvenir jusqu'à nous, il leur avait fallu d'abord passer dans l'idiome roman, s'exposer par suite à toutes ses variations et souffrir toutes les conséquences de cette mutation perpétuelle. Le roman de Guillaume au Cornet en est un exemple. Son dernier éditeur, qui fut peut-être le champenois Bertrand de Bar-sur-Aube, celui qui l'écrivit en français et tel que nous le connaissons, explique ainsi l'origine de l'œuvre, qu'il livre au public :

  Un gentil moine, qui à saint Denise ier,
  Quant il oït de Guillaume parler,
  Avis li fut qu'il fut entrobliés :
  Si nos en a les vers renovelés,
  Qui ot el role plus de cent ans estés (2).

l'auteur devait écrire à la fin du xiie ou au début du xiiie siècle. Il traduisait donc un texte qui semblait remonter au xie : déjà on ne le comprenait plus : il fallait le renouveler.

---

(1) En voici cependant un exemple emprunté, il est vrai, à un roman de chevalerie :

  Gascelin ot et entend le roumans
  Que mors estoit Auberi le vaillant.

Roman d'Aubery le Bourgoing. Reims, 1849, p. 119.

(2) Roman de Guillaume au Cornet, manuscrit 7535 de la bibl. nat. fol. 68. — V. préface de Girard de Viane. — Reims, 1850, p. 27.

Un livre traduit, métamorphosé devenait inutile : on l'abandonnait. Ainsi périrent les poèmes faits pour les Carlovingiens et contemporains de Hugues Capet. Incompris de la foule, méprisés des clercs parlant et écrivant français, condamnés peut-être par la morale du clergé, par son culte de la langue latine, ils disparurent sans que personne songeat à les conserver comme les monuments de notre ancienne littérature, comme le creuset où se purifia l'or de notre langue. La Champagne n'eut pas plus de reconnaissance pour le passé que l'île de France et la Picardie. Et bientôt le mot de roman ne fut plus que le titre de la littérature chevaleresque.

Ce ne fut pas sous Hugues Capet, sous Robert et son fils, qu'on dut commencer à chanter Charles-Martel, Charlemagne et Louis-le-Débonnaire. Ce ne fut pas non plus autour du trône naissant, dans les comtés élevés sur les ruines de l'empire qu'on persista à chanter la gloire des fils de Pépin. Les poètes aiment mieux l'aurore que le crépuscule du soir, les hommages productifs que les stériles regrets. Mais si les traditions tudesques ou gallo-romaines virent en France les dernières années du xe siècle ou les premières du xi, ce fut en Vermandois, à Laon, à Reims, autour de l'église Saint-Remi, dans le quartier, où s'élevait encore un palais carlovingien. Les moines de l'abbaye reçurent et gardèrent volontiers en don la royale résidence : mais ils n'ont pas recueilli les légendes rimées, qui s'y rattachaient : mais ils n'ont pas écrit les strophes de ces antiques poèmes, que de vieux Francs, des serviteurs fidèles, des soldats blessés et blanchis dans les combats, devaient encore réciter près des tombeaux de leurs anciens maîtres. Ces moines étaient pourtant bons calligraphes et gens lettrés : ils compilaient, copiaient, composaient prose et poésie latine ; ils tenaient des écoles. Dignes précurseurs des bénédictins de la congrégation de Saint-Maur, ils appartenaient à la classe éclairée, instruite du temps. Ils ne nous ont transmis que des textes latins : ils n'ont copié, composé que des œuvres latines. Dans quelle impopularité ne s'éteignit donc pas la race de Charlemagne ? Dans quelle décadence était tombé le langage qu'elle n'avait cessé d'aimer? L'idiome rustique méprisé d'abord par les Romains, puis par les Francs des deux dynasties, avait triomphé de tous les obstacles, de toutes les oppressions. Il put se substituer aux langues allemande et latine : mais il fut impuissant à son tour pour se polir, se modifier en restant gallo-romain. Il dut faire place à un rival novateur, hardi, plus jeune, plus adroit et plus heureux. Ne soyons pas ingrat avec cet idiome trop oublié : c'est lui, qui lutta contre la Germanie ; c'est lui, qui nous affranchit de toutes les dynasties conquérantes. Et si dans cette guerre nationale, il est des provinces, qui mieux que d'autres, méritèrent de la patrie, en première ligne il faut citer la Flandre, la Champagne et la Lorraine. Elles n'oublièrent pas que si leurs enfants avaient dans les veines du sang allemand et romain, ils étaient avant tout de race libre. Deux fois domptées, elles n'ont cessé de protester contre l'usurpation : à elles l'honneur d'avoir renvoyé le tudesque aux bords du Rhin, son légitime empire, d'avoir posé les limites qu'il ne devait plus franchir. Ce furent elles, qui dirent : — ici sera l'Allemagne à l'esprit mystique, à l'idiome profond et vague, sérieux et rêveur : ici sera la France au génie brillant et léger, au langage aimable et poli. C'est en Champagne que la France va trouver ses auxiliaires les plus puissants pour jeter les semences de notre langue, pour les faire germer, croître, fleurir et porter fruits. Le ciel a béni leurs efforts, et bientôt la langue française, comme un colosse audacieux, va poser ses pieds sur les deux plus nobles piédestaux du monde, Rome le plus magnifique des passés, Paris le plus étincelant des avenirs.

De la langue française en Champagne depuis le XIIIe siècle jusqu'à la réunion de ce comté à la couronne de France, en 1328.

Les traités politiques résument et régularisent souvent des faits déjà réalisés dans les mœurs, dans les rapports des peuples. La facilité avec laquelle une grande partie de la nation acceptait l'unité du langage et encourageait les efforts tentés pour la consolider, annonçait assez que l'heure était venue pour la monarchie de sortir du cercle étroit, où l'enfermait la haute féodalité. Ce que n'avaient osé, pendant deux siècles, les premiers héritiers de Hugues-Capet, Philippe-Auguste l'entreprit : il fut homme de cœur et de génie : la nation le comprit et fut digne de son chef. Dieu les protégea ; et le royaume de France sortit des comtés de Sens, d'Orléans et de Paris. En 20 ans, onze grandes provinces leur furent réunies et firent enfin de nos rois des suzerains sérieux, parce qu'elles les firent puissants. Le XIIe siècle fut l'ère de la littérature normande : la conquête de l'Angleterre avait exalté l'imagination

L.

des Neustriens. Le XIII⁰ siècle fut celui de la littérature française : et les lettres champenoises lui fournirent les plus beaux fleurons de sa couronne. Philippe-Auguste, à son début, l'illustra de ses victoires. Les preux de nos contrées remplirent de leurs exploits le monde civilisé. La Providence leur octroya des fortunes inespérées. A la maison de Dampierre échut le comté de Flandres ; à celle de Champagne le trône de Navarre ; à celle de Brienne le royaume de Jérusalem et l'empire de Constantinople. Sous leurs bannières s'enrôlent soldats et trouvères. A la cour de ces souverains se réunissent poètes et courtisans aimables. Les concours du Puy d'Amour se forment sous leurs auspices : on couronne le mieux disant. Tout porte à croire que ces luttes d'esprit furent souvent ouvertes dans les palais des comtes de Champagne ; et plus d'un poète, étranger à notre province, vint tenter le sort aux lieux, où régnaient les lettres, sous un ciel où on les honorait.

C'est au milieu du grand mouvement imprimé par les croisades et ces conquêtes inopinées, c'est sous l'égide de la monarchie, dont les bras commençaient à s'étendre au loin, que la langue française reçut les modifications et les lois, seules capables d'assurer son existence. Dès le règne de Philippe-Auguste elle avait pris une position, que rien ne pouvait plus lui faire perdre. La Champagne déjà donnait à sa cause des champions, qui firent leur gloire en combattant pour elle. Nommons d'abord Geoffroy de Villehardouin, brave guerrier, maniant l'épée comme la plume, le premier de nos chroniqueurs nationaux. C'est lui, qui fonda la prose française. Son histoire de la conquête de Constantinople est le titre le plus sérieux de notre ancienne littérature à l'estime des savants. On a peine à comprendre le jugement qu'Estienne Pasquier (1) émet sur le style de ce grand écrivain. Il en cite quelques lignes, puis il ajoute : — Je ne vous baille pas le passage de Villehardouin pour naïf François ; car estant né Champenois et nourry en la cour du comte de Champagne, je veux croire qu'il a écrit selon le ramage de son pays. »

Pasquier, le Parisien, a-t-il voulu lancer une épigramme contre la Champagne ? — Alors il aurait dû faire connaître quel était, en 1199, le ramage de l'île de France, et nous montrer

---

(1) Recherches de la France, liv. VIII, chap. 3.

sa supériorité sur celui de notre province. — Son érudition eut échoué dans cette tâche : Villehardouin parlait le langage le plus net qu'on pût alors entendre dans le royaume. Non, la Champagne ne fit pas adopter sa prononciation, son orthographe, sa grammaire, à toutes les provinces soumises à la monarchie. Le soutenir serait une vanité ridicule et dénué de bon sens. Nos chroniqueurs, nos poètes rendent hommage à l'île de France, en citant partout et toujours la langue française comme la plus polie, la plus élégante qu'on sût alors parler dans ce temps. Mais l'honneur éternel de la Champagne sera d'avoir offert à la patrie, à six siècles de distance, les hommes qui créèrent notre idiome national, qui les premiers comprirent ce que ses éléments renfermaient de richesses et de force, les hommes qui l'élevèrent jusqu'au dernier degré de la splendeur la plus pure. Non, Villehardouin et Chrétien de Troyes ne parlèrent pas le naïf champenois : tous deux avaient vu le monde, visité les cours des Rois, fréquenté ce que l'Europe renfermait alors d'hommes distingués. Leur génie personnel acheva l'œuvre de leur éducation dans les écoles et dans le siècle. Ces hauts barons de la vieille littérature révélèrent à nos pères tout ce que la langue française avait d'élégance, de clarté, de délicatesse et d'esprit. Sous leur plume, elle prit un aspect presque régulier ; et telle qu'ils la firent, elle resta près de deux siècles. Ils avaient dépassé leur génération : elle ne put les suivre que de loin.

Chrétien de Troyes détrôna le poème monorime, qui perpétuait la barbarie du langage. La nécessité de reproduire la même rime vingt ou trente fois de suite amenait nos poètes à torturer les mots, à dénaturer leurs finales les plus légitimes. Mais Chrétien donna surtout à la poésie française cette tournure facile, qui devint dès lors son cachet spécial. Souvent dans ses vers on trouve à peine, même au point de vue de l'orthographe, quelques lettres à changer. Ouvrons le roman du Chevalier de la Charrette, nous y lisons cent passages comme celui-ci :

> Le chevalier à pié sans lance
> Après la charete s'avance
> Et voit un nain sur les banons
> Qui tenoit come charetons
> Une longue verge en sa main.
> Li chevaliers a dit au nain :
> — Nains, fait-il pour Dieu, car me di

Si a veu passer par ici.
Passer ma Dame la Reine (1).

Nous pourrions multiplier les citations. Les poètes du xiii⁰ siècle n'ont pas poussé plus loin la pureté de la langue française. Les plus heureux ont égalé Chrétien : nul ne l'a surpassé.

Si l'on jugeait de l'état du langage en Champagne par le style de Villehardouin et celui de Chrestien de Troyes, on s'abuserait étrangement. Notre province suivait le mouvement, mais de loin et lentement. Elle ne le dirigeait pas : l'impulsion ne cessa jamais de venir de la cour de France. Les autres littérateurs de Troyes ou de Reims, poètes épiques ou chansonniers, l'acceptèrent ; mais ils ne faisaient que lutter avec la Flandre et la Picardie. Nous citons dans ce volume plusieurs fragments, en prose ou en vers, des textes judiciaires, des chartes, dont les auteurs durent naître et vivre sur des points divers de la Champagne, de 1180 à 1250 (2). Nous ne pouvons autrement faire connaître ce que le français avait fait de l'idiome champenois. Des obstacles faciles à comprendre nous forcent de restreindre dans un cadre modeste ce tableau de linguistique.

Si la transformation subie par notre dialecte dans les xii⁰ et xiii⁰ siécles n'eut pas sa source aux bords de l'Aube, du moins la cour de Troyes rivalisait-elle en lumières, en élégance, en galanterie avec toutes celles de l'Europe. Blanche de Navarre, princesse instruite et libérale, fut la Providence des artistes et des gens de lettres. Son fils Thibaut, le roi des chansonniers, le chansonnier roi, se mit à la tête des trouvères de son siècle. Nous le citons non comme un auteur de génie, mais comme poète ingénieux, habile à manier les mots et la phrase, à tirer un parti brillant de la langue française telle que son temps la lui prêtait. Il avait des émules, et plus d'un l'égalait. Quelques uns même comme le trouvère de Choiseul, Colin Muset, Robert de Reims, surent donner à leurs chansons cette tournure joyeuse et mordante, qui caractérisa plus tard notre poésie légère et comique. C'est peut-être en Champagne que naquit la chanson gaillarde, la chanson à boire, le couplet railleur. Le Sénonais Rutebœuf, Boivin de Provins, d'autres encore, cultivèrent le

---

(1) Reims, 1850, p. 14.
(2) Voyez pages 45 et suivantes.

conte, le fabliau scandaleux ou galant et contribuèrent à créer la voie suivie plus tard avec tant de succès par La Fontaine.

La poésie ne peut donner une idée bien exacte du langage populaire ; elle ne représente même pas celui des classes bourgeoises. Mais nous indiquerons comme le monument de prose le plus remarquable, que le milieu du XIIIe siècle ait produit dans nos contrées, les mémoires connus sous le nom de Chronique de Reims (1). On conteste à notre ville l'honneur de les avoir produits. Il serait facile de démontrer qu'ils sont enfants de notre province. Entamer débat sur ce point nous mènerait trop loin : ne le soulevons pas. Dans tous les cas, cette chronique est l'une des œuvres les plus intéressantes, les plus riches de détails, les plus originales que le XIIIe siècle ait produites. Son auteur est le digne élève de Geoffroy de Villehardouin. Il nous paraît surpasser de beaucoup le sire de Joinville, qui cependant vint plus tard. Moins sérieux, moins politique que Villehardouin, il a plus de piquant, plus de chaleur que ce grave historien. Il conte l'anecdote avec esprit. Son style vaut celui des légendes les plus palpitantes d'intérêt : il ne se borne pas à analyser séchement les faits, à poser leurs conséquences : il peint avec intelligence et chaleur les grandes scènes de notre histoire ; il sait, par des ressources presque dramatiques, animer son récit. Ses personnages entrent en scène, agissent et parlent naturellement. S'il avait un nom, il aurait un grand nom, il serait l'une des gloires de la Champagne, et fermerait dignement cette liste de poètes et de littérateurs, qui se groupèrent autour du roi de Navarre.

Un auteur, beaucoup plus connu et qui ne le vaut pas, ne tarda guères à s'élever en Champagne. Le sire de Joinville, le compagnon d'armes de saint Louis, le naïf historien de ce grand prince, écrivit sur son règne et sa vie les mémoires, que chacun connait. Joinville est loin d'avoir la profondeur de Villehardouin et la vivacité du chroniqueur de Reims. Ce qui fait son mérite, c'est une franchise incontestable, c'est un style sans prétention, partant du cœur et d'un honnête cœur. Il brille peu par l'imagination, mais sa bonne foi est à toute

---

(1) Publiés à Paris par M. Louis Paris, 1837. — Voir pages 63 et suivantes.

épreuve : mais c'est un témoin consciencieux, qui dépose sans crainte et sans passion devant le tribunal de la postérité.

Est-il beaucoup de provinces, qui puissent se vanter d'avoir, dans le 13e siècle, donné trois historiens français au pays ? et quels historiens ! ne sont-ils pas les pères de notre école historique, les chefs de nos prosateurs. Flandre, Picardie, Normandie, ont produit trouvères, chansonniers et conteurs. Mais des hommes de prose, de style, des gens taillant leur plume pour raconter dans l'idiome populaire, des hommes assez avancés pour comprendre que la langue française était enfin digne des œuvres graves et sérieuses, des œuvres d'avenir ? Non. Des textes de lois, des coutumes, des chartes, des arrêts, des pièces administratives, voilà ce que produisaient ailleurs les clercs et les gens assez hardis pour écrire en français. Certes, si la Champagne, si le Vermandois furent les derniers points de la France, où l'on entendit les durs accents d'un tudesque encore sauvage, du moins ces contrées furent-elles rapidement à la tête de la réaction nationale. Les Comtes à Troyes et à Provins, les Archevêques de Reims, dans ce temps choisis parmi les familles souveraines et quelquefois dans la maison de France, conduisirent bravement cette croisade littéraire ; et leur bannière ne cessa d'être à l'avant-garde. Ils trouvèrent de puissants alliés dans les écoles publiques, dirigées par le chapitre de Reims, si célèbres, si fortes, si riches de professeurs illustres pendant les XIIe et XIIIe siècles. Les princes du sang, les enfants des plus hautes familles françaises et étrangères venaient s'asseoir dans ces salles ouvertes par la science et la libéralité de nos chanoines à l'amour de l'étude, à l'éducation des riches comme à celle des pauvres. Cette illustre école rivalisait avec l'université de Paris : et lorsque, pendant la minorité de saint Louis, la Régente fut obligée de suspendre les cours publics de la grande ville, c'est à Reims que vinrent en grande partie les écoliers studieux, c'est dans nos murs qu'ils vinrent chercher l'étude, le savoir et le calme qui leur est nécessaire. Ainsi donc à Troyes, à la cour des Comtes, s'épanouissaient les fleurs de poésie ; à Reims se faisaient les études graves et les travaux sérieux. Dans toute la Champagne la langue française brillait des feux de la jeunesse.

A ceux, qui demanderont pourquoi notre province fut pendant deux siècles à la tête du mouvement politique et littéraire, pourquoi les jours qui suivirent, furent immobiles et sans gloire, nous répondrons : — le dernier fils du célèbre roi de Navarre mourut en 1274 : il ne laissa qu'une fille. Cette jeune princesse s'unit à Philippe-le-Bel. En 1328, les héritiers de nos anciens Comtes renoncèrent à tous leurs droits sur les domaines de leurs ancêtres : la Champagne et la Brie furent dès lors réunies à la couronne. Pendant le xiiie siècle aussi, la bourgeoisie de Reims ne cessa de battre en brèche l'autorité féodale des archevêques, seigneurs de la ville depuis deux cents ans. Elle appela à son aide l'autorité royale. La monarchie l'accueillit avec empressement ; et bientôt Reims, l'alliée de Rome, la métropole de l'ancienne Belgique, la capitale de l'Austrasie, devint une modeste commune relevant du bailliage de Vermandois siégeant à Laon. L'unité nationale y gagnait : la monarchie rentrait dans ses droits et réparait ses pertes. A la chûte de l'aristocratie, les petits propriétaires, les industriels gagnèrent de l'importance ; les municipalités reconquirent la liberté, dont elles jouissaient sous les empereurs romains. Mais à cette révolution les lettres et les arts perdirent tout. Ils ne trouvèrent plus nulle part honneurs et récompenses. Avec les comtes de Champagne, avec la haute puissance des archevêques de Reims finirent, pour ne plus renaître, les beaux jours de notre littérature. Des hommes de mérite naîtront encore sous notre ciel : quelques uns enfanteront des œuvres immortelles : mais ce ne sera plus sous notre ciel qu'ils écriront : ce ne sera pas pour leurs concitoyens qu'ils les composeront. Il faut au génie le soleil des cours, la publicité des grands centres de population, l'agitation qui nait de la foule, les applaudissements qu'elle seule peut donner, les largesses, les faveurs que le pouvoir seul distribue. Troyes, Langres, Reims, Provins, ne furent plus que des villes administrées par des officiers du roi, tour à tour lieutenants, intendants, subdélégués, préfets ou même sous-préfets. Ces grandes cités devinrent des capitaineries, des chefs-lieux de canton. La ville de Paris, capitale de la France, fut bientôt la reine des lettres et des arts. C'est dans son sein que vont aller chercher la vie peintres, sculpteurs et poètes. C'est dans ce gouffre toujours béant, qu'ils vont aller s'engloutir. Pour les uns il y aura défaite, indigence et oubli ; pour les autres succès, gloire, énivrement. Ils seront en petit nombre ; mais qu'importe ? Le papillon demande-t-il au flambeau combien il a vu tomber de présomptueux à ses pieds ? L'alouette retourne au miroir, devant lequel sa sœur gît ensanglantée. A Paris, l'or, les lauriers, les plaisirs, toutes les illusions de l'esprit, mais aussi les déceptions, les plaies du cœur, les inquiétudes de la vie et ses misères : en Champagne, la vie laborieuse et positive, l'existence de famille, l'uniforme succession des

jours aux nuits et des nuits aux jours. Cela suffit à la foule :
le sage ne demande rien de plus. Mais le génie et la vanité
ont-ils jamais été philosophes ? Ainsi donc pour notre vieille
province plus d'indépendance politique, plus de lauriers, plus
de jours de gloire. Elle pourra dire avec le poète de Mantoue :

Sic vobis non vobis mellificatis apes.

Période du XIVe siècle jusqu'à nos jours.

La Champagne accepta sa nouvelle position sans arrière pensée. Elle devient française de droit, de style, d'affection. Elle a vu dans nos rois les représentants légitimes de ces comtes, qui la firent si brillante, si prospère ; elle va leur donner son affection, son dévouement, tout ce qu'elle a, tout ce qu'elle aura de gens de mérite et de cœur. Quand ses fils la quitteront, son affection les suivra sur la mer de ce monde et ne leur demandera qu'un doux souvenir. A ceux qui reviendront dans son sein chercher un asile après la tempête, elle ouvrira ses bras : à ceux qui retourneront sous son ciel bien aimé pour rendre le dernier soupir et solliciter une tombe au sol qui les a vus naître, elle accordera place sous les dalles de ses églises, dans le champs du repos, où viennent chaque jour expirer les flots de générations humaines. Mais elle n'aura pas que des larmes à essuyer ; parfois elle entendra les acclamations de la foule honorer un grand poète, les applaudissements de l'histoire saluer un sage ministre ; et dans son juste orgueil elle pourra dire : — je suis leur mère.

La chute de la féodalité dans nos villes avait désormais laissé le pouvoir aux classes bourgeoises et marchandes : elles se recrutaient parmi les ouvriers ; des hommes sans prétention d'avenir, comme sans mémoire de leurs ancêtres, devinrent dès lors des chefs de race. Les familles se constituèrent : la langue dut se plier à leurs exigences. Jusqu'au XIIIe siècle roturiers et nobles se contentaient de porter un nom historique ou canonisé. On y joignait pour les gentilshommes celui de leur fief ; les autres y ajoutaient parfois le nom de leur village, ou un surnom. On peut étudier dans Villehardouin ce qu'étaient les désignations d'individualité en Champagne à la fin du XIIe siècle (1). Sous les successeurs de Philippe-Auguste les noms isolés deviennent de plus en plus rares. On commence à rencontrer le prénom et le nom : celui-ci devient quelquefois héréditaire ; mais souvent encore le fils porte un surnom, que n'a pas reçu le père. Parfois le nom commun s'altère et devient patronymique. Cet état de chose se perpétue pendant le XIVe siècle : cependant chaque année voit croître le nombre des noms de famille. Ils reparaissent avec suite, de génération en génération : ils sont acquis à la société. On sent que les vassaux sont devenus libres et citoyens. La fiscalité, la justice tiennent compte de cette réforme et la sanctionnent par leurs actes. Plus d'un nom debout encore dans nos murs date de cette lointaine époque, de cette renaissance de la famille bourgeoise (2). Nous en avons relevé quelques-uns ; leur réunion peut donner une idée du travail, qui s'est fait alors dans le monde pour indiquer avec régularité l'individu. C'était encore une des métamorphoses du langage champenois, que nous devions signaler avant de suivre plus loin son histoire.

Le XIVe siècle marchait : l'esprit des croisades s'était éteint ; le génie chevaleresque avait cédé sa place à la discorde civile, à l'ambition égoïste. La guerre étrangère pendant plus de cent ans dévasta la France. Cependant la première maison de Valois aima les lettres et les arts : elle réunit constamment autour d'elle tout ce que le royaume compta d'hommes instruits, de poëtes et d'artistes : elle les combla d'encouragements et de faveurs. On ne peut lui reprocher la faiblesse des lettres françaises pendant cette ère de pâle mémoire.

La Champagne prit une part active et glorieuse à la lutte nationale soutenue contre les Anglais : elle prouva qu'elle était encore debout et qu'elle avait le cœur français. Mais c'est à Paris, c'est à la cour qu'il faut presque toujours chercher ses hommes de lettres. Philippe de Vitry, Guillaume de Machault, Laurent de Premierfaict, Eustache Deschamps écrivent tous à l'ombre des fleurs de lys. L'œuvre capitale du

---

(1) Voyez surtout la curieuse table dressée par M. P. Paris, à la fin de l'édition, qu'il a donnée sous le patronage de la société de l'histoire de France.

(2) Voyez t. II, pages 213, 214, 215.

premier est sa traduction des métamorphoses d'Ovide moralisées. On y trouve à chaque instant des réminiscences du texte sur lequel il travaille. Il admet dans ses vers des mots latins ; il leur laisse même les désinences, que leur imposent les règles de la déclinaison (1). C'est le contraire des monuments littéraires des viie et viiie siècle. Vitry dut peu contribuer aux progrès de la langue française : elle a plus d'obligation à Guillaume de Machault.

Ce secrétaire du roi Jean sut donner au style de la douceur et de la distinction. Sa correspondance amoureuse est peut-être le plus ancien monument de style épistolaire intime, que la langue française puisse indiquer. On y trouvera sans doute des phrases dictées par une galanterie prétentieuse et de mauvais goût : mais il s'y rencontre aussi bon nombre de lignes simples, faciles et qui font connaître le langage familier de la cour pendant le xive siècle (2).

Laurent de Premierfaict, qui vint après Machault, fut plutôt un érudit qu'un littérateur. Il traduisit en français Cicéron, Sénèque, d'autres classiques et une partie des œuvres de Bocace. Il mit à la portée du public quelques uns des chefs-d'œuvre des littératures latine et étrangère. Son style est celui d'un traducteur : il est loin d'avoir l'originalité si brillante, dont étincèlent les œuvres de son compatriote et contemporain, Eustache Deschamps. Nous ne ferons pas ici son éloge : nous avons publié quelques-unes de ses œuvres inédites ; c'est la meilleure manière de les faire apprécier. En homme de cœur et d'esprit, bon patriote et poète mordant, il sut donner à la langue française une allure verte et hardie : il apprit à tirer des mots un parti piquant et imprévu. Il excellait dans le pamphlet politique : aussi brave que malin il avait le courage de signer ses épigrammes. On peut le considérer comme l'un des créateurs de ce genre de littérature, depuis si populaire en France. Cependant le xive siècle vit un champenois composer sur le sol natal un poème, que chacun connait, le roman du Renard contrefait (3). Cette longue satyre écrite dans notre province

---

(1) Voyez page 68. — V. Œuvres de Ph. de Vitry. Reims, 1850.

(2) V : ses œuvres imprimées à Reims, 1849.

(3) V : les Poètes de Champagne antérieurs au siècle de François 1er, 1851. — V : page 51.

révèle chez son auteur un digne compatriote d'Eustache Deschamps. Dans cette œuvre sans fin on rencontre des résumés historiques, des contes, des romans, des fables ingénieuses, des allégories railleuses et sans pitié. Le proverbe concis, énergique et juste s'y lit à chaque page. Jean de La fontaine feuilleta plus d'une fois cette œuvre curieuse et lui fit des emprunts sans nombre. Le nom de son auteur est inconnu : Troyen de naissance et de domicile, il subissait les conséquences de son séjour en province. Le soleil ne brillait plus que pour les muses de Paris. Déjà la Champagne attendait, des bords de la Seine, ses sympathies et ses opinions littéraires, comme elle recevait des gouverneurs, comme elle reçut depuis des journaux et des constitutions.

Un pareil état de choses n'était pas fait pour entretenir, aux bords de l'Aube, le feu sacré des lettres. Aussi pour trouver parmi nous un homme d'un esprit original, il nous faut passer un siècle presque entier et nous transporter à la fin du règne de Louis XI.

Alors vivait Guillaume Coquillard, homme grave de profession et joyeux de caractère, né pour la chicane et le calembourg, frondeur caustique et conteur sans scrupule ; il fut à plus d'un titre le précurseur de la littérature licencieuse et pédante du XVIe siècle. Rabelais fut souvent son débiteur et ne s'en vanta pas. La reine de Navarre, Bonaventure Desperiers l'avaient lu. Ses plaisanteries de jurisconsulte, ses citations latines, quoique burlesques, indiquent le travail qui se faisaient alors dans les esprits et leur retour à la littérature classique. On sentait le besoin des choses nouvelles ; et on allait naturellement, alors comme toujours, en demander aux textes vieillis. Coquillard nous peint la société mondaine de son temps, occupée à chercher les mots nouveaux (1), à répéter les termes en vogue. Cette affectation de petite maîtresse, cette prétention ridicule, qui devait durer près de deux siècles, naissait alors : et ce n'est pas seulement à Paris que le poète signale ces prétentions du style, c'est encore en Champagne, dans la ville de Reims. Cette maladie du langage revient de temps à autre, comme ces fléaux, dont le ciel afflige la terre d'âge en âge. Coquillard nous paraît être le dernier auteur champenois, qui ait un cachet spécial. Après lui, tout ce qui tint

---

(1) Voyez ses œuvres. — Reims. 2 vol. 1847.

une plume, fut l'esclave de la mode : et plus nous nous rapprochons de nos jours, et plus son empire se centralise dans les murs de Paris. Plus la monarchie absorbe de fiefs et de comtés, plus sa capitale absorbe dans son sein les trésors d'esprit et d'imagination, nés sur le sol inépuisable, sous le ciel heureux de notre France.

Dans la première partie du XVIe siècle les lettres jettèrent peu d'éclat en Champagne : elles attendaient, pour renaître, le règne du grand Henri. A cette époque, et jusques dans les premières années du règne de Louis XIII, notre province se ressentit de l'agitation que la ligue mit dans tous les esprits, du bonheur que l'avènement du Béarnais ramena dans le royaume. L'ouvrier eut du pain et de l'ouvrage, le paysan la poule au pot : la Champagne vit reparaître dans son sein les gens de lettres ingénieux, les poètes aimables. Nous ne ferons pas ici son histoire littéraire : il nous faudrait des volumes, et nous n'avons plus que quelques lignes à tracer. Passerat, les frères Pithou, les spirituels auteurs de la satyre Ménippée, Réné de la Chèze (1), Nicolas Bergier et bien d'autres, soutiennent dignement l'honneur, la bannière des vieux chansonniers de Champagne.

Le siècle de Louis XIV féconda toute la France : notre province ne resta pas stérile. C'est à ses enfants qu'étaient réservé l'honneur de porter à son dernier degré de perfection l'idiome de notre patrie. A l'auteur de tant de contes malins, à l'auteur de tant de fables naïves et sublimes, à l'auteur d'Athalie, à nos deux compatriotes, Jean de La Fontaine et Jean Racine, honneur, respect et mémoire sans fin.

Nous avons vu l'idiome des Belges périr sous la domination romaine, le dialecte roman, au berceau, s'affranchir lentement du joug latin et tudesque : nous avons vu la langue française naître à son tour, grandir, et prendre sa place au soleil. Il y a loin des chartes mérovingiennes aux récits de Villehardouin ; il y a loin des narrations naïves du sire de Joinville aux magnificences d'Athalie et de Britannicus. Mille ans séparent les deux extrémités de cette chaîne. Il a fallu dix siècles pour amener la langue des abimes de la barbarie au sommet de l'art et du savoir. Que de révolutions ont mis leur

---

(1) Voyez page 82.

pierre à ce majestueux édifice littéraire ! Deux races royales périssent pendant cette transformation, l'une d'elles peut-être pour s'y être opposée. Sur les débris de leur trône, s'élève celui des Capétiens, de ces princes, qui parlent la langue nationale, qui l'écrivent dès qu'elle est susceptible de supporter la lecture, qui l'aiment et encouragent ses amis, ses pères et ses apôtres. Fidèle à sa mission, à son origine, cette dynastie populaire repousse, sans jamais reculer, les restes de cette race germanique qui posséda la France, et rend à la Gaule antique sa première nationalité, son indépendance et son honneur. Avec nos pères elle lutte pendant six siècles contre la féodalité des races franques, contre les prétentions de l'Allemand et de l'Anglais. Louis-le-Grand réunit à la couronne, la Flandre, l'Artois, la Franche-Comté, la Lorraine. Louis XIII et Richelieu ont fondé l'académie française. L'œuvre des Capétiens, l'œuvre de la régénération nationale est consommée. Saint Louis, Charles V, Louis XI, Henry II, Henry IV, Louis XIII, Louis XIV, reconstituent la vieille France. Les arts, l'industrie, les belles-lettres vont s'emparer de l'avenir et donner à la patrie des siècles de gloire et de prospérité.

La langue française a préparé la grandeur de notre pays : elle empêchera désormais sa dissolution. Si jamais il doit s'accroître, ce sera dans les débris de l'ancienne Gaule-Belgique ; ce sera dans les dépendances du vieux royaume de Bourgogne, qu'il nous restera des conquêtes à faire. N'y parle-t-on pas roman et français ? Là sont encore des enfants de la Gaule, des Belges et des Celtes. Oui, cette magnifique unité française n'a pas touché sa limite dernière : pour atteindre les bornes de son développement, il lui faut la force, il lui faut l'union des esprits. Que la concorde règne enfin des bords du Rhin aux rives de l'Océan, que de la mer du nord aux sommets glacés des Alpes, aux cascades des Pyrénées il n'y ait plus qu'un drapeau, comme il n'y a qu'une langue : alors la patrie entourée de ses enfants, redevenus frères, pourra briser d'odieux traités et redemander à l'Europe ses villes, ses cantons, dont la force l'a privée, ses anciennes provinces, qui depuis des siècles séparées de son sein n'ont cependant cessé de parler son idiome.

Des Patois de Champagne.

Toute la France ne marcha pas également dans la voie du progrès : le passé défendit ses droits et les défend encore.

A côté des chefs-d'œuvre de notre littérature, nos patois viennent nous faire entendre les accents des dialectes germain et gallo-romain.

La langue romane s'était partout assise sur les ruines des idiomes latin et barbare. Elle dut prendre, dès l'origine, dans chacune des grandes divisions de l'empire romain un cachet particulier. Le langage, qu'on y parlait avant la conquête, n'était pas entièrement oublié. Il revendiqua ses droits modestement, comme en France, avec succès comme dans la Grande-Bretagne, dans cette contrée soumise, avant l'arrivée de César, à la domination des Belges, sur laquelle régnèrent les rois de Soissons. Dès le VIIIe siècle, l'Anglo-Saxon, à peu près pur, avait repris le dessus. Il servait au style des pièces officielles. Guillaume le Conquérant, à la tête des Neustriens, ramena la langue romane dans ce royaume. Elle y reprit racine et marcha d'un pas égal à celui de la langue française. Mais elle était l'idiome du conquérant, celui de la féodalité : le peuple l'apprit en vaincu, malgré lui, avec haine. A mesure qu'en France elle se purifiait, en Angleterre elle s'altérait. L'antipathie, qui divisait les deux nations, ne pouvait accepter l'unité de dialecte, humiliante pour l'anglais, glorieuse pour le normand. Après trois cent cinquante ans de lutte contre la France, la race du bâtard normand dut renoncer à régner sur notre sol et se résigner à rester insulaire, bretonne et même anglo-saxonne ; il lui fallut abandonner la langue paternelle et déclarer, en 1362, que le français cesserait d'être employé dans les actes publics. C'est assez dire que depuis longtemps la population l'avait condamnée : les hautes classes d'Outre-Manche, avec leur adresse accoutumée, n'essayèrent pas de défendre une cause perdue, et surent rester populaires en devenant nationales. Mais la France avait passé par l'Angleterre comme Rome par les Gaules. Elle y laissa ses preux et sa langue. Toutes ces vieilles chartes, dont est si fière l'indépendance anglaise, sont des textes français : son idiome, qu'elle parle avec un orgueil, parfois si dur, n'est que du français redevenu barbare et tudesque. Ces races, si vaniteuses de leurs blasons, ont du sang français dans les veines. La famille, qui règne sur elles, est fille de France, alliée dix fois à la maison de France, vingt fois à la noblesse de France. N'a-t-elle pas pour aïeule une aimable et jolie fille de Normandie ? Gens d'Albion, supprimez chez vous l'idiome des Capétiens : parlez anglais, si bon vous semble : tout ce qu'il y a chez vous de grand et de noble n'en sera pas moins toujours aux enfants de la France.

La langue gallo-romaine avait encore suivi d'autres directions ; par la haute Champagne, par la Lorraine elle se reliait aux cités des deux royaumes de Bourgogne ; elle y retrouva son rival naturel, le tudesque. En Suisse, entre les deux idiomes, recommença l'antagonisme déjà debout aux bords de la Meuse et de la Moselle. A chaque drapeau restèrent des villages, des villes, des cantons. L'Helvétie vit ses enfants divisés en trois camps: il y eut des suisses allemands, des suisses italiens, des suisses romans, et depuis les choses n'ont pas changé. Les cités romanes ont appris le français : les campagnes ont conservé le dialecte gallo-romain.

La Belgique du nord n'accepta pas non plus le tudesque : elle s'avança toujours dans la voie du progrès en donnant la main à la France. Romane avec elle, elle apprit le français avec elle. La Flandre, le Brabant, le Hainaut fournirent à notre Parnasse plus d'un trouvère spirituel, plus d'un sage historien. Mais dans ces provinces comme dans les cantons catholiques de la Suisse, les villages, des bourgs mêmes ont conservé la langue romane. Jean Lemaire dans ses illustrations des Gaules (1) reconnaît que le dialecte parlé par les Wallons de son temps était la langue romane des X et XIe siècles.

Qu'était-elle devenue dans notre province si voisine des pays, que nous venons de nommer : elle n'avait plus de nom spécial dès les premières années du XIIe siècle. On ne connaissait plus dans les actes officiels que le latin et la langue vulgaire (2). Mais le roman n'en existait pas moins en fait. Dans les provinces, qui restèrent longtemps étrangères à la France, il conserva son nom jusque dans les XIVe et XVe siècles (3). Un traducteur lorrain disait dans le XIVe siècle : — Et peur ce que nuls ne tient en son parlier règle certaine, mesure ne raison, est langue romance si corrompue que à poine li uns entend l'aultre; et à poine peut on trouver ajourd'ieu personne, qui saiche escrire, antier, ne prononcier eu une meisme semblant meniere, mais escrip, ante et prononce li uns en une guise et li aultre en une

---

(1) Paris, 1512, in-folio, liv. I, ch. 16.

(2) *Lingua laica.* — Concile de Reims, 1115. — Labbe, t. x.

(3) Vez-ci lou psaultier dou latin trait et translateit en roumans, en laingue Lorenne, selonc la vériteit commune et selonc lou commun langaige. — *Voir la préface du livre des Rois*, publié par M. Leroux de Lincy. In-4º, p. 40 et 74.

aultre (1). » — Le lorrain était un dialecte du gallo-romain et du français : il formait un patois. — L'arbitraire dont se plaint l'auteur était général et alors sans remède.

L'action de la cour, l'influence de l'éducation donnée dans les universités ne pouvaient atteindre les campagnes. Sans doute on y parla le gaulois pur quand les villes réussirent à parler latin, et latin barbare quand les cités inventèrent le roman. Le cultivateur suivait lentement la marche des idées, et les révolutions de la langue ; il sut enfin comprendre et manier le roman, quand les populations urbaines se piquèrent de savoir le français. Au XVIe siècle, de 1512 à 1529, la monarchie décida que les actes publics et privés seraient rédigés en français. Seulement alors dans les classes éclairées on put trouver assez d'hommes capables d'écrire la langue nationale pour suffire à tous les besoins sociaux. Le peuple, les artisans en étaient encore au point, où se trouvait le traducteur lorrain. Chacun parlait, prononçait à sa guise ; chacun conjuguait les verbes avec plus ou moins de scrupule. On était encore près du roman. Les patois de nos campagnes doivent nous donner une idée du langage populaire dans les villes à une époque assez rapprochée de la nôtre. A Bruxelles, dans une ville capitale, dans une cité populeuse, puissante, civilisée depuis longtemps, certains faubourgs de vieille date parlent encore de nos jours le dialecte wallon, c'est-à-dire le roman.

Cet idiome, enfant capricieux, sans lois ni frein, n'a pu garder partout un aspect analogue : l'influence centrale l'a repoussé d'abord des comtés de Paris, d'Orléans et de Sens. Plus tard elle l'expulsa des contrées conquises par la monarchie. S'il existe encore, c'est vers les frontières de l'ancienne France. Mais sa retraite n'a pas été régulière : comme une armée, qui recule, il a laissé çà et là des soldats, qui ont refusé de marcher. Ils sont restés aux lieux, où l'habitude les a fixés. Le roman se rencontre dans des cantons complètement entourés de villages parlant français. Ailleurs, il s'est laissé modifier de manière à ne pouvoir presque plus être saisi, tandis qu'une commune limitrophe l'a conservé pur, à l'état primitif. Ici il s'éteint : là il se perpétue. Mais il ne faut pas que le philologue se fasse d'illusion : l'arrêt de mort du roman est prononcé depuis longtemps. Il

---

(1) Préface du livre des Rois. — M. Leroux de Lincy.

l'exécute chaque jour. Il s'exécutera sans pitié jusqu'à ce que le dernier terme gallo-romain ait disparu. La langue française, professée dans les écoles primaires uniformément et partout, bat en brèche les derniers remparts des Gaulois. Déjà de nos jours le roman n'est compris que des vieillards : la jeunesse le tourne en ridicule, le dédaigne, affecte de ne plus l'entendre. Du langage de nos pères bientôt il ne restera plus rien : les voix tremblotantes, qui le répètent, ne tarderont pas à s'éteindre.

Nous avons voulu recueillir les derniers débris d'un idiome, dont l'origine est toute nationale, dont le berceau n'est autre que celui de notre indépendance : nous les avons cherchés dans les patois de nos campagnes.

Sans doute ces dialectes ne sont plus tels qu'on les vit dans les Xe et XIe siècles : ils ont subi la loi générale des choses de ce monde, celle du changement. Mais on y trouve des prononciations, des tournures de phrase, des termes, que le Français ignore depuis longtemps. Ils renferment encore des mots gaulois, francs et latins presque vierges. Tels qu'ils sont, les patois de notre province sont choses bonnes à connaître. Les textes les plus anciens, que nous ayons pu réunir, n'ont guères plus d'un demi-siècle : un seul paraît remonter à l'an 1700. Les autres n'existaient pas, il y a un an.

Lorsque la société celtique voulut former sa célèbre collection des patois français, elle prit pour thème la parabole de l'enfant prodigue. Ce choix était malheureux : la seconde partie de cet intéressant récit ne reproduit-elle pas à peu près les mots contenus dans la première? Néanmoins, nous avons mieux aimé suivre les errements tracés par nos devanciers, et joindre notre œuvre à leurs travaux pour lui donner plus de valeur, pour augmenter ses chances d'utilité. D'ailleurs, nous n'avions pas, comme eux, à notre disposition sous-préfets, préfets, ambassadeurs : nous avons simplement consulté curés, maîtres d'écoles, vignerons, cultivateurs, et nous avons rencontré gens éclairés et bienveillants. Ensemble nous allons essayer de donner au lecteur une idée des patois de Champagne : puissent nos efforts l'intéresser.

Après la dissolution de l'empire romain, la Belgique fut cent fois partagée. Les comtes de Vermandois, les sires de Roucy, tous issus des Carlovingiens, finirent par posséder le pays de Reims et ses environs. Sous les derniers héritiers de Charlemagne, cette notable portion de la Champagne forma l'apanage de nos archevêques. Robert de Vermandois, vers 884, dépouilla la couronne des comtés de Meaux et de Troyes, et fonda le comté de Champagne. Ses successeurs étendirent leur suzeraineté sur les Ardennes, les bords de l'Yonne, le comté de Langres et les fiefs, qui les entouraient. Plus tard, la Bourgogne, sous ses ducs, absorba plus d'une ville champenoise : mais nous avons respecté les traditions topographiques de nos vieilles chroniques, et nous avons recherché les traces de nos patois dans les départements de la Marne, de l'Aube, de la Haute-Marne, de Seine-et-Marne, de l'Aisne et dans celui des Ardennes. Notre vaste province est aujourd'hui morcellée, confondue avec les provinces voisines, non moins méconnaissables : ainsi l'ont voulu les révolutions. Ces villes, autrefois sœurs, aujourd'hui l'une à l'autre étrangères, parlent français depuis plus de six siècles : mais dans chacune le tudesque, le latin, le roman dominent dans des proportions différentes. Il n'en est pas une, il n'est pas un de nos bourgs, où l'on ne remarque des prononciations inusitées ailleurs, des termes inintelligibles pour le voyageur, quelquefois même pour un champenois d'un canton voisin. Quelques-unes de ces expressions ont vieilli, et ont cessé d'être en usage. D'autres reparaissent de temps à autre : il en est même, il faut en convenir, que nos pères n'ont jamais entendues. Le français de nos jours ne tend-il pas la main à une foule de termes allemands, anglais, que nos ancêtres auraient trouvés barbares. Les révolutions dans la politique, dans les mœurs, dans les détails de la vie imposent au langage, des innovations et des suppressions radicales. N'en est-il pas aussi de même dans le langage du peuple ? Il s'abandonne à son esprit naturel, à sa vive imagination ; et il ne manque ni de l'un ni de l'autre. Quand le terme lui fait défaut, il y supplée d'une manière souvent comique, quelquefois heureuse. La littérature légère, le style sérieux ne se font aucun scrupule de faire des emprunts à cette langue improvisée, fantastique et sans père connu, et de donner à ses créations des lettres de bourgeoisie. Cela fut de tout temps ; cela est de nos jours en Champagne comme ailleurs.

Nous publions un recueil de 10,000 mots environ, recueillis çà et là dans nos départements. Archives, manuscrits inédits, livres vieux et modernes nous ont payé de larges contributions. Les échos des rues et des campagnes nous ont donné secours. Le glossaire Troyen de Grosley (1), le voca-

---

(1) V. ses éphémérides. Troyes, 2 vol. in-12.

bulaire Langrois de Mulson (1), celui du bas langage Rémois (2), le dictionnaire roman, wallon, celtique et tudesque de D. François (3), des notes manuscrites, que M. Paulin Paris a bien voulu nous communiquer, nous ont permis d'augmenter la récolte, que nous avions faite. Nous n'en publions guères que la moitié. Ses dimensions nous effrayaient : nous en avons retranché les termes de droit féodal, d'architecture, d'artillerie, de venerie, de théologie, de droit civil ou canon, de procédure, qu'on peut trouver dans des recueils spéciaux. Nous avons encore supprimé tous ceux, qui se rencontrent habituellement dans nos poètes : les onze glossaires, que nous venons d'éditer à leur suite, en renferment l'explication. Nous nous sommes donc bornés à ceux usités dans la vie intime, aux champs et dans la mansarde. Dans ce cadre ainsi restreint, il nous a fallu faire encore des retranchements : nous avons rayé tous les mots, dont le sens restait pour nous obscur.

Nous avions voulu d'abord diviser notre dictionnaire en deux parties, consacrer l'une au passé, et l'autre au présent. Mais, grand devint bientôt notre embarras : tel mot, mort selon nous depuis des siècles, venait subitement retentir à nos oreilles et nous donner son certificat de vie ; tel autre, considéré comme un adolescent, nous apparaissait subitement dans un texte poudreux, sur une page usée par les siècles. nous avons dû renoncer à ce mode de classification ; trépassés, vivants, anciens ou nouveaux venus, nous les publierons chacun à leur rang alphabétique.

Pour rendre complet un pareil travail, n'aurait-il pas fallu résider longtemps, et pour ainsi dire en tout temps, dans chaque ville, dans chaque canton des six départements dessinés dans la vieille Champagne? Aussi notre but est-il uniquement de publier des notes assez nombreuses pour offrir un ensemble digne d'être étudié. Il est quelques unes de ses parties, que nous avons essayé de développer ; nous en ferons des chapitres distincts.

Nous avons songé d'abord à ce berger champenois, aux

---

(1) In-12. — Langres, 1822.
(2) Saubinet ainé, Reims, 1845.
(3) Bouilon. — In-4º, 1777.

dépens du quel on s'égaye, Dieu sait pourquoi. La sagesse des nations n'a-t-elle pas ses distractions, ses bizarreries et ses petites méchancetés? Nos pâtres valent mieux que leur réputation. Ils sont observateurs ; et leur mémoire leur transmet des expressions d'autrefois, qui méritent d'être notées : c'est ce que nous avons fait. — Un glossaire normand exhale un parfum de cidre, qui se révèle à chaque ligne. Un glossaire champenois doit nécessairement sentir le fruit de la vigne. Nous avons donc tâché de composer le vocabulaire du vigneron de Champagne (1). — Enfin, dans nos cités si déchues de leur splendeur passée, règne une activité commerciale, qui leur assure depuis des siècles honneur et prospérité. Lin, laine, chanvre y deviennent toiles et draps. Les professions, qui les emploient, ont leur idiome ; nous avons tenté de le faire connaître. Mais il a varié de siècle en siècle. Aussi sommes-nous contraints d'abandonner une grande partie de notre vocabulaire industriel : nous ne pourrions en donner l'interprétation, même approximativement. Etoffes, machines, changent de génération en génération : la langue, à l'aide de laquelle on les a produites, ne leur survit pas. Nous avons évité de nous lancer dans des discussions étymologiques : elles n'ont de valeur que si elles sont entreprises en conscience, c'est-à-dire, sans marchander pages et volumes. Nous laissons cette étude au lecteur : ne faut-il pas qu'il ait sa part à faire dans notre livre. Après ce travail général, nous nous sommes occupés des dialectes appartenant à des localités distinctes. Nous avons eu besoin d'auxiliaires, et nous en avons trouvé : — MM. Nanquette, curé de Sedan; — Lacatte, propriétaire à Reims; — Pernot, peintre à Vassy; — Louis Coutant, propriétaire aux Riceys (Aube); — Lemaître, à Tonnerre; — Godret, curé de Berru; — Julien Haymart, propriétaire à Somme-Tourbe; — Jolly, propriétaire à Sézanne; — Varnier-Arnould, propriétaire à Alliancelles; — Voisembert, curé de Sommepy —

---

(1) Le lecteur zélé, à qui ce court travail ne suffira pas, devra chercher à se procurer un livre, dont voici le titre : — Discours joyeux en façon de sermon faict avec notable industrie par deffunt maistre Jean Pinard, lequel vivoit trottier sémi-prébendé en l'église de Saint-Étienne d'Auxerre, sur les climats et finages des vignes du dit lieu : plus y est adjousté de nouveau le monologue du bon vigneron sortant de sa vigne et retournant le soir à sa maison (par Louis de Charmoy), reveu, corrigé et augmenté. — Auxerre. Pierre Vatard, 1607. Petit in-8º. — Nous n'avons pas eu la satisfaction de consulter ce rare opuscule.

et Benoît, instituteur à Cormontreuil, nous ont donné des textes en patois et des notes intéressantes. Nous avions espéré faire plus grand cet édifice élevé à la nationalité champenoise ; mais toutes les recherches tentées à notre requête n'ont pas été heureuses ; toutes les portes, aux-quelles nous avons frappé, ne se sont pas ouvertes. Nous n'en devons que plus de remerciments aux hommes de bonne volonté, qui voulurent bien s'associer à notre travail. — Qu'ils reçoivent ici l'expression de notre reconnaissance.

Dès le premier aspect, les patois de Champagne révèlent leur origine : ils sont latins de race, romans de forme. On va les voir tantôt conserver des mots latins toujours repoussés ou répudiés depuis longtemps par le français, tantôt altérer sans scrupule des racines protégées par l'Académie, d'autres fois au contraire se rattacher à celles qu'elle a sacrifiées (1). Chaque village aura sa prononciation, son orthographe. A chacun sa manière de traduire la conjugaison des verbes, de rendre les syllabes des mots latins, les consonances qui les terminent. L'un se rapprochera du tudesque, l'autre du français. Pour bien étudier nos patois au point de vue germanique, il ne suffit pas de savoir l'allemand de nos jours : il faut encore connaître à fond le germain du moyen-âge, celui qu'on parlait au berceau de la langue romane. C'est dans cet idiome seul que nos pères ont puisé. Le travail, que nous avions commencé à cet égard, s'est trouvé au dessus de nos forces: nous aimons mieux le supprimer que de mêler, à quelques observations peut-être justes, des erreurs sans doute très nombreuses. L'allemand forme une langue originale : mais on y trouve aussi les empreintes du latin : souvent même il a conservé plus fidèlement que le français et ses dialectes le terme romain. Dans d'autres circonstances sa version sera presque la même. Quelquefois son orthographe l'éloignera de nos patois ; mais sa prononciation l'en rapprochera ; ou bien ce sera le contraire, qu'il faudra remarquer. Pour que cette étude pût être complète et sérieuse, ce ne serait pas à nos patois modernes qu'il faudrait la borner. Ils n'ont cessé de s'altérer, de se rapprocher du français et de se séparer du germanisme. Nos vieux poèmes Champenois, nos chroniques sont les seuls monuments de notre ancienne littérature. Mais ils sont écrits en français, dans la langue que parlait

---

(1). Voir les exemples placés à la fin du 2ᵉ volume.

au XIII⁰ siècle plus de la moitié du royaume. Leur dialecte n'est pas précisément celui de la Champagne. Leur poésie n'est pas toujours épique : elle admet le terme intime, la locution familière, et même de temps à autre le mot vulgaire et grossier : c'est là qu'on peut trouver encore l'ombre des efforts tentés par le tudesque pour devenir la langue des Gaules. Nous avons essayé de pénétrer dans cette voie : nous avons acquis la certitude qu'elle menait droit au but et nous l'indiquons à de plus instruits.

Nos patois, nés du latin, échappés des étreintes du germanisme, n'ont cessé d'aspirer au français : l'esprit national, l'intérêt privé les ont dès l'origine conduits dans cette direction. Aussi les mots étrangers ont-ils dû disparaître ou se modifier les premiers. Les termes latins ont survécu parce que le Français les admettait, autrement sans doute, mais toujours dans le fond. Aussi de nos jours est-ce surtout par la prononciation que nos patois diffèrent de la langue ordinaire. Pour éviter à cet égard des détails multipliés et fastidieux, nous avons réuni dans un tableau les principales modifications, qu'ils font subir aux lettres de l'alphabet. Les unes s'écarteront complètement de la racine des mots : les autres, au contraire, la rappelleront plus fidèlement que les syllabes françaises. Sans grammaire, sans dictionnaire, le patois s'inquiète peu d'indiquer par son orthographe le nombre, le genre, le temps : il ne s'occupe que de ce que l'oreille entend. Mais il dénoncera souvent par une double voyelle deux syllabes d'origine latine, que le français contracte : ainsi dira-t-il *chaod* pour *chaud*, *calidus*. Le latin *pater*, qui nous fournit le mot *père*, en patois nous donnera *péer*, *péire*, *péar* même comme à Fismes, *péetze*, *petze* comme à Sézanne.

Le patois a généralement, comme le roman et le vieux français, l'habitude de dire *i* pour *in* et *in* pour *i*, *le* pour *ble*, *che* pour *ce*, *lo* pour *le*, *ch* pour *ss*. La lettre R lui est antipathique, il la supprime volontiers : et cet usage est à peu près universel, même dans les villes. A Reims, par exemple, on dit *mette* pour *mettre*, *allé à pied* pour *aller à pied*, *descende* pour *descendre*. Le patois va plus loin : il supprime la lettre R à la fin des syllabes *or*, *oir*, *our* et *eur*. Le *v* disparaît souvent et le double *v* prend la place du *g*. — Nous verrons *t* pour *d*, — *dz*, *tz*, *d* pour *g* et *j*. Il y a longtemps qu'en Champagne le *d* et le *g* se substituent l'un et l'autre : l'un de nos archevêques qui vivait en 435 se nommait Bennade ou Bennage. Flodoart nous apprend qu'il n'a

pu savoir quelle était la vraie manière d'écrire ce nom (1).
Ceci nous rapproche des dialectes germains : les déplacements
que les patois font aussi subir à la lettre R, ont une même
source du même genre. On verra la syllabe *er* se prononcer
comme *re*, et la syllabe *re* devenir *eur, er, ur, ze, ar* et *e*.
Les syllabes *os, ot, aut, aus* abondent comme finales dans
nos patois.

Telles sont les remarques principales, que soulève leur prononciation (2). Près de l'île de France, dans les départements
de l'Aisne, de l'Yonne, en Brie, elle est assez pure. Dans
le département de la Marne elle s'altère parfois au point de dénaturer le langage. L'arrondissement d'Epernay parle avec
assez de régularité. Dans le canton de Sézanne, dans les
communes, qui touchent au département de l'Aube, telles que
Gourgançon, Semoine et Salon, on constatera quelques
prononciations bizarres : leur ensemble cependant est insuffisant
pour former un patois. Du côté de l'ancienne Lorraine au contraire, entre Châlons, Vitry et Sainte-Menéhould, on rencontre
de vrais dialectes. Sans doute le patois n'y domine pas ; les
villages, qui l'employent, sont cités. Néanmoins dans presque
tout l'arrondissement de Sainte-Menéhould on l'entend.

Aux portes de Reims il est deux ou trois communes plus fidèles
que d'autres aux traditions du moyen-âge. A Cernay-lès-Reims
on croit aux sorciers et l'on parle à peu près patois. A Beru,
dont le nom se mêle à la légende héroïque et fabuleuse de
nos contrées, à Beru célèbre dans l'histoire d'Ursa, reine de
Reims, dans celle de son fils Frichambault, il existe un dialecte très caractérisé. Autour de ces deux centres de population,
qui sont voisins, on use d'un français agreste, il est vrai,
mais facile à saisir sans commentaire.

Près de Châlons se trouve Courtisols (*Curtis Ausorum*),
cette commune si connue dans les fastes de la linguistique :
on a voulu faire de son patois un dialecte allemand, ou pour
le moins helvétien. La comparaison, qu'on en va faire avec les
textes des autres patois de Champagne (3), démontrera que les

---

(1) Lib. I. Chap. 9.
(2) Voir le tableau placé à la fin du volume.
(3) Voyez à la table, mise à la fin du 2ᵉ volume, les indi-
cations nécessaires pour trouver les monuments des patois de
Champagne.

gens de Courtisols sont de bons français de vieille race, de vrais Champenois parlant gallo-romain ou roman : dans leur langage on trouvera peut-être quelques termes d'origine tudesque ; mais les Francs n'ont-ils pas occupé nos contrées bien avant Clovis ? N'y a-t-on pas parlé la langue germanique jusqu'à la fin du Xe siècle ? Tous les patois de Champagne, l'idiome familier et populaire de nos cités renferment des mots de race allemande. A Courtisols, le fonds de la langue est le gallo-romain, où plutôt le latin, tel que le firent les VIe et VIIe siècles. On y parlait aussi français : on savait l'écrire ; et le grand cartulaire de saint Remi contient de nombreuses chartes des XIII et XIVe sicles, rédigées à Courtisols dans l'idiome alors usité dans l'île de France et la Champagne. Nous en publions une.

Dans la Haute-Marne, frontières de Champagne, du côté de la Bourgogne et de la Franche-Comté, le patois n'a pas de racines aussi profondes, ni de type aussi prononcé qu'on pourrait le croire. Il est analogue à ceux de la Marne et de l'Aube. Chose étrange, on le rencontre surtout dans les communes, qui environnent Langres, telles que Peigney, Saint-Geosmes, Montigny-le-Roi, Champigny, Cohons. Dans les autres parties du département, il ne peut avoir la prétention de constituer des dialectes.

Le département de l'Aube, plus près du centre, n'en a pas moins conservé dans le canton des Riceys, et surtout dans la commune de ce nom, un patois très net. Aussi, n'a-t-on pas manqué de donner aux Ricetons comme aux habitants de Courtisols une origine helvétienne. Ils sont tous de la même famille : tous ils représentent la race vaincue par César, assujétie aux Francs, émancipée par la famille de Hugues Capet.

La ville de Troyes, la capitale des comtés de Champagne, eut longtemps son patois : Grosley fait connaître ce qui de son temps méritait encore d'être signalé (1).

Dans les Ardennes, surtout du côté de la frontière, il règne un dialecte, qui se nomme la langue wallone. Il a ses gram-

---

(1) Ephémérides. Paris, 1811, t. II, 3e partie, chap. II, p. 155. — Voyez fin de ce vol.

mairiens, ses glossaires, ses littérateurs (1). Il s'étend en Belgique, dans le Luxembourg et dans toute cette partie de l'Europe, qui fut Gaule, qui tôt ou tard redeviendra France. Il n'est autre que la langue romane protégée par nos fautes et nos malheurs politiques. Toutes les contrées, où on l'a conservée, sont, depuis la dissolution de l'empire carlovingien, séparées de notre territoire : elles sont restées, en ce qui touche le langage, à peu près au point où se trouvait la Gaule-Belgique dans les Xe et XIe siècles. Tandis que la France abandonnait le dialecte roman, il s'est maintenu, régularisé, perfectionné aux bords de la Meuse, de la Moselle et de la Sémoise de romantique mémoire. Mais il ne domine pas dans tout le département actuel des Ardennes : cette division récente de notre pays se compose d'éléments divers : une portion de son territoire fit partie du Vermandois, et reconnut pour seigneurs les archevêques de Reims : une autre, le comté de Rethel, relevait directement des comtes de Champagne. Sur ces deux points on admit le français rapidement. La principauté de Carignan dépendait du diocèse de Trèves. Les cantons de Fumay et de Givet se partageaient entre ceux de Namur et de Liége. Le duché de Bouillon et de Sedan était à peu près indépendant. Belge, allemand même au besoin, il ne fut français que sous Louis XIV. Jusque-là, l'influence de notre littérature, de nos lois, de nos mœurs, ne s'y fit sentir qu'indirectement. On parlait dans ces quatre villes le même langage qu'à Reims : mais les campagnes de ces contrées étaient restées romanes et continuèrent à préférer le gallo-romain ou le wallon. C'est encore leur langage habituel. On trouvera dans ce représentant de la langue romane mitive, des analogies sans nombre avec les patois de Champagne. Orthographe, prononciation, interversion de lettres, respect pour la racine latine, relation avec l'idiome tudesque, s'y rencontrent comme chez eux. Sans doute le germanisme y aura plus de place. Le roman des Ardennes est la sentinelle avancée de la langue française ; c'est un avant-poste au milieu des Sicambres ; c'est un enfant perdu d'avant-garde. Les nécessités du voisinage l'ont contraint à défendre mieux que d'autres les débris de la langue franque, à faire même, de temps à autre, de nombreux emprunts à l'idiome bâtard et flottant du Luxembourg. Les Ardennais, en descendant de leurs montagnes dans nos plaines, y ont maintes fois ramené des

---

(1) V. le dictionnaire de D. François. On y trouve un traité de la conjugaison des verbes en langue wallonne. — Bouillon, 1777.

termes étrangers. Chez eux le W représente notre G : il en fut de même à Reims jusque dans le xiv° siècle. Une des portes de cette ville se nommait indistinctement porte Waloise ou Galoise. Le mot Wallon est le même que celui de Gaël ou Gaulois; et si l'on veut interpréter la syllabe *on*, qui le termine, on y verra le diminutif usité dans nos contrées (1). Les Wallons ne sont-ils pas une tribu gauloise, qui, plus longtemps que d'autres, aurait pu se défendre contre les Romains et les Francs ? Héritiers de ces Nerviens, de ces Ménapiens, qui se heurtèrent sans crainte contre César, ne se sont-ils pas toujours insurgés contre l'idée de se fondre dans la famille allemande ? Le vieux sang gaulois, qui coule dans leur veine, n'a jamais cessé de revendiquer ses droits. Les Wallons de Belgique et d'Allemagne se réuniront tôt ou tard à leurs frères des Ardennes ; tôt ou tard ils crieront salut à leur patrie commune, salut à la France.

L'avenir est au tout puissant. — Dans cette histoire de l'idiome champenois peut-être Paris, la ville superbe, ne verra-t-elle qu'une prétention de clocher ; mais il y a des clochers, qui furent grands avant les siens. Que cette moderne reine de nos cités ne dise pas avec Brennus : *væ victis !* Les destins et les flots sont changeants. La Champagne n'est plus rien : ce n'est plus qu'un souvenir, une ombre ; mais cette ombre n'est-elle pas noble. N'est-ce pas sous notre ciel que le Seigneur a béni la monarchie des Francs ? N'est-ce pas dans notre idiome que saint Remi prêchait les fiers compagnons de Clovis. N'est-ce pas à Reims qu'Empereurs et Rois vinrent demander à Dieu le droit de régner sur les Gaules ? — Lorsque les Césars allemands voulurent encore une fois envahir la France, lorsque Philippe-Auguste défendit notre indépendance contre cette nouvelle invasion du germanisme, au premier rang combattirent les communes de Champagne. Ce furent nos pères qui firent prisonnier le comte de Flandres, le célèbre Ferrand. — Au xiv° siècle l'Anglais veut aussi ravir à nos princes leur trône héréditaire : quelles cités arrêtent l'invasion étrangère ? Reims et Troyes. Dans leurs murs se renferment les braves gens de nos campagnes. Citadins et paysans luttent de courage et de patriotisme. Aux pieds de nos murs viennent se briser les menaces du léopard. —

---

(1) Gresley a fait cette observation, que l'examen confirme : On disait en effet *corbillon* pour une petite corbeille, *valeton* pour un jeune valet.

Et quatre siècles après quand la Prusse, la Teutonique, pénétrait dans l'Argonne, les Ardennais, les gens de Sainte-Ménéhould, ces derniers amis de nos anciens patois, n'ont-ils pas pris les armes, n'ont-ils pas pris place comme leurs ancêtres sous le drapeau de la patrie? Non, tous ces gens ne parlaient pas la langue académique : mais leur idiome était celui des gens de cœur.

Dans tout le royaume est-il une province plus souvent attaquée que la Champagne? est-il une de nos guerres, où elle n'ait payé de son sang l'honneur d'appartenir à la couronne de France. Ne lui fallut-il pas volonté ferme et tenace pour résister depuis deux mille ans aux invasions du tudesque, et défendre pied à pied les reliques du vieux langage gaulois. Elle a soutenu la base de la colonne pendant que le chapiteau montait : elle a servi de piédestal à la statue, d'ombre à la lumière. Ce rôle modeste a sa valeur : la Providence l'a fait à la Champagne. Elle l'a rempli sans murmure, avec dévoûment.

Cette langue française, si pure dans les dictionnaires, dans les théories grammaticales, au fond et dans la vie commune, n'est qu'un mélange d'éléments hétérogènes ; dans chaque province, dans chaque canton, elle revet une nuance spéciale, se prête à des inflexions de voix, à des prononciations diverses, elle fraternise avec des mots particuliers. Celtique en Bretagne, Neustrienne en Normandie, Bourguignonne en Franche-Comté, elle est restée romano-germaine en Champagne. Le dialecte champenois, représente l'ensemble des races, dont nous descendons. Et cependant ses jours sont comptés : encore une génération peut-être, et il ne sera plus qu'un vague souvenir. Qu'il nous soit permis de saluer cette tombe ouverte, qui se fermera bientôt.

Donnons quelques regrets à nos patois, à ces représentants de l'idiome roman, ce vieux serviteur de la France. Comme la langue latine ils ne se survivront pas dans des œuvres immortelles. Ils s'en iront comme s'en va la neige d'antan. Les archéologues d'une autre époque chercheront vainement les vestiges dans nos archives, dans nos bibliothèques. En leur qualité de rustiques ils sont restés à la porte : devant eux elle ne s'est jamais ouverte. C'est pourquoi nous avons écrit ce livre. — Dans un siècle, où le présent et le positif sont tout, qui feuilletera des lignes tracées en souvenir de ce qui n'est plus? Sans doute elles n'ont pas la prétention de perpétuer sa mémoire. Mais si par hasard, ne serait-ce qu'une fois, elles pouvaient sourire à l'un de ces voyageurs réfléchis, qui vont d'âge en âge interroger les coteaux où fut Alise l'intrépide cité, les rives où s'éleva Bibracte la mystérieuse, et tant de lieux jadis illustres, *et campos ubi Troja fuit*, notre but sera rempli. Nous avons fait pour eux, ce que nous aurions voulu qu'on eût fait jadis pour nous. Si jamais notre livre a quelque valeur, c'est à sa vieillesse qu'il la devra. L'étude viendra peut-être saluer les dialectes de nos provinces, quand ils ne seront plus. Que trouvera-t-elle dans nos villes, dans nos campagnes? L'unité du langage sans doute : puisse-t-elle aussi voir partout le respect d'une seule loi, le culte d'un seul Dieu! Puisse-t-elle sur les ruines de notre vieil idiome, à la place où vécurent tant de tribus d'origine diverse, rencontrer une seule famille parlant un seul langage, celui du patriotisme et de la concorde. Celui-là seul sera le bon français.

Ici finit l'histoire du langage et des patois de Champagne.

MONUMENTS

De l'ancien langage en Champagne et dans la province

ECCLÉSIASTIQUE DE REIMS.

MONUMENTS

de l'ancien Idiome de Champagne.

NOMS GAULOIS
antérieurs à l'ère chrétienne.

Noms d'hommes. — Orgétorix, Casticus, Catamantaledes, Dumnorix, Divitiacus, Nameius, Verudoetius, Divico, Liscus, Ariovistus, Cingétorix, Indutiomarus, Vocio, Icius, Antébrogius (ces deux derniers rémois), Tasgetus, Viridovix, Ambiorix, Commius, Drappès, Lucterius, Vertiscus (rémois); Viridomarius, Eporédorix, Vergasilaunus, Cavarillus, Cativolcus, Cassivillaunus, Camulogènes (parisien), etc.

Noms de lieux et de rivières. — Garumna, Sequana, Matrona (Marne), Rhenus, Pyrœnei montes, Lemannus Lacus, Rhodanus, Mons Jura, Geneva, Tolosatium, Arar flumen, Vesontio, Agendicum, Bibrax, Alexia, Durocortum, Magetobroia, Mosa (Meuse), etc.

Noms de peuples. — Remi, Remenses, Senones, Santones, Allobroges, Averni, Lingones, Ædui, Veromandui, Atrebates, Ebuorones, Bellovaci, etc. (1).

---

(1) Julius Cæsar : *bellum Gallicum*. — Nous n'avons pas la prétention de reproduire ici tous les noms gaulois cités par César. — Les noms d'hommes ont changé ; les noms des lieux ont survécu. — Quant aux noms de choses et aux mots que l'on peut

Noms des chefs gaulois et belges postérieurs à la conquête. — Premier et second siècle de l'ère chrétienne.

Florus, Sacrovir, Caius Julius Vindex, Julius Auspex, Claudius Civilis, Classicus (1).

Noms extraits de divers monuments antérieurs à l'arrivée des Francs.

Concile d'Arles 314. (2)

Nomina episcoporum cum clericis suis, qui ex Gallicis ad Arelatensem convenerint.

Inbetausius episcopus, Primigenius diaconus de civitate Remorum, Avitianus, Nicetius, Reticius, Amandus, Philomatius, Vocius, Pelutinus, Maternus, Macrinus, Genialis, Orientalis, Agræcius, Flavius, Felix, Mamertinus, Leontius, Eborius, Restitutus, Adelfius, Arminius, Liberius, Florentius, Sabinus, Natalis, Cytherius, Probatius, Castorius, Clementius, Rufinus, Termatius, Victor, Fortunatus, Deuterius, Quintesius Ammonius.

---

relever dans César et dans les textes latins, datés du premier siècle de l'ère chrétienne, nous ne les indiquerons pas. On les trouve dans les ouvrages qui ont traité de l'histoire des Gaules et de la langue celtique : d'ailleurs il n'est pas démontré qu'ils appartenaient uniquement à l'idiome usité dans les Gaules.

(1) Les noms d'hommes ne sont plus gaulois. Les races les plus indépendantes ont rapidement subi le joug de la langue latine.

(2) Les trois listes, qui suivent, donnent la suite complète des noms inscrits dans les actes que nous avons consultés.— *Concilia antiqua Galliæ* : J. Sirmond. in-fol. t. I. Paris 1629. — Nous n'avons pas trouvé de texte intéressant la Champagne avant la fin du ve siècle. Nous sommes réduits à citer des actes, qui concernent la Gaule toute entière. — Les noms, qui s'y trouvent, sont presque tous Grecs ou Romains. A peine en distingue-t-on deux ou trois, qui rappellent l'idiome Gaulois. — Imbetausius, qui figure à la tête des prélats du concile d'Arles, n'est autre que Bétause, 4e archevêque de Reims, né en Grèce.

Noms des Evêques Français assistant au Concile de Valence 374.

Florentius, Æmilianus, Eumerius, Artemius, Evodius, Antherius, Rhodanius, Chrestus, Néotérius, Urbanus, Paulus, Simplicius, Justus, Eortius, Britto, Concordius.

Bonifacii papæ epistola ad Episcopos Galliæ : Anno 419.

Bonifacius episcopus Patroclo, Remigio, Maximo, Hilario, Severo, Valerio, Juliano, Castorio, Leontio, Constantino, Joanni, Montano, Marino, Mauricio et ceteris episcopis per Gallias et septem provincias constitutis.

L'Oraison Dominicale en langue Armoricaine.

Hon tad pchuny sou en efaou, (1)
Da hanore bezet sanctifiet ;
Denet aornomp da rovantelaez ;
Da eol bezet graet en donar éval maz eou en euf
Ro dimp hiziouhon bara pemdeziez.
Pardon dimp hon pechedou, eval ma pardonomp
Da nep pegant ezomp offanczet :
Ha nas délaïsquet ehanomp en temptacion ;
Hoguen hon diliur dyouz drouc
Rac dit ez aparchant an rovantelaz angloar
Hac an galhout dabiz auy quen.
Amen.

LANGUE DES FRANCS AVANT 420.

Fragment.

Mikkeloso min sela truchtin :
Intigifan min gust in Gote minemo Heylant Bithui ; Wantha hec Geschouuola admuothi sinero Thiuni.

Traduction.

Mon âme exalte le Seigneur :

---

(1) Cette pièce nous est fournie par Borel dans la préface de son Trésor des antiquités gauloises et françaises. — Il est facile d'y voir les inspirations de la langue latine.

Et mon esprit, resjouis-toi en Dieu mon Sauveur ; car il a considéré l'humilité de la Vierge sa servante (1).

Lettre de saint Remi à Clovis sur la manière de gouverner (497-500).

Domino insigni et meritis maghifico, Chlodoveo regi, Remigius episcopus.

Rumor ad nos magnus pervenit, administrationem *vos* secundam rei bellicæ suscepisse. Non est novum, ut cæperis esse sicut parentes *tui* semper fuerunt. Hoc in primis agendum, ut Domini judicium à *te* non vacillet.... Cives *tuos* erige, afflictos releva, viduas fove, orphanos nutri, si potius est quàm erudies, ut omnes *te* ament et timeant. Justitia ex ore *vestro* procedat.. Prætorium *tuum* omnibus pateat... Si quis in conspectu *vestro* venerit, peregrinum se esse non sentiat (2).

VIe SIÈCLE.

TESTAMENT DE SAINT REMI. — 530. (3)

Suite complète des noms inscrits dans ce document.

Remigius, Profuturus, Provinciolus, Agricola, Prudentius, Amorinus, Lupus, Tennaïcus, Celtus, Principius, Dagaridus,

---

(1) Borel, dans son Trésor des recherches et antiquités gauloises et françaises (Paris, 1655, — Préface) donne ces lignes comme un exemple de la langue des Francs dans le premier siècle de l'ère chrétienne : mais il n'indique pas la source à laquelle il les a puisées.

(2) Marlot français, t. I, p. 793. — Il faut remarquer dans cette lettre l'emploi irrégulier des mots *tu* et *vos*, *tuus* et *vester* l'un pour l'autre. — Le parti romain est anéanti. — La langue latine commence à s'altérer. Les fautes se multiplient sous les plumes les plus exercées.

(3) Actes de la province ecclésiastique de Reims, Th. Gousset, in-4°, t. 1, p. 13. — Les Francs sont en Gaule depuis moins de cent ans. Sur 87 noms les langues Grecque et Latine en réclament encore plus de la moitié : les autres sont d'origine Gauloise, Franque ou Barbare. Leur ensemble donne

Hilarius, Ludowaldus, Alborichus, Martinus, Nicasius, Addulfus, Enéas, Vernivianus, Capalinus, Marcovicus, Bebrimodus, Gibericus, Tollicio, Maurilio, Baudoleifus, Albiniacus, Alaricus, Crispinus, Mauricius, Frumineus, Ductio, Tennaredus, Monulfus, Aregildus, Medovicus, Medaridus, Prœtextatus, Marcuinus, Huldericus, Benedictus, Eulogius, Melanius, Petrus, Jovinus, Dagaleifus, Baudovicus, Nifastes, Mellevicus, Viteredus, Merumvastes, Amantius, Britobaudes, Moderatus, Innocentius, Profuturus, Feriaredus, Parovius, Gundebadus, Cattusius, Aetius, Ambrosius, Agathimerus, Leuberidus, Leo, Marioleifus, Totono, Flavianus, Cispiciolus, Luedocharius, Friaredus.

Les signatures apposées au bas du testament donnent les noms de — Remigius, Vedastus, Genebaudus, Medardus, Lupus, Benedictus, Eulogius, Agricola, Teodonius, Celsinus, Pappolus, Rusticolus, Eulodius (Eulogius) Eutropius, Eusebius, Dauveus.

Introduction de l'idiome des Francs dans la langue latine (1).

Cum duabus villis, quas Ludovicus, à me sacro baptismatis fonte susceptus, amore nominis mei Piscofesheim suâ linguâ vocatis, michi tradidit.

Lettre des Pères du Concile de Paris à Gilles, archevêque de Reims, 560.

.... Et quia à fratre vestro *domno* Germano episcopo, ad petitionem *domni* Constituti metropolitani, ut ad synodum venire deberet, et præsentaneâ invitatione commonitus, quod quoque *domnum* Constitutum et *domnum* Germanum constat in synodum retulisse et ad synodum venire distulit.... Data constituto die tertio iduum Septembrium, anno XII Regum domnorum nostrorum, indictione VI. Parisiis (2).

---

une idée du mélange des races, qui couvraient la Champagne.

(1) Saint Remi nous montre les Francs imposant leur langue à leurs sujets et substituant des noms de leur choix à ceux adoptés par les populations Gauloises ou Romaines.

(2) Marlot français, t. II, p. 799. — Nous citons cette pièce pour donner un exemple des contractions, que les Gaulois et les Francs allaient faire subir aux mots latins.

Noms Gaulois ou Francs admis dans des textes latins.
VIIe *siècle.*

Cum paginâ de silvâ de foreste nostra Wendegenia, hoc est per loca denominata a fine Cartensi usque in Dominico Iacco per Siccasirude, per cervorum marcasio.

Charte de Clotaire III, relative à l'abbaye de Corbie. — 660.

Basilica in insula Sithiu.
Lettre de saint Omer, évêque de Terouanne. — 662.

Quemdam locum in foreste Dervo.
Charte de Childeric II. Abbaye Montier en Der. — 667.

Fragment d'une charte du VIIe siècle (666, circa).

Dum cognitum est, quod Bettha Deo sacrata portione aliqua in locella nuncupantia Soliaco, Mansione, villam Bariaco, Seu et Briscino…. Convenit inter ipsos, quod illa quarte parte, quam Ermenfredo quondam in Mansione debitum erat, memorati infantes Berthofredo, Dodo una cum conjuge sua Eodilane, vel Bertholanda, contra venerabile fratre Patuiño præposito vel ipso monasterio, quantumcumque ibidem habere videntur, omni tempore habeant evindicatum (1).

NOMS DU VIIe SIÈCLE.

Constitution de saint Drausin, évêque de Soissons. — *Anno 666.*

Elle porte les signatures des évêques dont les noms suivent : — Drausico, Nivo, Genesius, Audœnus, Leudtgarius, Roso, Gauciobertus, Desideratus, Virgilius, Importunus, Emradius, Burgondo, Abbo, Clemens, Ragnobertus, Audo, Ragnomanus, Concessus, Luedeboldus, Sigoboldus.

Constution de saint Réole, archevêque de Reims, en 685.

Elle porte les signatures de Reolus, Ansoldus, Petrus, Harmarus,

---

(1) Annales bénédictines, t. I, p. 684. — Dans cette pièce les désinences latines disparaissent pour faire place à celles que l'idiome roman introduit chaque jour dans la langue usuelle.

Leocadius, Hilduinus, Amagisildus, Bertohendus, Gaudo, Caldemarius (1).

Diplome de Childebert III au profit de l'église d'Argenteuil près Paris (698).

Childebertus rex Francorum, vir inluster :

Idoque cognoscat magnetudo seu hutiletas vestra, quod nus silva nostra, qui vogatur Cormoletus super fluvium Sequana in pago Parisiaco, quidquid ibidem a longo tempore fiscus fuit, aut in giro tenuit, vel forestarii nostri usque nunc defensarant, ad monastherio sanctæ Mariæ, sancti Petri et Pauli, vel ceterorum sanctorum, qui est constructus in villâ Argentoialo, ubi præest in Christo Domino sacrata Leudesinda abbas, pro mercedem nostri augmentum, vel pro consolatione ancillarum Dei inibi referente, plena et integrâ gratiâ visi fuimus concessisse. ....

Datum, quod ficit, mensis Abrilis dies tertia, anno tertio regni nostri, Compendio, in Dei nomine feliciter (2).

VIIIe SIÈCLE.

LANGUE DES FRANCS.

Concile de Lestines, (Diocèse de Cambrai.) (3). 743.

Abrenuntiatio diaboli operum que ejus:

D. — Forsachis-tu diabolœ ?

R. — Ec forsacho diabolæ.

D. — End allum diabol gelde ?

R. — End ec forsacho allum diabol gelde.

D. — End allum diaboles vuercum ?

---

(1) Les noms latins n'occupent plus qu'une place sans importance au milieu de ceux, qui remplissent les chartes. La race romaine s'éteint : sa langue bientôt ne sera plus comprise dans les Gaules.

(2) Annales bénédictines, t. 6, p. 656.

(3) Nous empruntons ces deux formules en langue franque ou tudesque au 1er volume des actes de la province ecclésiastique de Reims.—Th. Gousset, t. 1, p. 96. — Ce Concile intéresse la province de Reims et une partie de la Champagne, qui dépendait du royaume d'Austrasie.

R. — End ec forsacho allum diaboles vuercum, und vordum thuna erende, Woden ende Saxn Ote, ende allem them unholdum, the hira genotas sint.

Traduction.

D. — Renuntias ne diabolo?
R. — Ego renuntio diabolo.
D. — Et omni diaboli societati?
R. — Et ego renuntio omni diaboli societati.
D. — Et omnibus diaboli operibus?
R. — Et ego renuntio omnibus diaboli operibus et verbis, lucorum cultui, Wodano et Saxonico Otino, et omnibus spiritibus malis, qui horum consortes sunt.

Professio fidei.

D. — Gelobis-tu in Got, almehtigan Fadaer?
R. — Ec gelobo in Got, almehtigan Fadaer.
D. — Gelobis-tu in Christ, Godes suno?
R. — Ec gelobo in Christ, Godes suno.
D. — Gelobis-tu in halogan Gast?
R. — Ec gelobo in halogan Gast.

Traduction.

D. — Credis ne in Deum, omnipotentem Patrem?
R. — Ego credo in Deum, omnipotentem Patrem.
D. — Credis ne in Christum, Dei filium?

Ces pièces mettent à nu l'état du langage en France; le latin classique n'est plus compris par la population : les familles établies sur notre territoire avant 420 n'entendent que le latin corrompu. Les descendants des compagnons de Clovis n'ont pas appris la langue des vaincus : ils parlent comme leurs pères le dialècte, qui florissait aux bords du Rhin Mais on les a convertis au christianisme : il a fallu leur expliquer ce qu'ils ignoraient ; et le clergé dut étudier leur langage, se mettre en état de la parler, de l'écrire. On a composé des prières intelligibles pour eux. Les documents, que nous éditons, sont du nombre. On voit que ce sont des traductions de textes latins. On y remarque des désinences, que Rome laissa dans les Gaules, des mots d'origine grecque. D'une autre part, il faut aussi noter des mots, dont le Franc va doter le Gaulois. — A Beru lès Reims on dit éche pour je. — Jarnigoy ne vient-il pas de j'reni Got?

R. — Credo in Christum, Dei filium.
D. — Credis ne in Sanctum Spiritum?
R. — Ego credo in sanctum Spiritum.

Mots et noms Francs ou Gaulois contenus dans des textes latins du VIIIe *siècle.*

§ 2. — De sacrilegiis super defunctos, id est, Dadsilas.
§ 6. — De sacris sylvarum, quæ Nimidas vocant.
§ 15. — De igne fricato de ligne, id est Nodfyr.
§ 24. — De pagano cursu, quem Yrias nominant.
Concile de Lestines. — 743. — Capitul. Baluze, t. I, p. 150.

.... Et quia casus præteritorum nos cautos faciunt in futurum, ne quis, quod non optamus, aliquam sibi in eadem diœcesi usurpet potestatem, certo eam limite fecimus terminari, eique hos terminos, mare Oceanum, Albiam fluvium, Liam, Steinbach, Hasalam, Vimarcham, Sneidbach, Ostam, Mulinbach, motam paludem quæ dicitur Sigefridsmor, Quistinam, Chisen-mor, Aschbroch, Wisebroch, Bivernam, Ubinam, iterum que Ostam., ... dehinc ab orientali parte, viam publicam quæ dicitur Hesseweg, Sturmgeoe, et Lorgoe.....

Capit. de Charlemagne. — 789. — Baluze, t. 1, p. 247.

Si quidem Rachinburgii in mallo residentes..... legem dicere noluerint.... tunc dicat ille, qui causam requirit : — Ego vos tangano usque dum vos inter me et contra causatorem meum legem judicetis.

Pactus legis salicæ 798. — Baluze : Capitulaire, t. I, p. 320. (1).

LITANIÆ CAROLIÆ. — 780, 800.

In parthenone Beatæ Mariæ apud Suessionas.

. . . .
Adriano, summo Pontifice et universale papæ, vita!

---

(1) On remarquera que dans les titres datés du VIIe au IXe siècle, ce sont les mots et les noms de la langue des Francs qui s'affranchissent le plus habituellement des désinences latines. C'était celle de la cour et celle de ses officiers. Elle tentait de se substituer au latin.

Redemptor mundi, tu lo juva.
Sancte Petre, tu lo juva.
(Vel alius sanctos quales volueris.)
Exaudi, Christe!

Karolo excellentissimo et a Deo coronato, magno et pacifico rege Francorum et Langobardorum ac patricio Romanorum, vita et victoria!

Salvator mundi, tu lo juva!
Sancte Johannes, tu lo juva!
(Vel alius Sanctus quales volueris.)

—

Pepino et Karolo nobilissimis filiis ejus vita!
Sancti illius quales volueres. — Tu los juva (1).

—

IXe SIÈCLE.
LANGUE FRANQUE 813. (2)

Oraison dominicale.

Fater unser, thu in himilon bist,	Pater noster, qui es in cœlis,
Giuuihit si namo thin ;	Sanctificetur nomen tuum ;
Quœme richi thin ;	Adveniat regnum tuum ;
Uuerde uuilleo thin, sama so in himile endi in erthu.	Fiat voluntas tua in cœlo et in terrâ.
Broot unseraz emezzigan gib uns hiutu :— Endi farlaz uns sculdhi unsero,	Panem nostrum quotidiannm da nobis hodiè :— et dimitte nobis debita nostra,
Samo so uuir farlazzan scolom unserem. — Endi ni giledi unsih in costunga.	Sicut nos dimittimus debitoribus nostris.— Et ne nos inducas in tentationem.
Auh arlosi unsih fona ubile.	Sed libera nos à malo.
Amen.	Amen.

_____

(1) Litanies de l'abbaye Sainte-Marie de Soissons, recueillies par D. Mabillon. Vetera analecta. Edition in-12, 1676. T. 2, p. 687. — Le clergé et la magistrature soutenaient la langue latine contre l'idiôme des Francs. Mais il leur fallait faire des concessions au temps qui détruisait la langue de l'ancienne Rome. Les litanies de Soissons nous montrent l'article *le* remplaçant le latin *Ille*. Seulement il revêt encore une forme barbare ; il subit une désinence de transition. De *lo*, et de *los* on fera bientôt *le* et *les*.

(2) V. le Symbole des Apôtres et celui de saint Athanase dans le t. I, des Actes de la province ecclésiastique de Reims, p. 654, qui nous donne ce texte.

Mots et noms Francs ou Gaulois admis dans des textes latins.. — 800-842.

.... De Lingonis ad Bissancion villam partis Burgundiæ.
802. — Capitul. Baluse, t. I, p. 377.

§ .XI. De Meziban, id est de latrone forbannito.
809. — Capitul. t. I, p. 465.

§ .14. De his qui herifliz fuerunt, ut fidejussores donent.
810. — Capitul. t. I, p. 475.

Nomina vero metropoleorum, ad quas eadem eleemosyna sive largitio facienda est. Hæc sunt : — Roma, Ravenna.... Treveris, Senonas, Vesontion, Lugdunum. — Remis, Arelas..... — Hanc constitutionem atque adonationem coram episcopis, abbatibus comitibusque, qui tunc presentes esse potuerunt, quorumque hic nomina descripta sunt, fecit atque constituit.... comites Walach, Meginher, Othulfus...
811. — Capitul. Baluze. — T. 1, p. 487.

.... In loco, qui dicitur Sincimago.— Eandem itaque regiam forestam nostram Waurem, cum omnibus ville que in ea fuerunt scilicet.... Brunum, Rahisio, Salstelo, Alon, Cruptenun.
812. Charte de Charlemagne relative à Saint Remi de Reims.— Cartulaire de Saint-Remi. — Archives de Reims.

.... Quibus necesse est itineris causâ (1) alias duas manuas, quas vulgo wantos appellamus, in æstate muffulas, in hyeme vervecinas.
817. — Capit. Baluze, t. 1, p. 579.

Postquam comes et pagenses (*paysans*) de qualibet expeditions hostili reversi fuerint ex eo die super quadragenta noctes sit bannue resisus, quod in lingua Theodisca Scastlegi, id est armorum depositio vocatur.....
829. — Capit. t. I. p. 667, § 13.

---

(1) Il s'agit du costume des moines, auxquels on permet de porter des gants et des moufles en été et en hiver.

.... In salva, quæ vulgo vocabulo Dervus dicitur. — Super fluvium Barsan. — In fluvio Barsith.

Galliæ Christiana. Monasterium Arrimarense (dioc. de Troyes), 837 et 864.

.... Actum in Engilenheim palatio.
841. Édit de Lothaire, relatif à Ebon, archevêque de Reims (1).

LANGUE ROMANE. — LANGUE RANQUE. — IXe SIÈCLE.

Serments de Louis-le-Germanique et de Charles-le-Chauve. (2)

Anno Dominius Incarnationis D. CCC. XLII, XVI kalend. martis Lodhuuvicus et Karolus in civitate, quæ olim Argentaria vocabatur, (nunc autem Strasburg vulgo dicitur) convenerunt et sacramenta, quæ subter notata sunt Lodhuuvicus Romanâ, Karolus verò Teudeceâ linguâ juraverunt. At sic ante sacramenta circumfusam plebem alter teudiscâ alter romanâ linguâ alloquuti sunt. Lodhuuvicus autem, quia major natu, prior exorsus sic cœpit.

Sacramentum Lodhuuvici : — (*Langue romane.*)

Pro Deo amur, et pro Xristian poblo et nostro commun salvament, d'ist di en avant, in quant Deus savir et podir me dunat, si salvarai co cest meon fradre Karlo, et in ajudha et in cadhuna cosa, si cum om per dreit son fradra salvar dist. in o quid il mi altresi fazet : et ab Ludher nul plaid nunquam prindrai, qui meon vol cest meon fradre Karle in damno sit. (3).

---

(1) A cette époque, on ne trouve plus de textes latins aussi barbares que ceux publiés ci-dessus. La langue latine est devenue une langue savante; les clercs seuls en font usage. Elle constitue le langage officiel, compris en tout lieu par les fonctionnaires. Mais le peuple ne l'entend plus. — La race Gallo-romaine parle roman. Les Francs parlent la langue Franque. Il fallait donc posséder trois idiomes distincts pour être officier du roi ou prêtre.

(2) Nithard, recueil des Historiens des Gaules et de la France. D. Bouquet, t. 7.

(3) Traduction littérale. — Pour de Dieu l'amour et pour du peuple chrétien et le notre commun salut, de ce jour en avant,

Sacramentum Karoli. (*Langue franque.*)

In Godes minna, ind durch tes christianes folches ind unser bedhero gealtnissi, fon thesemo dage frammordes so fram so mer Got guerizei indi madh furgibit, so hald in tesan minan bruodher (Ludhuuige) soso man mit rehtu senan bruoder seal, inthi ut hazermig soso maduo. Indi mit Lutherem inno theinni thing ne gegango, zhe minan vuillon imo ce scadhen vuerhen (1).

Sacramentum populin (*Langue romane.*)

Sé Loduuigs sagrament, que son fradre Karlo jurat, conservat, et Karlus, meos sendra, de suo part non lo stanit ; si io returnar non l'int pois, ne io, ne neuls cui io returnar int pois, in nulla ajudha contra Lodhuuig nun li iver (2).

Sacramentum populi. (*Langue des Francs.*)

Oba Karle thea eid, then er sine mo bruodher Ludhuuige gesuor, geleisteit, ind Ludhuuvig, min herro, then er imo gesuor forbrichit, ob ih inanes arwenden ne mag, noh ih, noh thero thun hes iruvenden mag imo ce follusti widhar Karle ne virdhit (3).

---

en quant que Dieu savoir et pouvoir me donne, assurément sauverai moi et mon frère Charles, et en aide et en chacune chose, ainsi comme homme par droit son frère sauver doit, en cela que lui à moi pareillement fera : et avec Lothaire nul traité ne onques prendrai, qui à mon voloir à ce mien frère Charles en dommage soit. — Raynouard : *Troubadours*, t. 2, p. 3. Voici le premier monument de la langue romane. Comme on le voit, chaque mot a sa racine latine. On rencontre encore des mots latins intacts, des tournures de phrases latines. C'est le roi des Germains, qui prononce la formule romane. Le roi de France parlera franc pour être compris des soldats allemands. Les deux races, qui n'ont pu se fondre, vont se séparer pour toujours.

(1) Ce serment répète mot à mot celui prononcé par Louis-le-Germanique : la traduction en doit être la même.

(2) Ce serment est celui prêté par les sujets de Charles-le-Chauve, roi de France. En voici la traduction : — Si Louis le serment, qu'à son frère Charles il jure, conserve, et Charles mon seigneur de sa part ne le tient, si je détourner ne l'en puis, ni moi, ni nul, que je détourner en puis, en nulle aide contre Louis ne lui irai.

(3) Ce serment est la traduction littérale du précédent.

Noticia de mancipiis sancti Remigii per judicium Scabiniorum evindicatis in placito missorum Hincmarii archiepiscopi. (13 mai 847.)

Ingmarus, Adelardus, Geimfridus, Sigloardus, Hardierus, Ursoldus, Dodelo, Tedicus, Fredericus, Grimoldus, Warinherus, Leuthadus, Ostroldus, Gislehardus, Leidredus, Flotgisus, Rigfredus, Alhaudus, Fredemarus, Geroardus, Amalhadus, Amalbertus, Teutbertus, Adelmarus, Sorulfus, Gesinbrandus, Gifardus, Teudericus, Karolus, Adroinus, Guntio, Ursinus, Balsmus, Theutareus, Vuido, Rufoldus, Hairoaldus, Beithelmus, Ursiaudus, Hoderaus, Balhardus, Authareus, Righardus, Altherus (1).

Liber evangeliorum in Theodiscam linguam versus.
(820-840).

Nec wilich scriban unser heil (2
Evangeliano deil,
So vuit nec hiar bigunnon
In Frekisga zungun,...
Hiar hores jo zi guate
Was Got imo gebiete
Was wir imo hiar sungun
In Frenkisga zungun,

---

(1) Ces noms appartiennent tous à la population rémoise. Ceux qui sont dérivés du mot *Ursus* sont les seuls qui rappellent la langue latine ; les autres appartiennent aux idiomes franc et gaulois.

(2) Ces vers se trouvent en partie dans le livre vii, chap. 5, des Recherches de la France, par Estienne Pasquier. — Les huit derniers nous sont fournis par la préface mise par Borel à la tête de son Trésor des antiquités gauloises et françaises. — Beatus Rhenanus, en son Traité de la Germanie (liv. 2), les donna le premier. C'est à lui, qu'on doit la publication de cette curieuse traduction des évangiles ; elle remonte au ixe siècle. — Ce document nous montre la langue allemande ou tudesque, nommée langue des Francs par ceux qui la parlaient. — On peut y voir quelques mots dont la racine est latine, et quelques termes que la langue française conserva. — Au mot franc *Snelle* le roman a substitué l'adjectif *isnel*, prompt, rapide.

Nu fruves si hes alle
So werso wola woole,
Joth wer si hold in muate
Franco thute..........
. . . .
Sie sint so fama Kuani
Selpso thio Romani.
Nu darfmun thaz ouch redinon ;
Tas Kriachi nethes widaron (1).
Sie eigun in zi nuzzi
Do samalicho unizzi :
In felde ioh in valde
So sint sie sarna balde.
Richiduan genuagi :
Joh sint orchseli chuani :
So wa fane snelle
So sint thu thegamelle.

Traduction (2).

Or je veux escrire nostre salut
De l'évangile partie,
Que nous icy commençons
En Françoise langue......
. . . .
Icy escoutez en bonne part
Ce que Dieu vous commande,
Que cy nous vous chantons
En Françoise langue.
Or se réjouisse tout homme
Qui au vers bien voudra,
Et qui le retient en courage Franc.....
. . . .

Eloge des Francs.

Ils sont aussi preux ou braves
Comme les anciens Romains.

---

(1) Thas Kriachi mes guimideron. — Variante donnée par Borel.

(2) Cette traduction est celle donnée par Pasquier et Borel.

On ose bien en dire cela,
Que les Grecs ne contrediront.
Ils ont avec grand avantage
Bon esprit et entendement.
Soit en plaine compagnie ou ès forets,
Ils sont partout valeureux ;
Et leurs richesses leurs suffisent.
Ils se peuvent assez louer :
Aux armes adroits et prompts
Sont très tous ces vaillants.

IXe SIÈCLE.

Conclusion de la paix entre Louis-le-Germanique, Charles-le-Chauve et l'empereur Lothaire à Coblentz, en 860.

Adnuntiatio domini Hludouvici regis apud Confluentes linguâ Theodiscâ... (1)

Hæc eadem Domnus Karolus Romanâ linguâ adnuntiavit, et ex maximâ parte linguâ Theodiscâ recapitulavit.

Post hæc Domnus Hludouvicus ad domnum Karolum fratrem suum linguâ Romanâ dixit : — Nunc, si vobis placet, vestrum verbum habere volo de illis hominibus, qui ad meam fidem venerunt. »

Et domnus Karolus excelsiori voce linguâ Romanâ dixit....

Et Domnus Hlotharius linguâ Theodiscâ in supra adnuntiatis capitulis se consentire dixit et se observaturum illa promisit.

Et tunc domnus Karolus iterum linguâ Romanâ de pace commonuit et ut cum Dei gratiâ sani et salvi irent et ut eos revaderent oravit, et adnuntiationibus finem imposuit.

---

(1) Nous empruntons ces citations au Recueil des capitulaires des rois de France. (Et. Baluze.) (Paris, 1677, t. II, p. 137.) L'historien qui nous a transmis les détails de ce mémorable traité, tout en annonçant que les rois parlèrent en langues romane et tudesque, ne met dans leur bouche que des paroles latines. Cette citation néanmoins nous a paru utile : elle nous montre les princes obligés de parler les deux idiomes populaires. Les races sont encore mêlées. Dans chaque royaume on trouve des Francs et des Gallo-Romains.

IXe SIÈCLE. — 883.

Mots et noms Francs et Gaulois insérés dans des textes latins.

.... In agro Morvin dedimus in loco, qui vocatur Lions. — Charte de Herman, évq: de Nevers (dioc. de Sens) 849. — *Gallia Christiana.*

.... Frater Gothescalc.— Concile de Quierzy-sur-Oise, 849.— Act. de la prov. eccles. de Reims.

§ 3. — Similiter de collectis quas Theudesca lingua heriszuph appelat, et de his qui immunitates infringunt, et qui incendia et voluntaria homicidia et adsalituras in domos faciunt.
853. — Capit. Baluze. — T. II, p. 65.

.... Strugas, Salciacum, Utramentarias, Mast, Marchum, Pincariam, Emmonis et Tagentarii. — In Ans mansos quinque.
Concile de Verberie, 866. — Act. de la prov. eccles. de Reims.

.... Condonamus Adalricum... Cum Fulcuino... et Adalgarde uxore illius, Helmerado cum feminâ ipsius Tetsinde... et dimidio manso in villâ Mandreck.
Fondation de Sainte-Vaubourg (dioc. de Reims), 866.

... In civitate Augustiburc. — Lettre d'Hincmar, archevêque de Reims, 870.

Divisio regni Lotharii. — Et hæc portio, quam sibi Hludouvicus accepit... Coloniam. — Treveris. — Uttrech. — Stratsburch. — Basulam. — Abbatiam Sevestre. — Berch. — Morbach. — Homburch. — Erenstein. — Augustchirche. — Masau superior. — Selme. — Emaus. ...

Et hæc est portio, quam Karolus de eodem regno sibi accepit... Lugdunum. — Vesontium. — Hunulcurt. — Ledi. — Morribecche. — Deonant. — Hancoum. — Viridunense. — Arlon. — Condrust. — Bislanc .....
870. — Capit Baluse, t. II, p 222.

... Undè necessitatibus jam dictæ nostræ congregationis destinamus.... Villulas infra scriptas.... Hoc est Burcinas, — Pretiosas. — Velena. — Haverciaco. — Frotmaro-curte. — Hilgia. — Combariaco.
875. — Constitution d'Eudes, évêque de Beauvais.

IXᵉ SIÈCLE (883).

Fin d'une chanson héroïque, composée en l'honneur de la victoire remportée par Louis III sur les Normands.

Gilobet si thiu Godes kraft !	Benedicta sit Dei virtus !
Hludwig uuarth sighaft,	Ludovicus factus victor,
Sag allin Heiligon thanc :	Dic omnibus sanctis gratias :
Sin wart ther sigikamf.	Ipsius facta victoriosa pugna.
Odar abur Hludwig	At vero Ludovicus
Kuning uuar salig.	Rex fuit felix.
Garo so ser hio uuas,	Promtus uti hic fuit,
Swar so ses turft uuas.	Gravis quantum opus erat.
Gihalde inan, Truhtin,	Serva ipsum, Domine,
Bi sinan ergrehtin.	In sua majestate (1).

Xᵉ SIÈCLE. — 900-940.

Noms Romains et Gaulois admis dans les textes latins.

.... In Craona mansum unum — super fluvium Suppiam, et mansum in Fimmes unum — concedimus quin etiam mancipia, quorum hic sunt nomina... Grifo, Alardis — Ingelidis — Wiart — Gerhelt — Elcsevich.

Charte de Charles-le-Simple. 906.

In pago Silvanectense villam eis largitus est dictam — Biltoncortem — in eodem item pago, in villâ Rovres unum mansum.... in pago etiam Virmendorum delegavit villam eis vocabulo Fonces, sitam super fluvium Engon... in villâ Femy, in villâ Rodomo, in Faberles, in Bellemalle... actum castro Suessionis feliciter et congruè amen.

Charte de Charles-le-Simple. 926.

---

(1) Ce chant rimé est complet dans le tom. III des Annales bénédictines, p. 684. — La langue franque était encore celle des princes, des grands propriétaires, en un mot de la race conquérante : c'était celle, que les rois parlaient et aimaient. Elle chantait leur gloire ; c'était pour eux la langue nationale. — La langue romane attendait le 10ᵉ siècle pour reprendre sa revanche et dominer à son tour. Elle monta sur le trône avec les Capétiens.

LANGUE ROMANE OU FRANÇAISE, Xe SIÈCLE.

Fragment d'une Charte d'Adalberon, évêque de Metz, en 940.

Bonuis sergens et féaules, enjoic te ; car pour cin que tu as esteis féaules sur petites coses, je t'ususeray sur grands coses : — entre en la joye de ton signour (1).

Traduction.

Bon serviteur et fidèle, réjouis-toi ; car pour ce que tu as été fidèle sur petites choses, je t'exaucerai sur grandes choses,— entre en la joie de ton seigneur.

Xe SIÈCLE. — (940-999).

Lettre d'Artauld, archevêque de Reims, au concile d'Ingelheim, (940). — Noms qui s'y trouvent.

Artaldus, Agapitus, Hugo, Heriveus, Seulfus, Heribertus, Robertus, Rodulfus, Odalricus, Boso, Gerberga, Ludovicus, Wilelmus, Hildegarius, Deroldus, Otto, Fredericus, Theobaldus, Bruno, Adalbero, Gozlinus, Rotbertus. (2)

Charte d'Arnould, archevêque de Reims.

Donation du Bourg-saint-Remi à l'abbaye de Saint-Remi (989).

Arnulfus, Lotharius, Guido, Adalbero, Heriveus, Gostesmannus, Ratbodus, Odo, Adalgerus, Rotfridus, Brocardus (3).

---

(1) Borel, dans la préface de son Trésor des recherches gauloises et françaises, ne dit pas de quel cartulaire est tiré ce passage. Cette omission est fâcheuse : la date de ce texte était de la plus haute importance à reproduire dans son style original. Elle peut être mise en doute; car elle semble indiquer dans la langue romane des progrès très rapides. On ne trouve aucun autre texte écrit dans le nord qui puisse en approcher.

(2) — (3) Actes de la province ecclésiastique de Reims. Th. Gousset. t. I, p. 614, 630. — On commence à voir arriver les noms, qui seront usités dans la seconde partie du moyen-âge et qui resteront dans la langue. — Nous sommes arrivés à l'époque où les princes n'entendent plus le latin. — V : Flodoard.

Xᵉ SIÈCLE. — (940-999).

Noms français admis dans des textes latins.

...In villa quæ Villare dicitur. — Charte de Louis d'Outremer. 954 — Cartul. de St-Remy.

Villula una, quæ dicitur Aisilcourt. — Super fluvium Lingon — Super fluvium Halle. — In villa quæ Douen vocatur. — In villa quæ Allemans vocatur.

Charte d'Albert de Vermandois, 980. (Gallia. Christ. dioc. de Reims.)

—

..... Curtem quamdam Cosla vocatam.
Charte du roi Eudes. 983.

—

..... Vireliacum, Barronem, Pontembairi, Caniacum, Vicum, Gerson, Gerzey, Vaunei, Curtem Ausorum. (Courtisols.)
Charte de Hugues Capet. 991. — Cartul. de St-Remy.

—

BOËCE, POÈME. — FRAGMENT.

Description d'un vêtement allégorique, sur lequel est reproduite l'échelle qui mène aux Cieux, (950-1050).

Cals es la schala? De que sun li degra?
Fait sun d'almosna, é fé, é caritat;
Contra felnia sunt fait de gran bontat;
Contra parjuri de bona féeltat;
Contr' avaricia sun fait de largetat;
Contra tristicia sun fait d'alegretat;
Contra mensonga sun fait de véritat
Contra luxuria sun fait de castitat;
Contra superbia sun fait d'umilitat.
Quascus bos om si fait lo so dégrat. (1)

Traduction littérale.

Quelle est l'échelle, de quoi sont les degrés?
Faits sont d'aumone, et foi, et charité.
Contre félonie sont faits de grant bonté,

---

(1) Raynouard. — Troubadours. — T. II, p. 35.

Contre parjure de bonne fidélité :
Contre avarice sont faits de largesse ;
Contre tristesse sont faits d'allégresse ;
Contre mensonge sont faits de vérité ;
Contre luxure sont faits de chasteté ;
Contre orgueil sont faits d'humilité :
Chaque bon homme se fait le sien degré.

POÉSIE FRANÇAISE.

Fragment extrait d'un manuscrit de Saint-Benoist-sur-Loire, (950-1050).

*Nos jove, omne quan dius estam,
*De grand follia per folledat parlam ;
Quar no nos membra per cui vivri esperam,
Qui nos sosté tanquam per terra nam,
É qui nos pais que no murem de fam,
Per cui salve s'mes per pur tan que ll' clamam.
Nos jove omne menam tar mal jovent,
Qu'ing nono prezosi strada son parent
Senor ; ne par si ll' mena malament ;
Nelus vel laitre ; fai fals sacrament.

. . . .
Nos ê molt libres o trobon,
Legendis, bruis, esse gran marriment,
Quant ê la carcer avia l' cor dolent.
Molt val lo bés, que l'om fai ; è covent,
Com el es vels, que pois lo sosté.
Quand vé à l'ora qu'il corps lerai fra nen,
Paubre, qu'a fait Deus, as sa part lo té.
Nos de molx om nes no soavem :
Vent om per veltat non abs pel chanut,
O es esferms, o a afon agut.
Cellui va bé, qui tra mal è jouent ;
É cum es vels, donc etai bonament (1).

Nous jeunes hommes, tous tant que nous sommes,
De grande folie follement nous parlons ;

---

(1) Nous empruntons ce morceau au t. II'de l'Histoire de Paris, par Lebœuf, p. 326 ; nous avons modifié sa traduction.

(Car ne nous souvient de celui par qui vivre espérons,)
Qui nous soutient tant que par la terre nous allons,
Et qui nous nourrit pour que ne mourrions de faim,
Lui par qui sauvés sommes, pourvu que nous le réclamions.
Nous jeunes hommes tous menons si mal jeunesse
Qu'aucun n'apprécie le chemin suivi par son père
Plus vieux. Et par ce moyen chacun mène sa vie malement:
Aucun ne veut se désister ; et on fait faux serments.

. . . .

Nous en beaucoup de livres trouvons
Légendes ou brefs, être un grand chagrin
Quand dans la prison entre le cuer dolent.
Beaucoup vaut le bien que l'homme fait. Et il convient,
Quand il est vieux, que puis ce bien le soutienne :
Quand vient à l'heure que le corps laissera,
Le pauvre, que Dieu a fait, à son côté il le tient.
Nous de beaucoup d'hommes ne nous soucions.
Tombe l'homme en vilté, quand il n'a plus de cheveux et qu'il
Ou s'il est infirme, ou s'il a chagrin aigu. [est ridé,
Celui va bien, qui au milieu des maux est jeune,
Et qui, quand il est vieux, se maintient bonnement.

XIe SIÈCLE.

Testament de Gervais, archevêque de Reims, (1067).

Gervasius, Herimarus, Odalricus, Guidricus, Leuvinus, Odo, Constantius, Longobardus, Drogo, Guillebertus, Herimanus, Leunblus, Guillelmus, Johannes.

Privilegium Renaldi Remensis, archiepiscopi de altari de Hermundi-villa, (1093).

Rainaldus, Henricus, Nocherus, Manassès, Burchardus, Geguinus, Arnulfus, Leuvinus, Odo, Mainardus, Duda, Richerus Walterus, Joffridus, Godefridus, Radulfus, Fulco, Fulcradus, Nicholaus, Symo, Gedifridus, Philippus (1).

---

(1) Varin, Archiv. admin. de Reims, t. I, p. 221, 245. — Les noms recueillis dans les deux documents ci-dessus indiqués font presque tous partie de ceux qui vont figurer dans l'histoire des siècles suivants.

XIe SIÈCLE.

Noms français extraits de chartes latines relatives à la Champagne et datées du xɪe siècle.

.... Altare quod vocatur Toxas (alias Toxar). — Fondation de St-Jean-des-Vignes (Soissons), 1076.

Altare de Spanlx. — In villâ vulga dicto Bainson. — Charte de l'abbaye de Coinsy, 1077, 1098.

In saltu meo de Herlebeche. — Signum Balduini de Gant..... Charte de St-Thierry, 1096.

..... Villa Astum. — Villa Croy. — Villa Hysoi. — Villa Moflers. — Decima de Floy. — Decima Meloisviler. — Silva de Tarsin.
Fondation de St-Martin de Pecquigny, 1066.

Ecclesia de Barly. — Castellum, quod dicitur Dourlens. — Aquatias Rue.
Charte de St-Pierre d'Abbeville, 1075.

.... Landricus de Terre. — Rainold Passans, Joffridus Frigans, Petrus Barbas.
Charte de G. évq. d'Amiens, 1100.

In Gaden sylvâ. — Molendinum de Baboth. — Super fluvium Scardon. — Aquariæ de Plais. — Fluvius de Liquet. — Hugo senior Schec. — Altare de Belmont. — Altare de Vron. — Altare de Busencurt. — Villa de Flibocourt. — Villa de Alq. — Molendinum de Arundel. — Durandus Acolapance. — Bernadus Bataille. — Acardus de Cambron. — Valterus Murailz. — Bernardus de Cotherel. — Renaldus de Aplancourt.
Charte de fondation de St-Pierre d'Abbeville, 1100.

Alodium de Crisenon. — Gaufridus de Vincelles. — Herbertus Wifel.
Charte du mon. de Crisenon, 1100.

..... Guido de Lescières. — Robertus Anguscl. — Eubalus

de Rocei. — Balduinus de Gurci. — Radulfus filius Blith. — Vido de Vitrey.
Chartes de l'abbaye de Ribaumont (Laon), 1083, 1084.

In villâ, quæ dicitur Guvils.
Charte de St-Vincent de Senlis, 1059.

Altare, quod est in Tremilly villâ.
Charte de Ste-Marie de Senlis, 1068.

Valterus de Monci.
Charte de St-Vincent de Senlis, 1069.

In castello, qui vocatur Crispi.
Abbaye de St-Arnould de Crespy. — Charte de 1076.

.... Molendinum, quod dicitur Tolsac in villâ Nantuelis nominatâ.
Charté de St-Barthelemy de Beauvais, 1037.

In viculo Visnecl nomine situm. — Giserdicorte mansum unum.
Charte de St-Pierre de Châlons, 1028.

.... Habancort cum tribus mansis terræ. — Inter Viasnam et Berzil.
Charte de l'abbaye de Moiremont, 1074.

... Altare de Darcurt. — Altare de villâ, quæ dicitur Galones.
Charte de Roger, évq. de Châlons, 1092.

... Villam nomine Hermenc. — Villa quæ vocatur Rens. — Villa quæ vocatur Sincueric.
Charte de St-Christophe (Beauvais), 1060.

Villa, quæ dicitur Escelens.
Charte de Gui, évêq. de Beauvais, 1081.

Possessio, quæ appelatur Nauurz et membra ad eamdem potestatem pertinentia ; id est Castenith et Pincecurt.
Charte de Wido, évêq. d'Amiens, 1064 (1).

---

(1) Nous ne dirons rien des noms ci-dessus indiqués. Nous aurions pu multiplier facilement ces citations empruntées aux

XIIᵉ SIÈCLE

L'épître de Monsieur Saint Estienne, chantée en l'église de Soissons dans le XIIᵉ *siècle* (1).

Lectio actuum apostolorum.

Por amor Dé vos pri, saignos Barûn,
Sé ce vos tuit, escotet la leçun
De Saint Estevre le glorieux Barrun :
Escotet la par bonne entention,
Qui à ce jor reçu la passiun.

In diebus illis Stephanus plenus gratiâ et fortitudine faciebat prodigia et signa magna in populo.

Saint Estevres fut pleins de grant bonté
Emmen (2) tot celo, qui creignent en Diex :
Fescit miracle o nom de Diex :
As cuntrat (3), et au ces (4), à tot dona santé :
Por ce tracèrent autens li Jivé. (5)

Surrexerunt autem quidam de synagogâ, quæ appellabatur Libertinorum et Cyreneorum et Alexandrinorum, et eorum qui erant à Ciliciâ et Asiâ, disputantes cum Stephano.

Encontre lui se dressèrent trestuit.
Disèrent ensemble mauveis mes :
— Cetui il a Diable, qui parole en lui.....

---

chartes de ce siècle : nous renvoyons le lecteur au tom. II des Actes de la province ecclésiastique de Reims. — On remarquera l'introduction de la particule *de* qui supplante la désinence du génitif.

(1) Dom Martenne, *de Antiquis ecclesiæ ritibus*, lib. I, cap. 3, art. 2. — Dans son traité de *Antiquâ ecclesiæ disciplinâ*, chapitre 13, il dit que le manuscrit dans lequel il a copié les couplets de cette épitre farcie, c'est-à-dire entrecoupée de vers français et de prose latine, fut écrit dans le temps de l'évêque Nivelon. Ce prélat monta sur le siége de Soissons en 1177 et mourut en 1203.

(2) Envers. — (3) Contrefait. — (4) Aveugle. — (5) Juif.

LORRAINE, XIIe SIÈCLE.

Fragment de la Passion. — *St-Pierre renie Jésus-Christ* (1).

Dons encommencèrent li alquant scupir en lui, et cuverre sa face, et batre à coleies, et dire à lui : — « Devyne. » — Et li ministré la battoient à facicies.

Et quant Pieres estoit en la cort de lez, se vint une des ancelles lo soverain prestre. Et quant ille ot veut Pierron, ki se chañevet al feu, se lervui ardeit et se dist à lui : — Et tu estoies avoe Jéhu de Galileie. Cil desnoivit davant tos, et se dist : — Neni sai ; neni n'entent ce ke tu dis. »

Si ussit fuers devant la cort ; se chanteit li jas (2).

Lo parax quant un altre ancele l'ot veut, se dist à ceos, ki lai encore esteivent — car cist è de ceos. — Lo parax (3) un petit après dissent à Pierron cil, ki lai esteivent : — Vraiement tu es de ceos ; car tu es aussi Galileus. »

Et cist encommençoit excommunier et jurier : — « Ke ju ne sai ke ait hom soit, que vos dites. » Maintenant lo parax chanteit li jas.

XIIe SIÈCLE. (1100-1150.)

Noms Français extraits de textes latins.

Heremum Azonis de Ham. — Altare de Gons. — Villam de Singli. — Terras, quæ Acelles appellantur.

Bulle d'Innocent II, relative à Saint-Nicaise. — 1136.

In monte juxta Chalons. — Ad molendina Machot et Puizun. — Thomas de Rohas.

Charte de Rainaud, archvq. de Reims, 1137.

---

(1) Mémoires de l'Académie des inscriptions, t. XVII, p. 725.
(2) Le coq.
(3) Pareillement.

..... Quem dicunt Albericum Malet. — Ecclesia apud Melphi, scilicet, quæ fuit Pagani Hastamorsel. —Domini Hugonis Cossiart. — Tebaldus Linolet.

Charte relative à l'abbaye de Saint-Thierry, 1138.

Ingunginus quatenus pravos illos Remensium conventus, quos *compagnies* vocant, dissipes.

Charte relative à l'élection d'un archevêque de Reims, 1139.

..... Irbrays cum ecclesiâ. — Ecclesiam. S. J. B. de Hordon. — Beldin cum ecclesiâ, altare de Monci, capellam de Luares. — Ecclesiam. S. M. de Ventebran, capellam de Ambe, capellam de Squimorte, capellam de Heustan, Schumanz cum ecclesiâ.

Bulle relative à Saint-Remy, 1145.

..... Molendino de Macclau. — Homines de Chalon. — Leudo de Uncar (Unchair.) — Milo cognomento Coveiz. — Théodoricus Trossel. — Rodulfus miles de Brimericurt.

Charte de Barthelemy, évq de Laon, 1125.

..... Villa Chalon. — Altare de Summopi. — Altare, quod dicitur Guast. — Altare de Guartengen.

Bulle relative à Saint-Thierry, 1126.

Decimam de Vertilli. — Ad fossam secùs Berlize. — In valle de Cierge. — Terram de Vivers. — Pratum de Warne. — Altare de Buxut. — Ecclesia de Morlines. — Cum medietate de Anoloit.

Bulle relative à Saint-Nicaise. 1113.

..... Locus qui vocatur Cheminon. — Ad aquam Brusson. — Fluviolus nominatus Currat.

Charte de Hugues, comte de Champagne, 1110.

..... Silva, quæ dicitur Luiz. — Milo de Secru. — Albericus de Cheminum.

Charte de Hugues, comte de Vitry, 1116.

In sylvâ Lieuis. — Campum, qui vocatur Durfosson. — In aquâ Brosson.

Charte relative à l'abbaye de Cheminon, 1116.

... Ad fossam de Anglot — decimaria de Villavenardi et Joche — porta, quæ dicitur de la Gate — decima de Ormes —

grangia de Nuisament — rivum, qui dicitur Herbision — decima de Chemines — decima de Boissy le Repos — grangia de Entresme — Bertrandus de Lucimont.

Ch. de Thib. C. de Champ, 1131.

.... Quod habebant a vado Ositremont.
Ch. de Geoffroy, évq. de Châlons, 1131.

..... Wikarde abbas. — Sylva Othe.
Charte relative à l'abbaye de Pontigny, 1138.

... In bosco de Thul. — Andreas de Baldement.
Charte de Hugues, évq. d'Auxerre, 1145.

..... Gautier Escarbot.
Charte du monastère de Roches, 1145.

..... Ansericus de Tarel. — Terram de Exsard. — Jocelinus de Arcy. — Fratres de Reigny. — A fonte de Lesir (Loire) usque ad fluvium Chore. — Sanctimoniales de Crisignon. — Will. de Malli. — Lambertus de Voltenai. — Jofridus Arthaut. — Hugo Dannam.
Charte du couvent de Reigny, 1147.

..... Territorium de Vaus. — Gaefridus de Lueth.
Chartes du couvent des Roches, 1147, 1148.

De foris per Ligerim, dès le rut Alseriac, usque ad Terram villæ Charul.
Ch. d'Alain, évq. d'Auxerre, 1157.

..... Ecclesia de Tast. — Ecclesia de Lesmont. — Ecclesia de Larzicurte.
Ch. de Hugues, évq de Troyes, 1124.

... Nemus de Belmont — Otranus Gasteblé — Herbenus heremitus de Payens —, Godefruidus de Broissy.
Charte de l'abbaye de l'Arrivoire, 1140.

... A rivo de Pontou ad rivum, qui dicitur Prose — Guido de Larzicourt — Walterus de Briart — Petrus de Mathoul.
Charte de Gauthier, comte de Brienne, 1143.

... Molendina Hugonis de Bafeu. — Milo de Vernoil. — Furnum de Pombar. — Villam, que vocatur arcon. — Partem decimarum de Dusil.

Bulle relative à saint Remy, 1148.

Robertus de Luizarches. — Hugo de Silleri . . . . .
Charte de Henri, archevêque de Reims, 1171.

Tertiam partem de molendinis Foleret, qui sunt sub Fricambaut. 1164. — Charte de l'abbaye Saint-Remi.

Ado de Belru. — Ado Cornez. — Signum Odonis presb. de Crusni, Rainaldi Cuissart, Gerardi Coese anseris.
Charte de Henri, archevêque de Reims, 1167.

... Signum Rainaldi Cordelle, — Wiardus Budez.
Charte de Thibauld, Comte de Champagne, 1114.

... Balduinus de Chassel. — Ulricus de Scordal. — Richerus Morlachar, Thomas Macouens, Radulfus de Ecri, Adam de Curlandun, Rogerus Malvisin, Roger de Oiri.
Charte de Guiscard, Comte de Roucy, 1176.

Villa, quæ Mesuns appellatur. . . . . . .
Charte de Maurigny, (Diocèse de Sens), 1120.

Præpositus de Sepaux. — Aoidis vulgo vocata Damet. — Presbyter de Cuidot. — Wil. de Montecorbun. — Wil de Curtivalt. — Andreas de Dovat. — Herveus Rafars. — In villa Chalose. — Per collum montis Bonen. — Josbertus Giffet.
Fondation d'Escharlis, 1120.

... Ad locum, qui Monsluz dicitur. — Ansellus de Triagnel — Odo de Villemauri. — Hugo de Riges. — Harin de Tranguol. — Milode Nogent.

Charte de l'abbaye de Vauluisant, 1127.

... Albertus de Montomer. — Angelbertus de Molins. — Simo de Taloiri. — Gutterus de Sparnai. — Hugo de Coheirart.
Charte de Henri, Comte de Troyes, 1164.

Caldelas, quæ sunt apud Bizannas et Lut.
Charte de Raoul, archvq. de Reims, 1119.

... Castellum, quod Bullion dicitur. — Ingonem de Mirenvalt.

— Manassem de Herge. — Rainaldus de Jupperi. — Lambertus de Tiembeche.

Charte de Rainaud, archvq. de Reims, 1127.

Ad fines Ville-Savoie. — Charte d'Igny, 1130.

Oddina de Tin. — Radulfus Charrette. — Pontius de Leschires. — Renaldus de Waci. — Hugo Walechiis de Taili.

Fondation de Signy, 1135.

... A viâ regiâ sicut tendit in Forest. — De Forest per verticem montis Rouel, sicut vergit in Chermel, de Chermel vergit ad Bonlon rivulum.

Fondation du Mont-Dieu, 1137.

... Cultura mea de Hailers. — Sub monte Joet. — Milo de Ganne. — Walterus de Vœruim. — Paganus de Sosmes. — Hugo de Charlez. — Guido de Chivri. — Odo Bouarins.

Charte des Prémontrés de Château-Thierry, 1140.

Vinea, quæ dicitur Aignelet. — Terra de Poilgli. — Decimæ de Nancel. — Terra, quæ dicitur Vans, sive Millencort.

Charte relative au couvent de Saint-Crespin, 1142.

... Paganus Seil, Remigius But, Mainardus Drag, Paganus filius Hostelup, Joannes de Molreni.

Fondation de la commune de Laon, 1125 (1).

Charte de Renaud, comte de Bar, 1118 (2).

Ge Renaulds, quenz de Bar et de Monceonz, faez conoesant à

---

(1) Ici s'arrêteront nos citations de phrases latines mêlées de mots français. A partir du milieu du 12e siècle la cour, l'aristocratie, la haute bourgeoisie parlent français : le peuple des villes et des campagnes continue à parler l'idiome roman ; son dialecte va produire les patois encore usités de nos jours.

(2) Elémens de paléographie : Natalis de Wailly, t. I, p. 159. — In-fol. Imprimerie royale, 1838.

tos ceauxz, ki orrons et verronz ceez présenz laistrez, kue rum suxz l'escheoite, kue m'advenoie de per ma ante ma Dame Mahauz, mon signeor Walranz Redon sun mari réclamoye à forz et volsit il à plains tenre se terre, à tanz por le voloir et ordannement..... mun trez hauz prinche et très chierz signeor Loyz, noble roy de France, nos onz convenanciez per ensamblez ansi et tel menière kue véez ci, — kue mun chierz uncle, mon signeor Walranz, ha prin à créanz et grei ez dis escheoite ceu est à sçavoir — Fontenais le terre o siens appendices, si come el est bonée et devisée, o le chastiau come li se porsiet o le ville, — item Nantuel li Haudouinz le terre o siens appendices, si come el se pourporte et est bonée et devisée, o le chastel o le borg... et o tot ceu féaultez de chevaliers, bacheliers, escuyers, borgeoiz et des homes des vile et fhors vile... et ne puet il monsigneor Walranz, ne sienz heirz, per ansi faet et tiel convenance, riens réclamers ne o prum ne en futur en ultre ce, ne prétenre o parsuxz en quelxqonques terres, domoines, moibles, ne choise l'escheoite et l'héritaige ma Dame Mahauz ;—fhores kue s'avenoie kue je morisse sens heirz, adoncquez resuura l'hirritaige ; et tote l'escheoite ma Dame Mahauz à il, sens exept, dessendera léalment, sens kue nus otot on en parsons i puet riens réclamerz ne prétenre l'encontre il mon signor Walranz Redon ne liz siens heirz., et por san kue ceu soye ferz choise (1) et staible à torjors et perennelemens, ai ge faet saeler cetes laistrez de mun ceiaus.—Ceu fu faet el jor sein Berthremieu l'apostre, qant li miliaires nostre Signeor coroiens per mil et chens et dix et wict ans, o mocz de marc (2).

XIIᵉ SIÈCLE.

Priviléges accordés par Louis-le-Gros aux habitants de Beauvais, 1122.

Au nom de saincte Trinité, amen. — Locys, par la grâce de Dieu roy de France, je vueil faire à savoir à tous ciaux tans

---

(1) Il faudrait—E por ceu kue ceu soye fermz choise. — Nat. de Vailly.

(2) Le comté de Bar, voisin de la Champagne, en faisait presque partie, il en releva de temps à autre ; tous les termes, que contient cette charte, se retrouvent dans nos poetes et dans nos patois. — Les mots *o prum* se disent encore, même à Reims ; ils signifient : d'abord, de suite, à présent, de bonne heure.

présens comme advenir, tant comme à chaux qui ore sont, que nous octroyons as hommes de Biauvais que les mesons à chacun d'aux, s'elles queoyent, ou qu'elles fussent arses, les parois de ses mesons ou les mesières, lesqueles il avoit devant che, puet-il fère sans congié d'aucuns. Sans querre, il le puet si comme sè parois, ou sè mesière sy comme elle estoit devant, par trois loyaux voisins, par lesqex il pora prover. — Nous octroions as chiaus que les pons et les planches, lesqueles ils ont ès yaues, et lesqueles ils ont achatez, s'eles chient, ou s'eles sont arses, sans querre licence, qu'eles soient refètes ou que les piex y soient mis Adechertes les pons et les planches aussi comme il les avoient achetées as evesques, et si comme il les avoient achetées de devant aus, leurs les aient à perpétuité et aussi des pons. — Nous leur otrions volons et quemandons que aus par leur voisins loyaux, si comme nous aviens devant dict, que les parois et les mesières de leur mesons, si comme il est devant monstré, le serremens oïs avant que on ne leur puis autre chose quierre. — Et pour ce que cheste chose ne soit donnée à oubly, ny que elle ne soit défachié, nous l'avons quemandé à escrit, et qu'ele peust estre affermée de chiaus, qui après nous venront, de notre séel et de notre auctorité et en notre charte, venant après Phelipe nostre fil, le confermames encemble.— Donné à Pontoise l'an de l'Incarnation, M. CXXII (1).

VERS LATINS DE FROWINUS, 1100-1130 (2).

Vive precor, Bertholth, tibi sit Dominus, rogo, filholt: (3)
Ad te quod liber sim, docet iste liber.

---

(1) Ord^{ce} des rois de France, t. xɪ, p. 182. — Ce texte est certainement l'un des plus anciens en style français officiel que l'on puisse citer. — Nous devons dire que son authenticité sous cette date a été mise en doute. On a retrouvé à Beauvais le texte latin de cette charte. La pièce que nous éditons ne serait peut-être qu'une traduction : mais elle doit être contemporaine de la concession. Le latin n'était plus compris : et dans le xɪɪ^e siècle les chartes intéressant les communes furent traduites nécessairement.

(2) Frowin, moine suisse, mourut en 1130. Il place ces dystiques en tête d'un de ses commentaires sur l'oraison dominicale, écrits en latin et dédiés au prêtre Berthold. *(Explanatio dominicæ orationis.)* — Annal. Bened. t, vi, p. 657.

(3) Ami, bienveillant. — La Suisse au moyen-âge était loin de former l'ensemble qu'elle présente de nos jours ; allemande au

Hunc librum vovi ; nunc promissum tibi solvi.
Jus est, si sapias, gratus ut accipies.

XIIᵉ SIÈCLE.

LI SECUNDS LIVRES DES REIS, 1080-1150.

Après la mort de Saül, David returnad de la descunfiture et l'ocisiun d'Amalech et surjurnad dous jours en Sicilech.

Al tiers jur, repairad uns huem del ost Saül : dépaned et désired out ses dras, et puldre sur le chief. Vint devant David, et à terre chaï, si aurad.

David enquist dunt il venist. — E cil respundi : — Del ost de Israël m'en sui fuiz. » — E, cument l'ont fait? fist se David. » — Cil respundi : — Il se sunt del champ fuiz ; é mult en i ad d'ocis : et mors est Saül é Jonathas sun fiz. ».

Respondi David. — E cument le sez que mors est Saül et Jonathas sis fiz ? »

Cil respundi. — Par aventure vinc al munt de Gelboé : et Saül sur sa lance s'apuiout ; et les curres é l'eschiele des chevalers l'apruçout.

E Saül vers mei turnad ; é chalt pas me apelad.

E ki jo fusse demandad. Jo li dis ke fui des Amaléchites.

E il me redist. — Sta sur mei, si m'oci ; kar forment sui anguissus. Mais tute ma force est encore en mei.

---

nord et à l'orient, italienne au midi, à l'orient française, ou pour mieux dire bourguignoane, elle a conservé dans son sein les idiomes qui se partagèrent l'Europe à la fin du Xᵉ siècle. La langue romane y fleurit longtemps. — On prétend même y retrouver les traces du langage antérieur au latin, l'idiome des Étrusques.— Nous ne citons les quatre vers ci-dessus que pour donner un dernier exemple de la confusion des langues à laquelle le XIIIᵉ siècle allait mettre fin.

E jo turnai, si l'ocis ; kar bien soi que vivre ne pout après les plaies. Pris la curune de sun chief ; é le bou de sun braz, é aporter les ai à tei mun Seignur. » ....

E pur quei, dist David, fus si fol hardiz que pour n'en us de ocire l'enuint é le Rei nostre Seignur ?

Cist mals te vendrad sur le chief. Ta buche ad parléc encuntre tei é à tun damage, en ço que tu deis que l'enuint nostre Seignur océis. »

E de ço menteit li paltuniers. — Errament cumandad David à un des suens que mors getast cel lècheur. — E il si fist.

David en cest manière plainst Saül é sun fiz Jonathan :

(Cumundad que l'um enseignast as fis as Judeus traire de arc, pur ço que li Philistien furent archer bon, é mort ourent le rei Saül, si cume il est escrit el livre as dreituriers) é se redist : — Israël, Israël, pren guarde de ces, ki sur les muns sunt mors et nafrez.

Li noble hume del païs sur les muns sunt ocis. Allas ! cument i chaïrent li bon vassal é li vaillant champiun ?

Ne portez pas la nuvele en Geth ne as rues d'Escalune ! Que les filles des Philistiens ne se haitent, ne les filles de ces, ki pas ne sunt circumcis, s'esléecent !

E vus, Munz de Gelboé, rusée ne pluie ne irenge sur vous, nu fist-il puis ! é n'y seient pas champs de prémices ! car là jetèrent li fort leur escuz : E Saül, tut issi cume il ne fust enuinz, i getad sun escud.

La sajette Jonathas, fist David, unches arière ne turnad : é la spée Saül en vain al fuerre ne repairad.

Saül et Jonathas amiables et bels furent en leur vie ; é à la mort ne se sunt partiz. Plus furent ignels que le ègles é plus fort que liuns.

Vus, filles de Israël, plurez pur Saül ki vus vesteit des riches guarnemens et dunat vus d'or les riches aurnemens !

Cument chaïrent en bataille li bon vassal ? Jo deuil sur tei, chier frère Jonathas, bels é aimables, que j'o amoué si cume la mère sun fiz, que n'ad mais un.

Aï! cume chaïrent li bun champiun et périrent ces bones armes et li bons cunreidz? (1).

LIBER LAPIDUM, 1123.

Evax fut un mult riche Reis : (2)
La regne tint des Arabais.
Mult fut de plusieurs choses sages :
Mult aprist de plusieurs langages :
Les set arts sut, si en fut maistre.
Mult fut poischant et de bon estre :
Grans trésors ot d'or et d'argent,
Et fut larges à tuite gent.
Pur les grant sen, pur la pruece,
Qu'il ot, é pur sa grant largece
Fut cunnuz et mult amez,
Par plusiurs terre renumez.
Néruns en ot oï parler :
Por ce ke tuit l'oï loer,
L'ama forment en sun curage.
Si li tramist un sen message.
Néruns fut de Rume emperère
En icel tan que li Reis ère.

---

(1) Livre des Rois : Leroux de Lincy, in-4º, 1841. — Le savant éditeur de ce curieux volume pense que cette antique traduction est due à un littérateur de l'Ile de France, de Picardie, de Normandie ou de Champagne. Nous ne prétendrons pas que notre province seule y a droit : mais nous prierons le lecteur de remarquer les importantes analogies, qu'elle présente avec nos patois.

(2) C'est ainsi que commence la traduction du poème latin intitulé *Liber lapidum*, composé par Marbode, écolâtre de Rennes en 1067 et mort évêque de cette ville en 1123. L'auteur de la version française est inconnu. L'examen de son orthographe nous le montre écrivant sous l'impression des traditions latines. Il dut travailler ou du vivant même de Marbode ou peu après sa mort. On remarquera de nombreux rapports entre sa manière d'écrire et la prononciation conservée par nos patois. — Le poème et sa traduction se trouvent dans les œuvres de Marbode, publiées par Dom Beaugendre, à la suite de celles de saint Hildebert. — Paris, in-fol. 1708.

Manda li ke l'enveast
Par sa merci que nu l' laisast
De sun sen de sa curteisie ;
Ne keirait altra manantie.
Evax un livre li escrist,
K'il meisme de sa main fist,
Ke fit de naturas de pierres,
De lor vertus, de lur maneires,
D'unc venent, d'u sun truvées,
En quels lius é en quels cuntrées,
Do lor nuns et de lor culurs,
Quel poissance unt et quels valurs.

XIIe SIÈCLE.

Charte de l'abbaye d'Hennecourt, 1133 (1).

Jou Renaut, seigneur de Haukourt, Kievaliers, et Jou Eve del Eries, kuidant ke on jor, ki sera, nò armes kicteront no kors por se trair à Dius no siegneurs, et ke no poieons rackater nos fourfet on enmonant as iglises de Dius et as povre, por chou dès orendroit avons de no kemun assent faits no tétaument è deraine vouletet en kil foermanch, primes. . . . . (2).

XIIe SIÈCLE.

Charte de Louis VII. — 1137 (3).

Ou non de Dieu, je Loys, par la grace de Dieu Roi des Fran-

---

(1) Hist. de Cambray, Jean Lecarpentier, t. II, p. 18 des preuves.

(2) Je Renaut, seigneur de Haucourt, chevaliers, et Je Eve de Eries, croyant que au jour qui sera, nos âmes quitteront nos corps pour se rendre vers Dieu notre seigneur, et que nous pouvons racheter nos fautes en faisant aumône aux églises de Dieu et aux pauvres, pour ce dès à présent avons de notre commun consentement fait notre testament et dernière volonté en cette forme. D'abord. . . . .

(3) Ordonnances des rois de France, t. XI, p. 189. — Cette

ceis et dux d'Aquitanie, fesons à savoir à ceux, qui sunt à venir, comme à ceux, qui ores sunt, que nous à nos Borjois d'Orliens, por l'engreigemant de la cité oster, ycetes coustumes, qui sunt cy après escriptes, leur donasmes et leur otroiasmes.

§ 1. — La monaie d'Orliens, qui en la mort nostre père durait et courait, en trestoute nostre vie ne muera ; ne ne ferons que elle soit muée ne changiée.

§ 2. — Ou tiers an par la raançon de celle monaye, de chacun muy de vin et de blé de yver, deux denières, et de chacun mui de marcesche, d'avoine ou d'autre blé de mars, un denier, aussint comme l'en fesait ou tans nostre père, prandrons.

§ 3. — Auctorité establismes nous que li prévost, ne nostre serjent, aucun des borjois par devant nous ne semondra, sé ce n'est par nostre commandement ou par nostre séneschal.

§ 4. — Quiconque des borjois par nostre semonce vendra à nostre cour on por forfet, ou por aucune cause que nous l'aurons fet semondre, sé il ne vient fère nostre gré ou ne porra, nous ne le retendrons mie, sé il n'est pris on prasent forfet ; mais aura licence de s'en raler et par un jour demourer en sa meson ; et après lui et ses choses seront en nostre volonté.

§ 5. — Encore commandasmes nous à tenir que nostre prévost par aucun serjent de sa meson et de sa table, qui sont apelez bediaus ou accuseurs, contre aucun des borjois, ne puisse faire nules dareson.

§ 6. — En après establismes que sé aucun des borjois son serjent de sa meson ou de sa table, qui il loerra, ferra ou le battera, que il n'en face amande à nostre prévost.

§ 7. — Encore nostre père, à la paque prochaine devant sa mort, avoit otroié que il, ne ses sergens, nulles mains mortes ne requeraient, qui devant 7 ans arrières trespassez avendraient ; et nous ice que notre père avait otroié en remission de la soue ame, otroiasmes.

---

pièce peut encore n'être qu'une traduction. Quelques phrases, par exemple celles du paragraphe 2, peuvent le faire supposer ; mais la version nous paraît néanmoins contemporaine du texte latin, que le roi aurait réellement signé et scellé. Son objet devait être connu de toute la population : il fallait donc la promulguer en français.

§ 8. — Encore par ce que nostre sergent gravaient et raembraient les borjois, pour ce que il les leur metayent sus que à la mort nostre père, que il avaient acoustumé jurée, — et borjois juraient que il n'avaient pas ce fet ; et nous icé plet lessames tout ester. — Einsint que nous, ne nos sergens, por cette chose, rien d'aus ne requerrons. — Et por ce que ce ne puisse estre effacié ou par aucune manière à ceux, qui vandront après nous dépétié et déconfermé, nous confermasmes cet escrit de l'autorité de nostre non et de nostre seel.

Ce fu fet à Paris devant tous, en l'an de l'Inc. de N. S. 1137, ans de nostre règne le quint. — et s'y estoient en nostre palais, Raoul nostre chambellant, Guillaume le bouteiller, Hue le connestable. — Et fut bailliée par la main Augrin, le chancellier.

Sermons de saint Bernard, abbé de Clairvaux (Aube).

Ci encomencent li sermon saint Bernart, k'il fait de l'avant et des autres festes parmi l'an (1115-1153):

Nos faisons ici, Chier Freire, l'encommencement de l'Avent, cuy nous est asseis renommeis et conuiz al munde, si cum sunt li nom des altres sollempniteiz. Mais li raisons del nom n'en est mies par aventure si conue. Car li chaitif fil d'Adam n'en ont cure de vériteit, ne de celes choses, k'à lor salveteit apartienent : anz quièrent icil les choses défaillans et trespessaules. — A quel gent feront nos semblanz, les hommes de ceste génération, ou à quel gens ewerons nos ceos, cui nos veons estre si ahers et si enracineiz ens terriens solas et ens corporiens, k'il départir ne s'en puyent ? — Certes semblant sunt à ceos, ki plungiet sunt en aucune grant awe, et ki en péril sunt de noier : les varoyes k'il ceos tienent, ke s'tienent, ne k'il par nule raison ne vuelent dévuerpir ceu où il premiers puyent mettre lor mains, quel chose que ce soit, ancor soit ceu tels chose, ke ne lor peult niant aidier, si cum sunt racines d'orbes ou altres tels choses : et si aucune gens viennent à ols por ols à soscorre, se plongent ensemble ols ceos k'il puyent agrappier, ensi k'il à ols ne à ceos ne puyent faire nule ajue. — Ensi périssent li chaitif en ceste grant mer, ke si est large, quant il les choses, ki périssent, enseuent, et les estaules layent aleir, dont ils poroyent estre délivreis del péril, où ils sunt, sé prennoyent salver lor ainsmes : car de la vériteit est dit, et ne mie de la vaniteit : — Vos la conesscreiz ; é ele vos déliverrat, — etc.

Fragment d'un autre sermon.

En l'encomencement de quaramme.

Nos entrons hui, Chier Frère, el tens del saint quaramme, el tens de la cristiene chevalerie. Nos ne wardons mies ceste jeune per nos ; anz la wardent assi tuit cil, ki en l'uniteit de la foit sunt assambleit. Et por kai ne seroit commune à tos cristiens li jeune de Crist ? Por kai ne s'enseuroient li membre lor chief ? Sé nos de cest chief avons les biens recéus, por kai ne sosterriens nos assi la poine ? Ne volons nos soffrir nule dolor: et si volons avoir communiteit à la joye. S'ensi est, certes nos ne sommes mies digne de la compaignie de cest chief. Tot ceu k'il soffrit, est por nos : et si nos, en l'oyvre de nostre salveteit mismes, ne nos volons traviller ensemble luy, en quel chose mais li représenterons nos nostre aiue ? Est ceu dons granz chose, sé cil jeunet ensemble Crist, ki ensemble luy doit seor à la taule del Peire ? Est ceu granz chose sé li menbres soffret ensemble son chief, avoc cui il doit estre glorifiez ? Certes, bienauriez est li membres, ki del tot se serat ahers à cest chief, et ki l'seurat tot cele part, où il irat. Et s'il avient par aventure k'il trenchiez soit et dessevreiz, aparmenmes covient qu'il pennez soit assi de l'esprit de vie. Car dont venroit ne senz ne vie à celei partie del cors, ki al chief ne n'est aherse (1) ?

Lettre de saint Bernard, abbé de Clairvaux (Aube), aux moines du Mont-Dieu (diocèse de Reims), 1150-1200.

Fragment.

Ci encomencet le epistle saint Bernart à Mont-Deu.

Al Prior del Munt-Deu et à ses compaignons mandes li Abbés

---

(1) Nous empruntons ces deux fragments au *Livre des Rois*, publié par M. Le Roux de Lincy : Paris, in-4º, 1841. — On n'est pas encore fixé sur la question de savoir si saint Bernard écrivait ses sermons en français : la solution de cette difficulté ne rentre en aucune façon dans le cadre de notre publication. Un homme supérieur, comme l'abbé de Clairvaux, devait manier avec une égale facilité les deux idiomes compris en France. On remarque dans les textes français, qu'on lui attribue, une facilité de style et des tournures originales qui semblent affranchies du joug imposé par la

Bernars ke Deus lor donst lo sabbat délicious.

Très chièr Freire en Jhesu Crist, aouerte est à vous ma boche à bien près outre mesure : ne me puis retenir, Deus lo seit ; pardonneiz le moi (1).

Louis VII affranchit du droit de main-morte les bourgeois d'Orléans, 1147.

Loys, Rois des Franceis et dus d'Aquitaine, nous esgardasmes que la Royal hautece espéritel est plus grandre que n'est la séculière, et que l'en se doit mout atremper vers ses sougiès. Nous, pour la pitié de celuy, qui ot pitié de son pleuple, o-ge pitié de mes hommes d'Orliens, où ge avoies le plus et le mains la main-morte. — Ge vous ay otroiée la main pour la remède de l'ame de nostre père et de la nostre, et de nos ancesseurs, que nous celle coustume que nous aveons en la cité d'Orliens, et dehors, et par tout l'Avesque, donasmes à tous nos hommes de tout en tout et octroiasmes par la présente page de nostre séel en toutes menières, que cette coustume que par nous, ne par nos successeurs, desoresenavant ne sera demandée. — Et que ce fust ferme et estable à tousjours et que ce ne fut dépecié. Nous commandasmes de nostre nom et le fismes garnir de l'authorité de nostre séel.

Ce fut fet à Orliens en l'an de nostre Seigneur M. C. XLVII ou douziesmes an de nostre règne. Et si estoit en nostre palès Raou nostre chambellant, Guillaume le boteiller, Macié le chamberier, Macié le connestable. Et furent en la donate l'évesque

---

traduction. Nous sommes donc porté à admettre que les textes français, dont nous publions quelques lignes, sont originaux. Mais il n'y faut pas voir seulement un monument de l'idiome Bourguignon ; ils appartiennent aussi d'une manière évidente au dialecte Champenois. La lecture des anciens littérateurs de notre province, l'étude de nos patois modernes en donnent la preuve.

(1) Mémoires de l'Académie des inscriptions, t. XVII, p. 721. — Si la lettre originale de saint Bernard fut écrite en latin, la traduction dut être faite par les moines du Mont-Dieu, c'est-à-dire par des habitants de la Champagne.

Menessier d'Orliens, Pierre de le cour de Rogier, abbez Saint-Yverte. — Et par la main Cadurc le chancelier (1).

Charte d'affranchissement des habitants de l'Orléanais, 1180.

Ou non de la sainte Trinité, Philippes, par la grâce de Dieu, roy des Franceis, nous pour l'ame de nostre père le roy Loÿs et de la nostre (sic) et de l'ame tous nos ancessors tous les, (sic) et les nos (sic) et les servs, que nous apelons homes de cors, quiconques sunt à Orliens et aux villettes d'environ la cité, dedans la quinte liue demorans, en quelque terre ils auront demoré, si comme à Meun, etc. — Absolons à tousjours de tout le joug de servitude et aus et leur fils et leurs filles, et volons que ils soient autressint franc, comme sé il n'eussent été onques nez ne sers, par cele teneur que ceux, qui audevant dites partez et leus auront esté devant le Noël prochien emprés nostre coronnement, joiront de cette franchise. — Adécertes sé nos autres sers, qui soient plus loing, et viennent aus devant dits leus por cause de cette franchise, iceux de celle franchise nous ostons. — Et ce que ce soit ferme et stable à tousjours, nous commendasmes à garder cette présente charte de notre séel et de l'authorité de noste réal non.

Ce fut fet à Paris en l'an de l'Inc. de N.-S. 1180, en nostre palais. Si fut à ce donner le comte Thibaut nostre sénéchal, Gui le bouteiller, Renaut le chamberier, Raoul le connestable, et fut donnée par le main Hue le chancelier (2).

---

(1) Ordonnances des rois de France, t. XI, p. 196. — Les chartes des rois de la première race ne peuvent jusqu'au 13ᵉ siècle concerner que leurs domaines, c'est-à-dire le duché de France, les comtés de Paris, d'Orléans, et de Sens. Sous Philippe-Auguste seulement, la France cessa d'être une province : elle devint un grand royaume. Les chartes, que nous avons citées, durent être publiées simultanément en latin et en français, la langue française était depuis longtemps celle de la cour et de la nation.

(2) Ordonnance des rois de France, t. XI, p. 216. — Le texte original de cette charte était latin ; mais sa traduction est contemporaine. La Thaumassière, qui la donna le premier dans son traité des anciennes coutumes d'Orléans, l'avait extrait d'un manuscrit du XIIIᵉ siècle.

Fragment d'un Sermon de Maurice de Sully, mort en 1196, évêque de Paris, tiré d'un manuscrit de la bibliothèque du chapitre de Sens.

Signor et Dames, hui si est le premiers jors de l'an qu'il est apelés an renues. A icest jor suelent li malvais cristien, solonc la costume des paiens, faire sorceries et charaies. — Y por lor sorceries, y por lor caraies suelent expermenter les aventures qui sont à venir. — Hui suelent entendre à malvais gens faire y mette lor créance en estrenes ; y disoient que nous n'esteroit riches en l'an, s'il n'estoit hui estrenés. — Mais nos devons laisier iceles coses, que n'appartiennent à la vie pardurable conquerre. — Nos trovons, lisant en la sainte Évangile d'ui, que notre sire Deus, par ço que il par soi meismes volt garder la loi que avoit donnée, qu'il el witisme jor de sa naissance, qui hui est, volt estre circuncis (1). »

Roman d'Aubery le Bourgoing (1180-1220).

   Or escoutez, pour Deu le créator,
   (Qu'il nous garde par la soe douchor!)
   Bonne chançon du tems anciennor.
   Oïr la doivent Dus, Prince et contor,
   Dames, puceles, bourjois et vavassor,
   Du duc Aubry à la fière vigor,
   Qui tant soffri de paine et de dolor.
   Homs de son tems ne soufri tant destour ;
   Tuit li faillirent si parent li meillor,
   Et tuit devindrent envers lui traitrour.
   Mès Deu de gloire li donna tel valour,
   Que tuit le tindrent à la fin à seignor.
   Molt tint Basin son père à grant honour ;
   Et si tint Jennes et le païs entour :

   Huimès commence chançon de grant valour,
   D'amor, de dames, de pitié, de douchour.
   Sé Deu me sauve ma force et ma vigor,
   Meillor n'oïstes dire par jongléour.

---

(1) Mémoires de l'Académie des Inscriptions, t. 17.

> Seignor, pardoen assez l'avés oï
> Que traïson a maint homme honni,
> Et loiauté maint prodome gari.
> Voir fu que Karl, qui le poil ot flori,
> Fu à Paris el palès seignori,
> Où séjornoit volentiers chascun di :
> Car par François estoit li rois servi (1).

REIMS. — XIIe SIÈCLE.

La charte Wilelmine. — 1182.

Guillaumes, par la grace de Diu arcévesques de Rains, de Saincte Roumaine Eglise dou title sainte Sabine chardenaus, dou siége l'Apostoile légaz, à ses chiers fix et ses féables, à tous les hommes de Rains dou ban l'arcévesque :

Einsi comme li prince des terres, en gardeir la droiture et la franchise de leur sougiz, puent acquerre l'amour de Dieu et dou proïsme ; einsi en enfraindre et en mueir les anciennes coustumes longuement tenues, puent il déservir et encourre le desdaing dou très-haut et la faveur dou peuple perdre et à leur armes (ames) aussi fais perpétueil en enchargier ;

Nous, pour ceste raison, regardant le service et la dévotion, que vous, ammeit fil, et nostre féable bourjois à nous jusques à ore volentiers libéraument aveiz fait, — les coustumes données à vous des anciens sà en arrière, mais par la muance des seigneurs aucune foye mal gardées, par la force de nostre auctoritei, à vous et à ceus, qui après vous venront, nous les restablissons et perpetueilment confermons.

Nous volons doncques que eschevin à la citeit soient restabli, qui, par le commun assentement de vous tous, de nos bannaux XII elleut nous seront présenteit, et chascun an le jour des cendres seront renouveleit ; et jurerons que il par droit jugement vous jugeront ; et tant comme à eus apartenra nostre droiture loiaument garderont.

---

(1) Roman d'Aubery le Bourgoing. — Reims, 1849.

Et s'aucuns, par aventure, communément elleuz ne veut ester eschevins, nous le ferons estre eschevins ; mais qu'il ait force de cors souffisant.

Et nequedent sé vous en ellire les eschevins n'estiiés concordables, nous establirons les eschevins si comme nous verrions que ce soit preuz à nostre citeit et à nous.

Mais sé cil eschevin, ou dui, ou pluseur d'iceus, faisoient aucun jugement, qui ne semblast asseiz rainable, s'il reconnoissent leur erreur, il le nous amenderont sans destruiment de leur biens. Et sé il le soustiennent, et aucuns les en vuelle querelier de faus jugement et il en sont proveit et convaincu, il le nous amenderont par le jugement de nostre court ; et si li querelerez ne les en puet convaincre, il le nous amendera ensi faitement et as eschevins aussi.....

Et donques pour ce que à toutes ces choses dès ore en avant nule questions ne puist naistre, ains remaingnent toutes ces choses deseur dites fermes et estables, ces choses à vous et à ceux, qui après vous venront, tant par ce présent privilège comme par le warnissement de nostre scel, confermons et rétablissons et deffendons sor escommeniement que nuns n'ost aleir encontre ceste confirmation de nostre escrit, sauve l'auctoritéi do siége l'Apostoile en toutes choses.

Ce fu fait en l'an de l'Incarnation nostre Signeur M. C. IIII.XX., et II, et doneit par la main Lambin nostre chancelier (1).

CHRESTIEN DE TROYES. — 1180-1200.

Fragment du roman de Cliges.

Cil, qui fist d'Erec et d'Enide,
Et les commandements d'Ovide,
Et l'art d'amers en rime mist,
Et le mors de léspaule fist,

---

(1) Archiv. admin. de la ville de Reims, t. I. p. 391. — L'original de cette charte fut écrit en langue latine, mais les chroniqueurs de la ville de Reims n'ont jamais hésité à présenter cette version comme contemporaine du texte primitif.

Du roi Marc et d'Yseut la blonde,
Et de la hupe et de l'aronde,
Et del rossignol la muance,
Un novel conte recommence
D'un vallet, qui en Gresse fu
Del lignage le roi Artu.

 Mais ains que de lui rien vos die,
Orés de son père la vie,
Dont il fu, et de quel lignage.
Tant fu preus et de haut parage
Que por pris et por los conquerre
Ala de Gresse en Angleterre,
Qui lors estoit Bretaigne dite.
Ceste estoire trovons escrite
(Que conter vos voel et retraire)
En un des livres de l'armaire
Monsignor saint Pierre à Beauvais.
De là fu le contes extrais,
Dont cist romant fist Crestiens.
Le livres est mult anciens,
Qui tesmoigne l'estoire à voire :
De tant fait ele miex à croire (1).

Chrestien de Troyes. — *Chanson.*

 D'amours, qui m'a tolu à moi,
N'à soi ne me veut retenir,
Me plain-ge. Si qu'adès otroi
Que de moy face son plaisir.
Et ge, qui ne m'i puis tenir
Que ne m'en plaigne, et di pourquoi,
Quant ceus, qui la traïssent, voi
Souvent à lor grant joie venir,
Et ge y faille par ma foy.

---

(1) Roman de Cliges. — Chrétien de Troyes, manuscrit 6987 de la bibliothèque nationale.

Amours, pour essaucier sa loy,
Veut ses anemis convertir.
De sens li vient, si com je croy,
Que as siens ne puet elle faillir.
Et ge, que ne mi puis partir
De la belle, à qui je souploi,
Mon cuer, qui siens est, li envoi.
Mais de noient la cuit servir,
Quant ce li rent que je li doi.

Dame, de ce que vostre sui,
Dites moi si gré m'en savez?
Nenil, sé j'onques vous connui :
Ains vous poise que vous m'avez.
Et puisque vous ne me voulez,
Dont sui ge vostres par anui.
Mais sé ja deviez de nuli
Merci avoir, si me souffrés ;
Que je ne sai amer autrui.

Onques dou buvraige ne bui,
Dont Tristan fu empoisonnez.
Mès plus me fait amer que lui
Fins cuers et bonne voulentez.
Si m'en devez savoir bon gré
Qu'ains de rien efforcié ne fui ;
Fors tant que les miens euls en crui,
Par cui fui en la voie entrez,
Dont ja n'istrai ; n'ains n'en recrui.

Cuers, sé ma Dame ne t'a chier,
Ja pour ce ne la guerpiras.
Tojours seras en son dangier,
Puisqu'empris et commencié l'as.
Ja mon veul ne t'en partiras
Ne pour chier tans, ne t'anoier.
Bien aimeras, par délacer.
Quar quant plus désiré l'auras,
Plus t'en ert douls à l'essaier.

Merci trouvasse au mien cuidier,
S'elle fust en tous le compas
Del monde, là où je la quier.

Mais bien sai qu'elle n'i est pas.
Car ains ne fui faintis ne las
De ma douce dame proier.
Proi et reproi sans esploitier,
Si com cil, qui ne vuet à gas
Amour servir ne losengier (1).

HAUTE-MARNE, XIIIe SIÈCLE.

Le trouvère de Choiseul. — 1180-1230.

Devers Chastelvilain
Me viens la robe au main,
Com un ostours vorrois.
Bon jor doinst Dex demain
Le Seignor, que tant aim !
Proudons est et cortois :
De ci qu'en Navarrois
N'a si bon chastelain.
De son chastel à plain
Ne doute il les deux Rois.

Or vous dis que Choisuel
Ne me vaut pas deus oes,
Qui me soloit valoir
Tot main vint vermues.
Vermain et escurues
N'en puis mais pas avoir.
Si ont mis lor avoir
En vaches et en bues :
Si s'ont fais uns murs nues,
Que Dex gart de cheoir !

Or m'en vois à Soilli :
Pieça que n'assenai
A si bone maison.

---

(1) Manuscrit de la bibliothèque nationale 7613, fol. 49.
— Cangé 65, 67. — Mouchet 8.

Le Seignor demandai :
Maintes fois m'a doné
Robe et maint bel don.
Ce n'est pas en pardon
Sé j'en suis retornez.
S'il n'est or empeorés,
J'en aurai guerredon.

 Perdu ai deux chastelx
Dont je suis moult engrés,
Et bien m'en dois chaloir :
C'est Vignoris, Rignez.
Deux Seignors i a belx,
Qui ne daignent valoir.
S'ont mis à nonchaloir
Armes et les cembelx.
Il n'ont ou mantel parc,
Foi que doi saint Eloir ! (1).

—

GEOFFROY DE VILLEHARDOUIN.

Histoire de la Conqueste de Constantinople, (1199-1215).

§ XCI. — Endementiers que li Emperères Alexis fu en l'ost, ravint une moult grans mèsaventure en Constantinoble. Car une meslée commença des Grieus et des Latins, qui en Constantinoble estorent estagié, dont moult i en avoit. Et ne sai queles gens mistrent par mal le feu en la vile. Cis feus fu si grans et si oribles que ne l'pot nus abaissier ne estaindre. Et quant li baron de l'ost, qui de l'autre part du port estoient hebergié, virent ceste aventure, si en furent moult dolent et moult yrié ; et moult en eurent grant pitié. Car il virent ces hautes yglises et ces riches palais fondre, et ces grans rues marcheandes ardoir à feu ; et il n'en pooient plus faire. Ensi pourprist le fues de défors le port en travers jusques parmi le plus espeis de la vile et tusques en la mer d'autre part, rès à rès del mostier sainte Soufie. Et dura li fues dui jors et dui nuit, que ainc ne pot estre estains par nule home. Et tenoit bien le front del fues, si come il ardoit ardent,

---

(1) Les Chansonniers de Champagne aux XII et XIIIe siècles. — Reims 1850.

demie-lieue de terre. Dou demage, ne de l'avoir et de la richesce, qui là fu perdue, ne vos porroit nus raconter, et des homes et des femes, dont il ot moult ars. Et tout li latin, qui estoient herbergié en Constantinoble, de quelque terre que il fussent, n'i osèrent puis demorer. Ains pristrent leur femes et leur enfans, et de leur avoir ce qu'il porent traire del feu ne eschaper, et entrèrent en barges et en vaissiaus, et passèrent le port par devers nos pélerins. Et ne furent mie si poi que il ne fussent encore quinze mile, que petis que grant : et puis fu-il grans mestiers aux pélerins qu'il fussent ensi outrepassé. Ensi furent desacointié li Franc et li Grieu : et ne furent mie si commun, come il avoient esté devant. Si furent descompaignié ; et ne s'en sorent à qui prendre ; quar il leur en pesa durement d'une part et d'autre (1).

Colin Muset (Haute-Marne), 1190-1220 (2).

Chanson.

Ancontre le tens novel
Ai le cuer gai et isnel,
A termine de Pascor.
Lors veul faire un triboudel :
Car j'aim mult tribu, martel,
Brut, et bernaige, et baudor.
Et quant je suis en chaistel
Plain de joie et de revel,
Là veul estre et nuit et jor.
Triboudaine et triboudel !
Deus confonde le musel,
Qui n'aime joie et baudor !

De toute joie m'est bel ;
Et quant j'oi le flaihutel
Soner avec le tabor,
Damoiselles et donzel-

---

(1) Édition publiée par la Société de l'Histoire de France. Paulin Paris, 1838, p. 65.

(2) Les Chansonniers de Champagne aux xiie et xiiie siècles. — Reims, 1850.

Chantent et font grant revel.
Chascuns a chapel de flour
Et verdure et broudelz.
Et le douls chans des oisels
Me remet en grant baudour.
Triboudaine, triboudel !
Plus sont liés, par saint Marcel,
Que tels a chastel ou tour !

Qui bien broche le poutrel
Et tient l'escu en chantel
A commencier l'estor,
Et met la lance en estel
Pour muelz vaincre le combel
Vait asembloir à millour.
Cil doit bien avoir juel
De belle dame et anel,
Par druerie s'amor :
Triboudaine, triboudel !
Por la belle à chief blondel,
Qui a fresce la color !

Telz amasse en un moncel
.M. mars et fait grant fardel,
Qui vit à grant deshonor.
Ja n'en aura boin morcel.
Et diauble en ont la pel,
Cors et aime sans retor.
Pour ce veul je mon mantel
Despandre tost et isnel
En bonne ville à séjor.
Triboudaine, triboudel !
Que valt avoirs en fardel,
S'on ne l' despent à honor ?

Quant je la tieng au praiel
Tout entor clos d'abrissel,
En esté, à la verdour,
Et j'ai oies et gaistels,
Pouxos, tairtes et porcel
Buef à la verde savour,
Et j'ai le vin en tonel
Froit, et fort, et friandel

Por boivre à la grant chalor,
Muelz m'i aim qu'en .I. bastel
En la mer, en grant paour.
Triboudaine, triboudel !
Plus aim le jeu de praiel
Que faire malvais séjor.

BERTRAND DE BAR-SUR-AUBE. — 1200-1230.

Roman de Girard de Viane (1).

Ce fut en mai, qu'il fait chaut et séri,
Que l'erbe est vers et li prey sont flori,
A Bair sor Aube, .I. chastel seignori,
Là cist Bertrans en .I. vergier pensi,
Uns gentis clers, qui ceste chanson fist,
A un jeudi, quand dou mostier issi,
Ot escouté .I. gaillart pallerin,
Qui ot S. Jaique aoré et servi
Et par S. Pierre de Rome reverti.
Cil li conta, ce que il soit de fi,
Les aventures, que à repaire oï,
Et les grans poines que Dam Girars soufri
    Ains qu'il eust Viane.

Ce fu à Paiques, une feste joïe,
Que Dame Deus ot en terre establie,
(De toute gent est de molt esbaudie).
Garins li vuels, à la barbe florie,
Fuit à Monglaive, la fort cité antie,
Et sa maisnie, que il ne haioit mie.
.IIII. fils ot de molt grant signorie,
Fors et hardis et de grant baronie.
Mais de tant fut la chose mal partie
Que de pain n'orent entr'aus toz une mie,
Ne char sallée, ne de nul vin sor lie,
Fors .IIII. gastiaus, qu'il orent en baillie,

---

(1) Roman de Girard de Viane.— Reims, 1850.

Et .ii. paons en la sale voutie.
S'aulz atornèrent le Quens et sa mainie,
N'ot plus vitaille en la cité antie.
Et .i. destrier et .i. mul de Sulie,
Et .iiii. escus et .iii. lances fornies
N'ot plus d'avoir ne d'autre menantie.
Voit le li pères ; li cuers li atandrie ;
Ploure des oels ; durement se gramie ;
Les larmes courent sor la barbe florie.
Ernals le voit ; tos li sanc li frémie.
Ne pot tenir que durement ne die :
— Qu'avés, Père, por Deu le fil Marie ?
Plorer vos voi : ce resanble folie.
Dites le moi ; ne le me celés vos mie !
Ou sé ce non, par Deu le fil Marie,
N'aurai mais joie en trestote ma vie ;
  Car traïsons ressamble. »

— Bials sire pères, dit Hernaus li cortois,
Sé m'aist Deus, qui establit les lois,
Plorer vos voi : si en suis en effrois.
Sé ne l' me dites, molt iert mes cuers destrois.
Et si cuit bien qu'il partirait en trois. »
— Fils, dist li pères, je l' vos dirai ançois.
Sé m'aist Deùs, qui est soverains Rois,
Ce est por vos que suis en tel effrois.
Quant vos regart vestut de vos dras blois,
Si me samblés garsoniers et borgois,
De povre afaire, et de povre harnois.
Cuidiez, enfant, que n'en soie destrois.
De la povreté, qu'i avez sor mon pois ?
Tot ce a fait Dan Sinagos li rois,
Qui nos esxille et chatials et menois :
Toute no terre nos met en tel destrois,
Que n'i prenons valissent .ii. mançois.
De la vitaille somes nos molt destrois,
Que n'en avons à .ii. jors ne n'à .iii.
  J'ai paour de ma vie. »

— Biau sire père, dist Hernaus le saichans,
Del démenter est il honte molt grant.
N'est soz ciel home, s'il se vait esmaiant,
Que por plus vil ne l'aient si parent.
De l'autre part vos dirai mon sanblant :

Sé m'aist Deus, tels se vait or vantant
Et si parole dou tant ça en avant,
Ja ne verra la feste S. Jehant ;
N'aurat cité ne chastel en estant,
Ne bois, ne ville .II. deniers vallissant,
Ne vair, ne gris, ne hermin trainant.
Por ce perdirent li Jui mescréant
Dedans Egipte, ou désert d'Abillant,
Où nostre Sires les garda propremant
Et de la mane les reput longemant :
Il le mescrurent ; si faillirent errant.
Tost la perdirent par le Jhésu commant.
Ancor en est de la mavaise gent,
Qui Deu ne croient, ne n'aiment tant ne quant
Ne n'à lour prou ne n'à lour salvement.
Et il est Paiques, une feste joiant,
Que meinent joie li petit et li grant ;
Or nos donés à mangier liéemant,
Que ne savez si l' ferés longemant. »
— Fils, dist li pères, molt parestes saichant.
.I. Arcevesques n'en deist autretant.
Dex me confonde, sé hué mais me dement ! »

Charte de Gaucher, sire de Nanteuil en Brie, 1239.

Je Gauchiers, sires de Nanthoil, fas à savoir à tous seauz, qui sunt et qui à avenir sunt, que je voil et otroi que Ysabiaus fille le Traier, qui est fanme Aubet de Nanthoil, qui est fanme de cors, soit dès ore en avant fanme de l'iglise de Saint-Remi de Reins. — Et ce est fait en eschange pour Hercelot, qui est fanme Alardin mon sergent de Nanthoil : et cele Hercelot estoit fanme de l'église de Saint-Remi de Reins. Et elle sera ma fanme de cors dès ore en avant, et tuit li hoir, qui sunt eissu de son corp et eisteront encor : et ainsis li hoir Ysabel de son cors seront à l'iglise devant dite. Et pour ce que ce soit ferme chose et estable je ai fait séeler ces lettres de mon sécl. — Ce fu fait en l'an de l'Incarnation MIL. CC. XXXIX, en mois de février (1).

---

(1) Cartulaire de Saint-Remy, Archiv. de la ville de Reims.

Philippe de Nanteuil (1220-1250).

Chanson.

Entre Arras et Douay,
En défors Gravelle,
Ensi com je chevauchai,
Trovai Perrenelle
En .I. pré herbe coillant
Et joliement chantant,
Si com l'ai oïe :
— Hé ! huwe, à blanc tabar !
Vos ne l'enmenrez mie ! »

Si tost com choisie l'ai,
Tornai vers la belle.
Gentement la saluai ;
Baisai sa bouchelle.
Ne respont ne tant ne quant ;
Assez plus haut que devant
Chante à vois série :
— Hé ! huwe, à blanc tabar !
Vos ne l'enmenrez mie ! »

Si tost com me retornai
De vers la pucelle,
Et je l'en cuidai
Porter pardevant ma selle,
Quant mi compaignon huant
Vindrent après moi huchant
Par lor estoutie :
— Hé ! huwe, à blanc tabar !
Vos ne l'enmenrez mie ! »

Charte de Guy, sire d'Arcy-le-Ponsart (**Marne**.) — 1246.

C'est li testament monseigneur Guion chevalier, sire de Arcile-Ponsart, qui lait cinc cens livres de fors sor le bois de la Weure pour faire deus chapeleries pour l'ame de lui et de son peire, et de sa mère, et de son frère, et de tous ses biens faiteurs, et par tous mestours fais et de son père, et de sa mère, et de son frère, à cui je ne sai à cui rendre. — Et sé ci bois ne puet paier ces v^c livres, je wuel que ma terre le face, après ce que ma dette sera paié et après tous mes torfais. — Et sé je avoie aucun de mes hoirs, qui en alast encontre, je lais quarante livrées de terre sor mes aquès d'Arci et de Luies. — Et sé mi aquest ne l' puent faire, je weul que ma terre d'Arci et Luies le facent pour faire les deuz chapeleries l'une à Arci-le-Ponsart et l'autre à Luies. — Et ce testament fas, je moire ou vive, en tel manière que, sé je revenoie, que je peusse rapeler par conseil de boue gent et que je feisse autres aumosnes des v^c lb. s'il me plaisoit, et sé bonnes gens le me looent. — Et sé ces chapeleries sunt faites, je weul que je et mi hoir en soient donneor : et c'il ne weulent le don otroier, qui à faire l'ont, n'à moi ne à mes hoirs, je weul que on départe ces v^c lib., chasqu'en cinquante lib , pour quotes et pour souleirs en ma terre et entour mon pais, là où cil saront, qui feront por moi, que sera miex emploié jusques à tant qui soient tuit paié. — Et de cest testament faire tenir, je en fais m^{gr} l'abbé de Saint-Remi et le Prieur de Igni exsécuteurs, et m^{gr} Gilon de Loisi. Et sé uns n'i povoit estre, que li dui le puissent faire ; et sé il ne ne pooit estre que li uns, que cil eust pooir dou faire. — Et pour ce que ce soit ferme chose et estable j'ai fait séeler ces lettres de mon séel en l'an de l'Incarnation N. S. M. II^c I. XL et vit el mois de Juignet (1).

Li Quens de Rouci, (1240-1250).

Chanson.

De joli cuer enamouré
Chançonete commencerai
Por savoir s'il venroit en gré
Celi, dont ja n'en partirai :
Ains serai à sa volenté.
Ja tant ne m'i ara grevé,
Que ne me truist ami verai.
    Quant son gent cors et son vis cler,

---

(1) Cartulaire de Saint-Remy, grand in-folio, p. 152, Archiv. de la ville de Reims.

Et sa grant valor acointai,
Lors li trovai si à mon gré
Que tote autre amor obliai :
Ce ne fu pas por ma santé.
Ainçois quit bien tot mon aé
Languir, que ja ne li dirai.
　Raisons me blasme durement,
Et dist que ne l'ai pas creu,
Quant d'amer si très hautement
Ai trop mauvais conseil eu.
Mais pitiez, qui les vrais amans
Fait estre iriés, liés et joians,
Dist qu'encor m'i sera rendu.
　Dame, sé j'aim plus hautement
Que mestiers ne me soit eu,
La grant biauté, qu'à vous apent,
A si mon coraige meu :
Si vous pri merci doucement (1).

Style judiciaire à Reims, 1248.

Li jugement de ceste année :

Jugemens a esté randu do prévost et des boulengiers, d'androit ce que li prévost lor demandoit meffait por ce que il avoient vandu en foire sor les fenêtres de pierre de lor maisons. — Droiz en fu diz des eschevins, par le conseil de bones gens, que il puelent vandre en foire et fors foire sor leur fenestres de pierre.

Plaiz et discors estoit entre Jaquet d'une part, et Jehiers d'autre, de .I. mur commun entre ex : en quil mur cil Jehiers avoit .I. arc ; et cil Jaques voloit mettre .I. soumier sor le noel de l'arc celui Jehier. Cil Jehier en aloit encontre, ne ne voloit que il l'i meist, sé droiz no disoit. — Droiz en fu diz que il l'i pooit bien metre, mais que il i feist piler et le herbejast si fort por que cil Jehier n'en eust damage.

---

(1) Chansonniers de Champagne aux XIIe et XIIIe siècles. — Reims, 1850.

Adenès li harigniers demandoit à Martin de la porte .1. cheval que cil Adenès li avoit louet, et le loyer do cheval de .vi. semainnes. Martins dit que le cheval ot il parmi xii^ain deniers le jour de loier, et li ranvoioit, si comme il devoit, de la foire de Troies. Et Sires terrien et les gens le Roi prisent le cheval entre voies, pour ce que il disoient que li Sires de Rains estoit défailliz de droit. — Droiz en fu dis d'eschevins, par conseil de bones gens que Martins devoit responre à Adenet de son cheval et do loyer de tant comme il l'avoit tenut.

.1. Hom trast en tesmoignage .1. clerc. S'averse partie dit encontre que le tesmoignages do clerc ne devoit riens valoir en lais justice, pour ce que clers ne puet porter tesmoignage en laie justice sans le congié de son ordinaire. — Droiz en fu diz que ses tesmoignages ne devoit mie valoir, sé il n'avoit lettre de son arcediacre ou de son ordenaire (1).

Robert de Rains (1250).

Chanson.

L'autrier de jouste un vinage,
Trespensis à fine amor,
Erroie par un herbage
Por conforter ma dolor.
Si vi seule en un destor
Pastorele cointe et sage,
De moult bel ator;
Chief ot blont, les eus rians,
Et fresche la color.
Ou plus tost, que j'onques pot,
Vers li ma voie tor.
En sa main tint un tabor :
Et tant m'i plot que sans séjor,
De si loing com la vi,
Li présentai m'amor.

---

(1) Plaids de l'Échevinage de Reims. — Livre rouge de l'échevinage, p. 21. — Archives do la ville de Reims.

Je la salu doucement ;
Lès li tout maintenant m'assis :
Et ele teus le me rent.
Puis après mon voloir li dis :
— Bele, je suis vostre ami ;
Sé de moi avez talent,
Tout ière à vos devis. »
— Sire, merci vos en rent :
Mès trop ferois pis,
Sé Robin, que j'aime tant,
Laissoit, ce m'est vis.
De m'amor est trop sorpris,
Et je de la soe ensement.
Onques mès ne les sentis
Les maus d'amer : or les sent. »

— Bele, tout ce n'a mestier.
Mès faites ce que je vos di.
Donés moi sans racointer
Vostre amor par vostre merci.
Si laissiez vostre bercier. »
— Certes, Sire, trop l'ai chier.
Tout à uns mot vos di,
Ne le vueil por autrui changier.
A moi avez failli.
Mais alés vos en arière :
Qu'il ni vous truit icy !
Je l'atens sous ce pomier,
De lèz le bos vert et flori.
Ainz li bois ne m'ennuia
Ne moi ne mon ami. » (1)

Traité entre l'Archevêque de Reims et l'Évêque de Liège, 1259.

Henricus Dei gratiâ. . . . Videlicet quod villæ tam nostræ quam dicti archiepiscopi, Scilicet. S. Memmius, Floin, Flaignoel Illy, Givonne, Villiers-Cernay, Daigny, la Mointele, Rubecort, Lamercort, Bazeilles, Balans, Poirus-om-près-le-Bos. — Poirus-

---

(1) Chansonniers de Champagne aux XIIe et XIIIe siècles. — Reims, 1850.

Mont-Saint-Remy. — Sedans, Encombre, Douzei, et Francheval quæ jam sunt, et aliæ in posterum, communis inter nos..... In villas autem, quæ non sunt proprie nostræ, in quibus tamen habemus salvamenta et chevachias, habebit idem archiepiscopus medietatem salvamenti.... Si quam talliam habeat in eisdem, et percipiet, exceptâ chevachiâ.... his interfuerunt magister de Brayo, Rem. ecclesiæ archidiaconus, Radulfus dictus Flamens dominus de Cauni, Joannes dominus de Cartaigne, Ralduinus dominus de Asmoses, Ludimarus dominus de Firmitate, Jacobus dictus li Ermite castellanus de Moson, milites, Walterus canonicus et pœnitentiarius, morinensis.... Nobiles vers. Ar. comes de Lor et de Chinei, G. de Lutelenborch dominus de Darbui, H. dominus de Moivant, H. dominus de Hulfalinâ et Œgideus dominus de Hirge, castellanus de Bouillon, milites. In cujus rei testimonium et perpetuam memoriam nos et dictus archiepiscopus præsentibus litteris sigilla nostra duximus apponenda. — Actum et datum apud Francheval anno Domini 1259 in octavis Pentecostes (1).

CHRONIQUE DE RAINS (1260, circa).

Fragment.—Bataille de Bouvines (2).

Ensi demoura le samedi jusques au diémanche matin que li Rois se leva et fist sa gent issir de Tournay armes et banières desploiiés, et les araines sounans, et ses escièles ordenées : et itant errèrent qu'il vinrent à 1. ponciel, qu'on apiele le pont de Bouvines. Et si avoit une capiele, où li Rois tourna pour oïr messe; car il estoit encore matin. Et li canta l'évesques de Tournay : et li Rois oï messe tous armés.

---

(1) Marlot français, t. III, p. 808. — Nous citons encore ce texte latin comme un dernier exemple du mélange des deux langues. Sous les deux premières races les noms recevaient une terminaison latine : elle arrivait naturellement sous la plume des clercs. Au 13e siècle, ils trouvent plus simple d'insérer dans leur texte les noms français sans les altérer. On ne les aurait plus reconnus aussi facilement avec une désinence étrangère au peuple depuis plus de trois siècles.

(2) Chronique de Rains, Louis Paris, 1837, p. 147.

Et quant la messe fu dite, si fist le Rois aporter pain et vin, et fist tailler des soupes et en manga une. Et puis dist à tous ceaus, qui entour lui estoient : — Je proi à tous mes boins amis qu'il mangascent avoec moi en ramembrance des XII apostles, qui avoec nostre Signour burent et mangièrent. Et s'il en y a nul, qui pense mauvaistié ne tricherie, si ne s'i aproce mie. »

Lors s'avancha mesire Engherrans de Couchi et prist la première soupe. Et li Quens Gauthiers de Saint Pol, la secunde et dist au Roi : — Sire, vui en cest jour vera-on qui iert traitres. » Et dist ces paroles, pour çou que il savoit bien que li Rois l'avoit en souspechon por mauvaises paroles. Et li Quens de Sancerre prist la tierce, et tout li autre Baron après. Et i ot grant presse, qu'il ne porent tous avenir au hanap.

Et quant li Rois vit çou, si en fu moult liés et lor dist : — Signeur, vous iestes tout mi home, et je suis vostres sires, quels que je soie ; et vous ai moult amés et portés grant honneur, et douné dou mien largement ; et ne vous fis onckes tort ne desraison ; ains vous ai toujours menés par droit. Pour çou si prie à vous tous que vous gardés ni mon corp, et m'ouneur, et la vostre. Et sé vous véez que la corone soit mius emploié en l'un de vous qu'en moi, je m'i octroi volentiers, et le voel de boin cuer et de boine volenté. »

Quant li baron l'oirent ensi parler, si commencièrent à plorer de pitié et dirent. — Sire, pour Dieu merchi ! nous ne volens Roi sé vous non. Or chevauciés hardiement contre vos anemis et nous sommes tous apparellié de mourir avec vous. »

—

Descente de Louis, Cœur-de-Lion, en Angleterre (1).

Puis avint que me sires Loeys (2) ot despendu tout le sien et li fali argent ; et manda à son père que il lui aidast et envoiyast deniers. Et li Rois dist, par la lance saint Jacques, que il n'en feroit noient, ne ja pour lui ne seroit escuminiiés !

---

(1) Chronique de Rains. — L. Paris, 1837, p. 158.

(2) Louis, élu roi d'Angleterre, se mit en possession de ce royaume : mais bientôt il est trahi par ceux qui l'ont appelé : le pape même l'excommunie ainsi que ses adhérents.

Quant ma dame Blance (1) le sot, si vint au Roi et li dist : — Coument, Sire, lairés vous dont vostre filz morir en estranges teres? Sire, pour Dieu, il doit iestre yretiers après vous ! Envoiiés lui quantque mestiers li est, au moins les issues de son patrimoine !

— Ciertes, Blance, dist li Rois, je n'en feroi noient.
— Non, Sire? dit la Dame.
— Non, voir! dist li Rois.
— Et bien, je sai, dist la Dame, ce que j'en ferai!
— Qu'en ferez vous dont, dist li Rois?
— Par la benoite Mère Deus ! j'ai biaus enfans de mon signeur : Je les meterai en gages, et bien trouverai qui ma prestera sour aus ! »

Et quant li Rois l'en vit ensi aller, si quida que elle desit vérité. Si la fist rapieler et li dist: — Blance, je vous donrai de mon trésor tant comme vous vorrez, et en faites ce que vous volez et çou que vous quidiez que boin soit. Mais saciez de voir que je ne li envoierai riens. »

— Sire, dist ma Dame Blance, vous dites bien. » Et lors fu délivrés li grans trésors à ma Dame Blance. Et elle l'envoia à son signour ; et il renforcha sa guerre.

———

Charte relative au comté de Rethel, 1249.

Je Jehans chevaliers sire de Asci, à tous ceus qui ces lettres verront salut et amour. — Je fas à savoir que je tieg de la prieurté de Retest à terrage trois quartes de terre, qui fu Jehannot Coutelet, et neuf quartes, qui fu Gérart Bulete. Et si tieg que prey que terre à cens à la morte iaue, que om dist Opertheniers, dont je doi diz deniers, et siz deniers dou pré Boveran, et wit deniers dou pré Espinoy, et siz deniers dou pré et de la terre, qui fu Boiet, que j'ai achaté à la mairesse et au bourjois. Et tous ces cens devant diz doi-je à la saint Jehan : — et pour ce que l'églize ne soit perdans, je ai séélées ces

---

(1) Blanche de Castille, femme de Louis, Cœur-de-Lion.

lettres de mon séel en l'an de graice M. CC. LX et IX el mois de mars (1).

LE SIRE DE JOINVILLE.

Histoire de Saint-Louis. — 1270-1309.

Ce Henry dessus dit fust Comte de Champaingne et de Brie, et fu appelé le Conte Henry le Large. Il dut bien ainsi estre appelé ; car il fu large à Dieu et au siècle. — Large à Dieu, si comme il appert à l'église St Estienne de Troies et aux autres esglises, que il fonda en Champagne. — Large au siècle, si comme il apparut ou fait de Ertaut de Nongent et en moult d'autres liex, que je vous conteroie bien, sé je ne doutoie à empéeschier ma matière.— Ertaut de Nogent fu le bourgois du monde, que le Conte créoit plus ; et fu si riche que il fist le chastel de Nogent l'Ertaut de ses deniers. Or a vint chose que le Conte Henry descendit de ses sales de Troies pour aller oïr messe à Saint Estienne le jour d'une Penthecouste. Aux piez des dégrez s'agenoilla un povre chevalier et li dit ainsi : — Sire, je vous pri, pour Dieu, que vous me donnez du vostre, par quoy je puisse marier mes deux filles, que vous véez cy. » — Ertaut, qui aloit darière li, dist au povre chevalier : — Sire chevalier, vous ne faites pas que courtois, de demander à mon Seigneur ; car il a tant donné, que il n'a mès que donner.»— Le large Conte se tourna devers Ertaut et li dist : — Sire vilain, vous ne dites mie voir de ce que vous dites que j'e n'ai mès que donner. Si ai vous meismes. Et tenez, sire chevalier ; car je le vous donne ; et si le vous garantirai. » — Le chevalier ne fut pas esbahi ; ainçois le prist par la chape. Et li dist que il ne le lairoit jusques à tant que il auroit finé à li. Et avant que il li eschapat, ot Ertaut finé à li de cinq cens livres (2).

Reims. — 1302.

Comme li baillis de Rains eut pris et detenut en prison Jehan Lelarge fil Hue, fil jadis Jehan Lelarge, pour soupes-

---

(1) Cartulaire de Saint-Remy, grand in-folio, p. 439. — Archives de la ville de Reims.

(2) Joinville est situé sur la Marne entre Chaumont et Saint-Dizier.

son de la mort Ponsart Ferrouele de Biauru, qui demouroit à Trois-Puis, en la maison, qui fu Thoumas le Poiz : et puis li bailliz devant diz cut recréut celui Jehan par seurteit. Après ce l'an de grace M. CCC et I. le lundi après les octaves de la Chandeleur, le bailliz de Rains délivra par droit le devant dit Jehan de la soupesson devant dite et quita dou tout, li diz bailliz, la seurté celui Jehan. Ce fu fait en palais de Rains en présence de Pierre Cuissart, Oudart de Bourgongne, Pierre Pascart et Hue Lelarge le jone, eschevins de Rains (1).

---

*Testament. — **Reims**, 1346.*

Je François de Provins, clerc du chapitre de Reims, fais mon testament ou darrenière volenté, en la manière qui s'ensuit... Item je ordonne et veil que on face faire pour moi un voiage ou pélérinage par un homme à cheval, et un autre par un homme à pied à Notre-Dame de Boulogne.... Et si veil que l'en face une belle tumbe et honnête mettre sur moi, où je sois pourtrais et mes noms escrits, et comme j'ai longtemps servi bien et leiament l'églize de Reims. Et sé je trespasse à Reims, je suplie Mes Signeurs que je sois mis en leur procession Et sé je trespasse à Paris ou ailleurs aussi long, si y veil je estre apportès, sé bonnement peut estre fait. Et sé il ne plaisoit à Mes Signeurs que je fusse en la procession, si fusse mis en la cour des Jacobins avecq ma mère, qui y gist. — Fait le mardi après Noël l'an 1346. (2).

---

*Plais en prévosté. — **Reims**, 1344.*

Li prévos fit commandement à pluseurs harigniers et harignières que sur quanques elles se puent meffaire, elles ne vendent nuls harens oultre le rouissel dou marchiet as harens pardevers la hale. — Mais sé vendre les vuelent, que elles les vendent oultre le dit ruissel pardevers la loge as eschevins. Et pour ce que pluseurs d'iceux avoient vendut haren en dit lieu deffendut contre

---

(1) Liv. Rouge de l'échevinage, p. 90. — Archiv. de Reims.
(2) Varin, — 2ᵉ vol. 2ᵉ partie, p. 1134.

la deffense, que autrefois leur avoit fait li prévos sur ce, si comme il disoit, il leur en fit demande et les en crut par serement : dont il en y aut aucunes qui jurerent que elles ne savoient riens de la deffense, et aucunes, qui jurerent que puis la deffense elles n'y avoient vendu nuls en dit lieu deffendu ; et parmi ce furent délivres.

Baudessons de la Magdelaine, se est plains en jugement de Jehan du Fossez, par voie de dénunciation, en disent contre lui que il avoit porteit dou marchiet en la maison dou dit Jehan de ses denrées et à sa requeste parmi son salaire, dou quel il fu paiez. Et après ce il dit que le diz Jehans vint à lui en lisses et le print par son mentel, et li dit que li avoit embleit un bassin, et le mena malgré lui et à forse en sa maison, et li dit que, sé il ne li rendoit son bassin, il le penderoit ; et li hosta son mentel et le print par les gorges, dont il a esté malades longuement et coustangiet en sa maladie : pour ce il dit encor que depuis li diz Jehans avoit dit, présens bonnes gens, que il avoit retrouveit son bassin.....

De maistre Fillette mire et Perrinet de Troies auquetonnier : — Il ont jour à jeudi. Et ce pendent .II. maistres dou mestier doient veoir la femme dou dit Perrinet sé elle est garie souffissament pour tel salaire, comme il demande, c'est assavoir .xx. .s. ou la taxacion — dont le diz Perrinés a proposeit que il n'en devoit avoir que .x. .s. et parmi ce il la devoit bien garir ; laquelle chose il n'a mie fait (1).

PHILIPPE DE VITRY, EVÊQUE DE MEAUX, 1341-1361.

Fragments de la Bible moralisée.

Juno, la femme Jovis,
S'en aperçut, ce m'est vis.
Si commença Jovem enquerre. . . .
. . . .
Juno fut la fille, et le fil

---

(1) Plaids. vol. II. Archives de Reims, fol. 32, 33 et 74.

Second appella Neptunon :
Et Pluto le tiers filz ot nom. . . .
. . . .
De Saturnus et de Jovis
Puet l'en entendre, ce m'est vis. . . . .
. . . .
Un jour fu que premièrement
Fumes semence seulement
Enclose ou ventre de la terre,
Ens ou vaissel, c'om claime mère
Ou matrix, sans fourme avoir. . . . (1).

LE CLERC DE TROYES.

Roman du Renard Contrefait, 1360-1370.

Fragments.

Les Champenois.

En Picardie sont li bourdéeur,
Et en Champaigne li buveur :
Et si sont li bon despancier,
Et si sont bon convenancier.
Telz n'a vaillant un Angevin,
Qui chascun jor viaut boire vin,
Et viaut suir la compaignie,
Et tant boire que laingue lie.
Et quant se vient aus cos donner,
Il se sevent bien remuer.

Proverbes.

En oiseuse le diable se boute.

---

(1) Les œuvres de Ph. de Vitry. — Reims, 1850. — Ces vers nous montrent le latin survivant à sa ruine ; il est réduit à l'état de tradition. Les licences poétiques s'amusent à lui rendre un hommage sans conséquence.

Un petit corps gist bien bonne ame.

Qui ne sait taire, il ne sait dire.

Male langue en enfer maine.

Drois est que li uns li autre serve.

Li biens faits sans plus demourront.
Li avoirs terriens s'en iront.

Si vos donnez, donnez liément.

Selon ta bourse te maintiens.

Qui mal fait, mal quiert.

Difficile chose est de souffrir aise.

Vie est courte chose.

Qui demande, il achiete assez.

Feus n'iert ja sans fumée.

Cil n'est pas povres, qui liez est (1).

Li Jonc moriau (2).

Car li jons moriaux miax se tint,
Quant le grans floz de Sayne vint.
Miaux se maintient, plus seure feu
Que grans pons de Paris ne feu,
Qui tant fu fors archiez de pierre
Faite à cissel et à esquierre.
Onques si fors ne pot ester
Que contre l'aive puest contrester ;

(1) Poëtes de Champagne antérieurs au siècle de François Ier. — Reims 1851.

(2) Roseau à fleur noire et veloutée.

Onques si bien ne pot séir
Que non feist fondre et chéir.
Toutes les mesons, qui sus furent,
En l'aigue trabuchiés furent.
Arches, pont, mesons, tout chaï
Pour l'aive, qui si l'envaï.
N'onques le jons meus n'an feu,
Non par le vent, qu'à Troyes feu
En l'an mil deux cens dix huit,
Le soir de saint Mathé par nuit,
Qui gita Saint Père à terre.
Onques cilz vans ne pot aquerre
Tant force, pour povoir que eust,
Que au jon rien grever peust.
Dont il avint an ices termes
Que sus la rivière fu fermes,
Enracinez, et bien teingnans
Uns chasnes grans et bien veingnans.
Li vans sans cesser, sanz séjour
Hurta au chasne nuit et jour.
Et li chasnes fort se maintint ;
Roide contre le vant se tint,
C'onques ne se vost moloier,
Ne riens contre le vant ploier,
Si comme fors contre fort fait,
Chascuns viaut mener tès forfait,
Ne nulz umilier n'i veut ;
Tant que convient que l'un plus peut:
L'autre ne pot contre le vant,
Pour ce que trop hurta souvant.
Et souvant grans cos andurer
Anvis pourroit acier durer.
Mès tant hurta li vans à bout
Que le chasne arecha tout.
Tant au hurter a antandu
Qu'il le ruis tout estandu
An mi l'aigue trestout aval.
Le chasne an ala contreval
Con vaincuz et anéantiz :
Bien c'est de sa roideur santiz.
Ausinques con il s'an aloit,
Et l'iau contreval le menoit,
Parsus le jon moriau monta :
Et cilz con humbles se donta

Tout dedans l'aive s'abaissa,
Et par sus lui passer leissa,
Que nulle riens il ne li griève.
Quant fu outre, le jon reliève,
Et fut ausinc droiz con devant :
N'i parut arrier ne qu'avant.
Et quant li chasnes l'a vehu,
Un po c'est là arestehu.
Dist : — Jons Moriau, à moi antant,
Commant t'i es tu ci tenus tant ?
G'estoie si grans et si furniz,
Si de racines bien garniz
Que .xxx. chars ne me portassent,
Ne dix mil cheval ne m'otassent ;
Et li vans m'a si débatu,
Qu'il m'a tout adans abatu,
Tout abatu sanz relever,
Combien qu'il me doie grever.
Conbien que si grant cuer avoie,
Et telle force an moi savoie
Qu'il me sambloit, sé tiex .vii. vant
Eussent l'un l'autre an couvant
A moi grever de leur povoir,
Que seur moi n'eussint povoir.
Or voi que tant m'a l'un batu
Qu'il m'a sanz lever abatu :
Tu, cui uns hon auroit au doi,
Tu t'i es ci tenus trestout coi,
Que ne s'est tant le vant prisié
Que t'oit areché ne brizié.
Très chetis, de néant venus,
Commant t'ier tu si maintenus ? »
Dist li jons : — Bien peut avenir,
Et si a bien causse pour coi.
Diférance a entre moi et toi :
Tu fus grans, et roides, et fors ;
S'as voulu montrer tun essors,
Et contre fort fors vossis estre.
Si t'an convient maz et jus estre.
Mès je te diré bien pour coi
Ge me suis ci tenus tout coi.
Quant voi plus fort de moi venir,
Vers cui ge ne me doi tenir,
N'ai pas honte de moi baissier,

Ne par sus moi aler laissier.
Et ne me griève rien le fais :
S'uns autres vient, ansinques fais.
Quant est outre, je me relieve,
Que nulle rien il ne me griève
Ne il n'anporte dou mien rien.
Biaux ancligniers ne coste rien.
Si une onde vient, ge me rabaisse
Et tout outre passer la laisse :
Ge me relieve con devant.
Et qant ge san venir le vant,
Tantost m'ancligne contre lui.
Quant est passez relevez sui.
Quant plus est grans plus l'umelie ;
Si que il ne me tormante mie.
Ensinc de l'eau, dou vant, de l'onde,
Ansinc de toute rien dou monde. (1)

GUILLAUME DE MACHAUT.

Lettre à sa dame par amour, 1350-1377.

Mon très doulz cuer, ma très douce amour et ma très chière Dame. — J'ai fait le rondel, où vostres noms est ; et je vous eusse envoié par ce message ; mais par m'ame je ne l'oy onques, et n'ai mie à coustume de baillier chose, que je face, tant que je l'aie oy. Et soiez certainne que c'est l'une des bonnes choses, que je feisse passé à vi ans à mon gré. Vous me mandés que je note *L'œil* (2), et que je le vous envoie. Plaise vous savoir que j'ai esté si embesongniés de faire vostre livre et sui encor, et aussi des gens du Roy, et de mons. le duc de Bar, qui a geu en ma maison, que je n'ai pûs entendre à autre chose : mais je vous envoierai bientost, et par certain message, ce qui est fait de vostre livre et vostre rondel aussi. Mais je vous pri, sé chier que vous m'avez, que vous ne monstrez le livre qu'à gens, qui seront trop bien de vostre cuer : et s'il y ha aucunes choses à

---

(1) Roman du Renard Contrefait. Manuscrit de la bibliothèque nationale.

(2) Titre d'une des pièces de vers de G. de Machault.

corrigier, que vous y faites enseignes ; car il vous a plus que je y mette tout nostre fait : si ne say sé y met trop ou po. Quant vous arès vostre livre, si le gardés chièrement; car je n'en ai nulle copie et je seroie courreciés, s'il estoit perdus, et sé il n'estoit ou livre, où je mes toutes mes choses. Adieu, etc. — Vostre loial ami (1).

Honneur quiers, et fuis tout mal.

Fy de richesse sans honneur.

N'est richesse, qui honneur vaille.

Ce qui soustient moy, m'onneur et ma vie
Avec amours, c'estes vous, douce Dame :
Long, près toudis serez, quoique nul die,
Ce qui soustient moy, m'onneur et ma vie.
Et quant je vis pour vous, douce anemie,
Qu'aim miex que moi, bien doi dire par m'ame,
Ce que soustient moy, m'honneur et ma vie
Avec amour c'estes vous douce Dame.

Lettre des Rémois au Roi Jean. — 1361.

Au Roy nostre sire ; supplient humblement vos très humbles, loyaux subgès, et parfaitement obéissans, tuit li habitans de vostre ville de Reins, que comme, tant pour l'enforcement, seurté, garde et défense de vostre dite ville contre tous vos annemis, en faisant gros murs et crénauls, tours, tournelles, bretesches, amparement et couronnement d'icelles et des portes, en faisant pluseurs pons leveis, doubles fossés, grand nombre de chaines, de grans engins, et de toutes manières d'autre artillerie, engaige de gens d'armes, de arbalotriers et autres soudoiers, et en pluseurs grosses chevauchées faits par pluseurs fois par les supplians contre les ennemis, comme pour pluseurs emprunts fais pour cause de vostre joyeuse délivrance,

---

(1) Œuvres de G. de Machault. — Reims, 1849.

et aussi pour envoier deux de leurs bourgeois en ostages pour vous en Engleterre, la dite ville ait souffert et soustenu si grosses mises oultre tous les proufits, qu'elle a reçues d'aucuns subsides, qui li ont esté donnés par leur très redouté seigneur monseigneur le duc de Normandie et de son auctorité, que elle est demourée obligée par devers pluseurs singuliers personnages, tant clers comme lais, en la somme de 40,000 royaux d'or ou environ, de quoi jamais ne se pourroit acquitier, comme elle n'ait en commun aucuns biens, rentes ne revenus, sé par vous ne li est pourveu d'aucun subside convenable, que il vous plaise de vostre benigne grace octroier aus suplians sur chacun lot de vin, qui sera vendu à détail en la ville 4. d. P., 2 royaux sur chascun muy de sel, et de toutes les denrées, qui seront jetées hors de la dite ville 12. d. de la livre, excepté le vin et le sel. Par quoy, ce qui en sera levé, sera converti en rabat et acquit desdictes debtes. Car sé vostre grace et miséricorde ne se emploie en ce, ou en autre aide pareille, les suplians seront gastés (1).

EUSTACHE DESCHAMPS. — 1570-1410.

Adieux à la ville de Reims.

Beauté, bonté, honneur et courtoisie,
Noble maintien, gent corps et noble atour,
Humble parler et belle compaignie
Pour festoier toutes gens de valour,
Dames plaisans, garnies de doulçour,
Qui tant faictes d'onneur à estrangiers,
De grans festes et de nobles mengiers,
Pour le départ dont je souspire et plaings,
Adieu te dy, noble cité de Rains.

Sur toutes dois avoir la seignourie ;
Et quant à moy je te donne m'amour.
Tu es du Roy et du sacre embelie ;
Et si aymes ton naturel seigneur,
Ses gens aussi : mais tu portes la flour
De festoier et chanter voulentiers.

---

(1) Varin.— Arch. admin. de la ville de Reims, t. III, p. 175.

Dames, aiés les cuers frans et entiers !
En merciant de cuer à jointes mains,
Adieu te dy, noble cité de Rains.

On mayne en toy très noble et bonne vie :
Du royaume es le droit chief et l'onnour.
Si me fait mal de toy la départie :
Et n'aray bien jusques à mon retour.
Devers saint Lié me suis mis en destour,
Et tant com j'ay peu voir tes clochiers,
T'ay regardé ; et par agenoulliers,
Piteusement fu de dire contrains :
Adieu te dy, noble cité de Rains.

Adieux à la ville de Troyes.

Adieu m'amour, adieu Troye en Champaigne,
Adieu plaisant et très douce cité !
De mon départ faut que je me complaigne :
Adieu m'amour, adieu Troye en Champaigne !
En France n'a, n'en royaume d'Espaigne
Ville, que soit de tel auttorité :
Adieu m'amour, adieu Troye en Champaigne !

La Brie.

Sur tous pays de mortier et de boe
Ne se doit nulz à Brie comparer,
Que Dieux a fait de tous biens séparer :
D'y chevauchier n'est homme, qui se loe :
Et en tous temps y voy gens esgarer.
Sur tous pays de mortier et de boe
Ne se doit nulz à Brie comparer.

Les Champenois.

Veulz tu la congnoissance avoir
Des Champenoys, et leur nature ?

Plaines gens sont, sans décepvoir,
Qui ayment justice et droiture :
Nulz d'eulz grant estat ne procure,
Et ne puevent souffrir dangier.
S'ils ont à boire et à mangier,
Content sont de vivre en franchise :
Et ne se scevent avancier.
Toute gent n'ont pas ceste guise.

Bien veulent faire leur devoir
Envers chascune créature,
Servir, sans nullui décepvoir
Tous ceuls, qui ne leur font injure.
Mais qui mal leur fait, je vous jure
Qu'ilz veulent leurs torfaiz vengier,
Paine mettre à eux revongier,
Soient séculier ou d'église,
Sanz la riote commencier :
Toutes gens n'ont pas ceste guise (1).

Lettre circulaire des Arbalétriers de Sézanne, 1415.

A tous Roys, connestables, prévost, chevaliers, confrères et compaignons du noble et gentil jeu de l'arbaleste, auxquels ces présentes lettres seront présentées, à tous autres dudit jeu et serment, qui du contenu en icelles seront advertis et auront aucunement connoissance : — Les roys, connestables, chevaliers, confrères et compaignons du jeu de l'arbaleste de la ville de Sézanne au diocèse de Troyes, à tous et à chacun de vous tant en général comme en particulier se recommandent tant et le plus humblement que ils peuvent et vous font assavoir :

Que pour l'honneur du dit jeu d'arbaleste, qui est tant noble et si plaisant que toutes créatures se doivent réjoïr d'en oïr parler, pour avoir connoissance l'un de l'autre, faire bonne chière ensemble, maintenir et soutenir le dit jeu de mieux en mieux et icelui réveiller, qui longuement a dormi, et aussi pour le réjoïssement de la paix, que Dieu nous a donnée, auquel il plaise la faire maintenir à tousjours : ils ont espérance, au plaisir de Dieu, de donner, et

---

(1) Œuvres inédites d'Eustache Deschamps. — Reims, 1849.

donneront, s'il lui plaist, en la dite ville de Sézanne audit jeu de l'arbaleste, deux petits joyaux tels et au prix qui s'ensuit :

C'est assavoir un cerf d'argent, qui aura les cornes dorées pour le premier et meilleur jouël et une biche d'argent pour le second et menre jouël, tout de la meilleure façon que l'on pourra bonnement. Les dits joyaux au prix et valeur de 8 à 9 livres T. ou environ....

Si vous supplie à tous en général et particulier les deffendeurs du dit serment de la dite ville de Sézanne, et pour les causes devant dites, non mie pour valeur desdits joyaux, qui est po de chose, attendu que ce n'est jeu de convoitise, il vous plaise à venir au dit jour esbattre et jouer au dit Sézanne (et là ferons bonne chière et lie ensemble) et sur ce rescrire par le porteur de ces présentes lettres vostre bonne volonté et sceller de l'un de vos sceaux à l'une des queues pendant à ces lettres, s'il vous plaist, et vostre volonté est de venir, combien que ce ne vous lie aucunement. Et aussi nous pardonnez ce que mieux et plus sagement ne vous rescrivons et ainsi comme le jeu le requiert. Et au plaisir de Dieu une autre fois nous ferons mieux et plus grandement; car ce n'est icy que commencement.

Et afin que vous et chacun de vous tenez les choses dessus dittes estre véritables, nous Estienne Mignot, roy, et Pierre Sorel, connestable du jeu et serment de l'arbaleste de la dite ville de Sézanne, avons mis nos sceaux et seings manuels à ces lettres, qui furent faites et escrittes le dernier jour de mois de may l'an mil quatre cent quinze (1).

Role des deffauts sur amendes de la prévosté foraine de Laon (jugeant à Reims), 1472.

Du samedi ..XII. décembre. — Premier deffault est donné au procureur du roi demandeur en cas de bannissement, à l'encontre de P. Blondel, demeurant à Sillery et J. Arnoult, demeurant à Puisieux, adjournés par J. Franquet, sergent royal, pour avoir naguaires de fait, à guet et appensé poursuy, entre la ville de Rilly et la ville de Puisieux, feu J. Lallement, en

---

(1) Le noble et gentil jeu de l'arbaleste. — Société des bibliophiles de Reims. — Reims, in-12.

son vivant demeurant à Sillery, icellui avoir occis et murtry sur les chemins et voies publiques.

Du .xix. mars. — Veue l'informacion préparatoire faite à l'encontre de G. Lallement, demeurant à Reims, pour avoir assisté et été avec Pernet-Cabé, sergent royal, et Colesson-Goulin, archier du connestable, en l'ostel de messire Simon Audry, diacre, chanoine de Saint-Symphorien de Reins, de propos délibéré, de nuyt et hors heure, où lesdits P. Cabet et C. Goulin battirent très vilainement à sang et à playe ledit me Simon, rompirent son huys et firent de grans violences. . . . (1).

Statistique de Reims en 1482.

En l'an 1482, au mois de may, ont fit inventaire des vivres de la ville de Reims, et fut trouvé en grains ce qui ensuit. — Froment 2510 septiers. — Sègle 5090 septiers, 2 quartels. — Dans les 12 paroisses de la ville on nombra 10,678 personnes, sans les misérables et pauvres personnes cherchants leur vie, qui étaient plus de 2000, et qui journellement croissoient, et sans les habitans des villages de 4 ou 6 lieues à l'environ de la ville, qui estoient en plus grand nombre que les habitants, lesquels n'avoient alors que très peu de pain et de grain. Et la ville n'en donnoit point aux villageois, par ce qu'il étoit évident qu'il n'y en avoit pas assez pour atteindre au nouveau et qu'on était obligé de chercher ailleurs (2).

Extrait des registres de l'échevinage de Reims, — 1492 (2).

Du lundi xixe de novembre M. IIIIc. IIIIxx. XII. — Par les élus, par le conseil, veue la visitation du lieux où est besoin avoir estocz et cheynes, conclud est que devant l'uys .C. Dudin soient mis .II. estocs; à l'uys .M. Gérard près de Dieu-ly-Mire .II. estocs etc.

---

(1) Archiv. législ. de la ville de Reims.—Varin, t. I, p. 531.
(2) Mémoire daté du 10 may 1482, signé Denys Le Boutellyer, greffier de la ville. — Varin : statuts, t. I, p. 769.

Que la cheyne estant au dessus de la maison Noël, en la grande maison sainct Thymothiue, soit ostié et mise ailleurs.

Que on mette pavais et picques ès lieux, où il y a cheynes, autant qu'il se pourront extendre.

Que M. le lieutenant procure et commette gens à la garde du chastel, ainsi que on a accoustumé, sans avoir regard au roolc baillé par le receveur de Mgr de Reims, des personnes y nommées par les gens dudit seigneur pour la garde dudit chateau.

Que l'on renouvelle les clefs et gardes des serrures de chacune porte de la ville.

Soit visitée rue de Molins et Frechambault et les poternes du Jard et de Porte à Vesle.

Commandé a esté à ceulx de chapitre qu'ils aient molins à bras.

La porte Frichambault n'est point seure ; et fault mettre le pont levis à la porte du boulevard et pour la garde fault pavais et picques.

Le Mystère de la Passion à Reims, 1530.

21 Septembre. — Supplient humblement J. Chiertemps....... tous bourgeois, praticiens et marchans d'icelle ville, — comme environ sont treize ans par bons advis et meure délibération des bons et notables personnaiges, manans et habitans d'icelle ville, eust été advisé et conclud de faire jouer par personnaiges le très hault mistère de la Saincte Passion de N. S. afin d'en avoir bonne et vraye commémoration à l'honneur de Dieu et au salut des ames d'un chacun — et si toutesfois avoit esté délaissé et différé pour à cause de la grande stérilité de biens, qui survint lors, et mortalité, et guerre, et soit ainsy en la mercy bonté et clémence divine que présentement nous soyons en paix, la ville et pays purgé d'infection de peste, et soit le povre peuple en repos, et que tous bons chrestiens désirent affectueusement et appelent veoir et oïr icelui sacré mystère, quy ne fut, sont quarente ans passés, joué en ceste ville ; tellement que la mémoire en est quasi passée : — qu'il vous plaise leur permettre faire jouer icelui mystère au lieu accoustumé, ou autre qu'il vous plaira, et

---

(1) Varin.—Archives législatives de la ville de Reims. 2e Partie. Statuts. Ier vol. p. 845.

offrent le tout fournir et frayer à leurs despens, moyennant quelque petite somme de deniers, qu'ils pourront prendre des assistants, selon votre advis, ou s'il vous plaist à freis et deniers communs d'icelle ville ; ils offrent leurs corps et biens et tout leur petit povoir employer à vostre service pour le bon amour et grant affection, qu'ils ont au dit divin mystère. — Et vous ferez ung œuvre louable à l'honneur de Dieu et très charitable au bon pueple.

Conclud a esté que, la requeste cy dessus veue par le conseil, les supplians pourront jouer ou faire jouer le saint mystère de la Passion à leurs frais, et despens, périls, et fortunes : et si leur a esté octroyé par le conseil, en tant que touche la ville, qu'ils puissent lever quelques deniers raisonnables sur ceulx, qui la vouldront veoir, pourveu toutesfois que les supplians feront jouer le dit mystère bien et honnestement tant à l'honneur de Dieu, de la ville, qu'à l'exemple du pueple, en manière que scandalle n'en puisse venir ne deshonneur à la ville (1).

Mémoires de Jehan Pussot. — 1577-1620 (2).

Le vi^e jour de juin 1577, jour de la Feste-Dieu et de saint Claude, à heure de midy, fut nés nostre fils quatrième enfant ; lequel fut baptisé sur les fonts en l'église Sainct-Jacques de Reims, par m^e Raoul Luillier l'un des chapelains, et fut nommé par mon oncle Claude Pussot et Alison Draveny sa femme, Claude.

En ce temps ce pays estoit bien paicible et exempt de gensdarmeries. Touteffois y avoit guerre à l'entour de la Roch(elle) pour le fait de la religion : et monsieur d'Alençon estoit en bonne amitié avec le roy son frère.

Il ne fut que bien peu de vin à cause des froydures, qui furent grandes ès moys de may et juin, tellement qu'il valloit à la vendange 50 liv. T. la queue et augmentant de là en avant jusques environ les Avants pour le haulsement des monnoyes.....

---

(1) VII. Registre des Conclusions des Conseils de la ville de Reims. — Archiv. de Reims.

(2) Manuscrit de la bibliothèque de Reims.

Reims. — 1600-1630.

Vers de René de la Chèze (1).

Ne t'esbranle jamais pour un mal, qui t'arrive.
Le ciel ne rit toujours au gré de nos désirs.
Tel a passé les flots, qui se noye à la rive ;
Et les maux sont souvent la fin de nos plaisirs.

—

La fortune promet ses faveurs au plus brave ;
Mais en vain pour la prendre il tend mille filets :
C'est la fille d'un grand, qui chérit un esclave
Et souvent s'abandonne aux plus simples valets.

—

Tel est un bel esprit et fils d'un pauvre père,
Qu'on tient fol au regard d'un riche moins savant :
Aujourd'hui la vertu n'est qu'une pauvre mère,
Qui n'a plus le moyen d'élever son enfant.

—

L'homme ne se peut dire heureux avant qu'il meure,
Encor moins malheureux en ce sjècle imparfait ;
Car pour le peu de temps, qu'il y fait sa demeure,
Il na pas le loisir de juger ce qu'il est.

—

Dans nos calamités, les amis plus fidèles
Nagent entre deux eaux ainsi que des poissons.
Les amis de ce temps ce sont des hirondelles,
Qui s'approchent de nous au temps de nos moissons.

—

Si ton ame est au ciel par son Dieu rappelée,
Chemine sans regret, quoique jeune, à la mort :
Le grain tost renfermé ne craint plus la gelée,
Ny la nef un rocher, quand elle est dans le port.

---

(1) Il y a longtemps que la littérature champenoise, que la prose de notre province ne sont autres que celles de la France. Nous ne chercherons donc plus à multiplier les citations : chacun peut faire sans peine le travail, qui nous restait à faire. Mais nous n'avons pu résister à la patriotrique vanité de montrer ce que quelques enfants de la Champagne surent faire de notre langue nationale.

L'eau, qui coule et s'enfuit, en la mer se retrouve ;
L'oyseau, qui prend l'essor, retourne vers le poing.
Le feu, qui semble esteint, sous la cendre se couve :
Mais le renom perdu ne se recouvre point.

Ce monde est un collége, où l'homme fait ses classes :
La faveur et le temps en sont les deus régens.
Mais ceux, que la faveur eslève aux riches places,
Le temps souvent les range au banc des indigens.

L'un est riche en vertus, l'autre en trésors est riche ;
Mais les biens de l'esprit passent les riches dons.
L'un est un champ fécond, l'autre une terre en friche ;
L'un produit le bon grain et l'autre les chardons.

Le monde est une mer tousjours grosse d'orage ;
Les vents de nos désirs nous flattent sur le bord.
Et si nostre raison ne prévoit le naufrage,
Les flots de nos plaisirs nous noyent dans le port (1).

Jean de Lafontaine, né à Château-Thierry en Brie.

Philémon et Baucis.

Ni l'or, ni la grandeur ne nous rendent heureux :
Ces deux Divinités n'accordent à nos vœux
Que des biens peu certains, qu'un plaisir peu tranquille ;
Des soucis dévorants c'est l'éternel asyle,
Véritable vautour, que le fils de Japet
Représente enchaîné sur son triste sommet.
L'humble toit est exempt d'un tribut si funeste ;
Le Sage y vit en paix, et méprise le reste.
Content de ses douceurs, errant parmi les bois,
Il regarde à ses pieds les favoris des Rois ;
Il lit au front de ceux, qu'un vain luxe environne,
Que la fortune vend ce qu'on croit qu'elle donne.
Approche-t-il du but, quitte-t-il ce séjour ;
Rien ne trouble sa fin ; c'est le soir d'un beau jour.

---

(1) Les tableaux raccourcis de la vie humaine par Réné de la Chaise. — Rheims, 1630. Ce littérateur rémois mérite mieux que l'oubli dans lequel il est tombé.

Epitaphe de l'auteur.

Jean s'en alla comme il était venu,
Mangeant son fonds avec son revenu,
Croyant trésor chose peu nécessaire.
Quant à son temps, bien sut le dépenser :
Deux parts en fit, dont il souloit passer,
L'une à dormir, et l'autre à ne rien faire.

—

Le Chêne et le Roseau.

Le Chêne un jour dit au Roseau :
— Vous avez bien sujet d'accuser la nature ;
Un roitelet pour vous est un pesant fardeau.
Le moindre vent, qui d'aventure
Fait rider la face de l'eau,
Vous oblige à baisser la tête :
Cependant que mon front, au Caucase pareil,
Non content d'arrêter les rayons du soleil,
Brave l'effort de la tempête.
Tout vous est aquilon ; tout me semble zéphir.
Encor si vous naissiez à l'abri du feuillage,
Dont je couvre le voisinage,
Vous n'auriez pas tant à souffrir ;
Je vous défendrois de l'orage :
Mais vous naissez le plus souvent
Sur les humides bords des royaumes du vent.
La nature envers vous me semble bien injuste. »
— Vostre compassion, lui répondit l'arbuste,
Part d'un bon naturel : mais quittez ce souci.
Les vents me sont moins qu'à vous redoutables;
Je plie, et ne romps pas. Vous avez jusqu'ici
Contre leurs coups épouvantables
Résisté sans courber le dos ;
Mais attendons la fin. — Comme il disoit ces mots,
Du bout de l'horison accourt avec furie
Le plus terrible des enfans,
Que le nord eût porté jusques-là dans ses flancs.
L'Arbre tient bon, le Roseau plie :
Le vent redouble ses efforts,
Et fait si bien qu'il déracine

Celui, de qui la tête au ciel était voisine,
Et dont les pieds touchoient à l'empire des morts (1)

Jean Racine, né à la Ferté-Milon.

ATHALIE : *Chœur du 1er acte.* — 1691.

— DIEU. —

Tout l'univers est plein de sa magnificence ;
Qu'on l'adore ce Dieu, qu'on l'invoque à jamais !
Son empire a des temps précédé la naissance ;
    Chantons, publions ses bienfaits.
    En vain l'injuste violence
Au peuple, qui le loue, imposeroit silence ;
    Son nom ne périra jamais.
Le jour annonce au jour sa gloire et sa puissance.
Tout l'univers est plein de sa magnificence ;
    Chantons, publions ses bienfaits.

Il donne aux fleurs leur aimable peinture ;
    Il fait naître et mûrir les fruits ;
    Il leur dispense avec mesure
Et la chaleur des jours et la fraîcheur des nuits :
Le champ, qui les reçut, les rend avec usure.

Il commande au soleil d'animer la nature,
Et la lumière est un don de ses mains.
    Mais sa loi sainte, sa loi pure
Est le plus riche don, qu'il ait fait aux humains.

O mont de Sinaï ! conserve la mémoire
De ce jour à jamais auguste et renommé,
    Quand sur ton sommet enflammé
Dans un nuage épais le Seigneur enfermé
Fit luire aux yeux mortels un rayon de sa gloire.

---

(1) Nous avons choisi cette fable pour permettre au lecteur de la comparer avec celle du Jonc Moriau écrite par le Clerc de Troyes au 14e siècle. — Voyez page 70.

Dis nous pourquoi ces feux et ces éclairs,
Ces torrents de fumée et ce bruit dans les airs,
   Ces trompettes et ce tonnerre ?
Venoit-il renverser l'ordre des éléments ?
   Sur ses antiques fondements
   Venoit-il ébranler la terre ?

Il venoit révéler aux enfants des Hébreux
De ses préceptes saints la lumière immortelle.
   Il venoit à ce peuple heureux
Ordonner de l'aimer d'une amour éternelle.

MONUMENTS

DES PATOIS DE CHAMPAGNE.

MONUMENTS

des Patois usités en Champagne

AUX XVIIIe & XIXe SIÈCLES, 1671-1851.

L'ÉPITRE DE MONSIEUR SAINT ESTIENNE,

Telle qu'elle fut chantée à Reims jusqu'à la fin du XVIIe siècle.

> Vous entendez à ce sermon,
> Et clercs et lays tous environ :
> Conter vous veux la passion
> De saint Etienne le Baron,
> Comment et par quel méprison
> Le lapidèrent les félons
> Pour Jésus-Christ et pour son nom :
> Le sçaurez bien en la leçon.

Lectio Actuum Apostolorum.

> Cette leçon, que cy vous list,
> Saint Luc s'appelle, qui la fist,
> L'un des apostres Jésus-Christ :
> Le saint Esprit si lui apprist.

In diebus illis.

> Ce fut en un jour de pitié,
> En temps de grâce et de bonté,
> Que Dieu par sa grant charité
> Receut mort pour chretienté,
> En iceux jours bien eurez
> Les apotres de Dieu aimez,
> Ont Saint Etienne ordonné
> Pour precher foy et vérité.

Stephanus plenus gratiâ et fortitudine faciebat prodigia et signa magna in populo.

> Saint Etienne, dont je vous chante,
> Plein de grâce et de vertu grande
> Faisait au peuple mescréant
> Miracles grands en Dieu preschant
> Et chrestienté annonçant.

Surrexerunt autem quidam de synagogâ, quœ appellabatur Libertinorum et Cyreneorum, et Alexandrinorum, et eorum, qui erant à Ciliciâ et Asiâ, disputantes cum Stephano.

> Les Pharisiens l'ont renoncé,
> Qui de la loy sont plus prisez :
> Vers le martyr sont adrescez,
> A luy disputent touts irés.

Et non poterant resistere sapientiœ et spiritui, qui loquebatur.

> Saint Estienne rien ne doutoit :
> Le fils de Dieu le confortoit.
> Le Saint Esprit à lui parloit,
> Qui ce, qu'il dit, lui enseignoit.
> Au grand sens, qu'il luy inspiroit,
> Nul d'eux résister n'y pouvoit.

Audientes autem hœc, dissecabantur cordibus suis et stridebant dentibus in eum.

> Quant ce ouyt la pute gent,
> Du deuil out mout le cuer dolent.

Tant leur supporte mautalent,
Qu'ensemble grinçoient les dents.

Cum autem esset Stephanus plenus Spiritu sancto, intendens in cœlum, vidit gloriam Dei et Jesum stantem à dextris virtutis Dei et ait:

Or entendez du saint martyr !
Quand il fut plein du saint Esprit,
Regarde en haut et voit partir
Le ciel sur lui à s'ouvrir,
La gloire de Dieu à venir ;
Dont de parler ne peut tenir.

Ecce video cœlos apertos et Filium hominis stantem a dextris virtutis Dei !

La gloire voy notre Seigneur
Et de Jesus Christ mon sauveur,
A la dextre mon créateur.
Or ay grande joie sans douleur ;
Car je vois ce que j'adeur,
Qui est loyer de mon labeur.

Exclamantes autem voce magnâ, continuerunt aures suas et impetum fecerunt unanimiter in eum.

Quand du fils de Dieu ouyrent parler
Tout commencèrent à forcener,
Les oreilles à étoupper :
Plus ne le peuvent escouter.
Assaut lui font pour le tuer.
Et les attend comme franc chevalier :
Bien peut souffrir et endurer,
Qui voit Dieu, qui le veut sauver.

Et ejicicientes eum extra civitatem, lapidabant.

Déhors les murs de la cité
Ont le martyr trait et jeté.
L'a l'ont les felons lapidé,
Qui oncques n'en eurent pitié.

Et testes deposuerunt vestimenta sua secus pedes adolescentis, qui vocabatur Saülus.

> Pour mieux faire délivrement,
> Ont dépouillé leur vêtement
> Au pied du varlet, qui les attent :
> C'étoit Saül, qui tant de tourment
> Fit puis à Chrétienne gent.
> Dieu le rappela doucement ;
> Puis fut il sauf tout voirement.

Et lapidabant Stephanum invocantem et dicentem :

> A donc lui font moult grand assaut,
> Le lapident. Ne lui en chaut ;
> Tend ses mains et ses yeux en haut,
> Prie à Dieu, qui aux siens ne faut.

Domine Jesu, suscipe spiritum meum.

> Sire Jésus, que je désir,
> Qui m'as ce tourment fait souffrir,
> Dès ores reçois mon esprit,
> Que je veuille à toy parvenir.

Positis autem genibus, clamavit voce magnâ, dicens :

> Or le saint de grande amitié
> Ses ennemis fait semblant lié ;
> Plie les genoux par pitié
> Et pour eux tous a Dieu prié.

Domine Jesu Christe, ne statuas illis hoc peccatum :

> Sire Jésus, en tes mains sont
> La justice et ceux, qui meffont.
> Pardonne leur, Père très bon ;
> Car ils ne sçavent ce qu'ils font.

Et cùm hoc dixisset, obdormivit in Domino :

> Quand il eust ot dit tout son plaisir,
> Fait semblant qu'il veuille dormir.

Clot ses yeux et rend son esprit.
Dieu le reçoit à lui servir.

Or prions tous le Saint Martyr
Qu'il nous doint si bien survenir
Que nous puissions tous bien mourir
Et au règne Dieu parvenir (1).

Amen.

LE NOEL DE REIMS.

Air : *Tous les bourgeois de Châtre et ceux de Montlhéry.*

Oh ! Bourgeois de Reims,
Ne soyez en souci !
Menez joie et festins
Ceste journée ici,
Que nasquit Jésus Christ
De la Vierge Marie,
Près le bœuf et l'asnon,
   Don don !
Entre lesquels coucha,
   La la !
En une bergerie.

---

(1) Maurice Le Tellier, archevêque de Reims de 1672 à 1700, fit effacer du rituel cette antique épitre. Nous l'avons montrée en honneur au diocèse de Reims dans le commencement du XIIe siècle. Dès l'origine du culte catholique, elle fit partie de l'office; on la récita en latin tant que le peuple comprit cette langue. Quand ce fut pour lui lettre morte, on la traduisit en langue rustique ou romane. Cette version s'altéra de siècle en siècle et finit par arriver à l'état, dans lequel nous la donne un des manuscrits de la bibliothèque de Reims (Fonds Povillon-Piérard.) On chantait aussi cette épitre, mais avec quelques variantes, dans l'église de Béru-lès-Reims. Nous la donnons, quelques pages plus loin, en parlant du patois de cette commune.

Les anges ont chanté
Une belle chanson
Aux pasteurs et bergers
De ceste région,
Qui gardoient les moutons
Paissant sur la prairie,
— Disant que le mignon,
 Don don !
Estoit né près de là,
 La la !
Jésus, le fruit de vie.

Laissèrent leurs troupeaux
Paissant enmi les champs ;
Prirent leurs chalumeaux
Et joyeux instruments ;
Vinrent dansant, chantant,
Dret à la grande église (1)
Visiter l' saint Enfant,
 Donnant
Des bijoux, des joyaux
 Si beaux,
Que Jésus loue et prise.

Puis ceux de Betheny,
Comme en procession,
Le bissac bien garni,
Vont trouver l'enfançon,
Ayant oï le son
Et la douce harmonie
Que faisoient les pasteux
 Joyeux,
Lesquels n'étoient pas las,
 La la !
De mener bonne vie.

Les filles de Cernay
Ne furent endormies :
Avecques beurre et lait

---

(1) La cathédrale de Reims.

Tout' aux champs se sont mies.
Et celles de Taissy
Ont passé la chaussie.
Après avoir oï
  Le bruit
Et le riant débat,
  La la !
De celles de Sillery.

  Celles de Cormontreux
Ayant ouï le son
De Champigny, Tinqueux,
De Saint-Brice et Nausson,
Apportèrent poissons,
Anguille et rosselettes.
Celles de Saint-Liénard
  Gaillard,
Apportèrent à grands pas,
  La la !
Un sac plein de perchettes.

  Celles de Beine et Nogent
Firent bien leur devoir
De faire un beau présent
Au Roi, qu'ell' venoient voir.
Cell' de Béru pour voir
Veillant à leurs affaires,
Se mettent en chemin
  Matin
Pour trouver le solas,
  La la !
Et du monde la mère.

  Prions Vierge Marie,
Aussi Jésus son fils,
Qu'ils se rammémorient
De nous en Paradis,
Quand nous aurons vecquis
En ce mortel repaire ;
Et nous veuille garder
  D'aller
Tout en enfer là bas,

La la !
En tourments et misère (1).

MARNE.

Fragment recueilli dans les archives de la ville de Reims et rédigé vers le commencement du XVIIIe siècle.

D. — Couper ! te vela bian évotaye : et où est ce que tu revian ?

R. — Je revian ed la ville.

D. — I-a-il rian de nouviau ?

R. — Edvin' !

D. — J'ernonce, Couper.

R. — Ou van faire enne mou belle aiglise ; car ou dit qu'ou la jettera en moule sur la tour ad Babulone pour en faire la méaporlitaine ad l'Europe et qu'al sera ene ousiame merveille du monde.

D. — Diâtre ! ho ! Il y ara don ne mou grande porte ? Ad quoy est qu'al sera ? Y ara-t-il ter bian du d'or ?

R. — Al sera d'arguian, bian grande et mou large.

D. — Al sera d'arguian ! Al sera belle, diable !

R. — Ouy.

D. — Ça s'ra don mou biau ? Es qu'ous i boutra du marbre ?

R. — On dit qu'on panra ce qu'il faut dans la mer glaciale pour la batir à la surdaine, comme ad temple ad Salomum, sans martiaux, et qu'il y ara des orches de chechicture, et qu'al plus grand des orches soutenra tout le bâtiment.

D. — Ça sera dou mou admirable ?

R. — Ouy, puisque au chapiau des couloimes y ara des rouminasgrobis aussi gros que des osiaux d'Inde.

D. — I ara-t-il ter bien des Pratres ?

R. — Ou dit qu'il y en ara par tassiaux, et que je n' manquerons moins d'iau bénit !

D. — Y aura-t-il en biau autél ?

R. — Oh ! il s'ra mou biau ; car il y ara tant de petits osiaux, que je ne sçay quoy, qui chifleront, Couper.

---

(1) Noël imprimé à Reims plusieurs fois, notamment en 1781 et en 1812. Des traditions orales nous ont permis de faire subir à son texte altéré quelques rectifications notables.

D. — Je ne soro cugire tout ça.

R. — Ou dit pourtant que l'architecteux a déjà fait comme en tabliau de la remembrance, et que l'enterperneux venra diner *à la Plume au vent.*

D. — Ho ! j'en su quasi tout étonné.

R. — Cy cró bé da !... Mais il se fait tard, Couper. Je vois bian au temps aine etoille, qui nous menace d'un verglas, qu'on sera minable à se soutenir.

D. — Ege n'avons qu'à nous ferrer à glace.

R. — T'a raison, Couper ; fais en paux mes baisemains à Colas.

D. — Et quil ?

R. — El fils du magister !

D. — Ege lui dirons. Adieu, Couper ! (1).

PATOIS DE LA COMMUNE DE BERU,

(*Canton de Beine, arrondissement de Reims.*)

Parabole de l'Enfant prodigue.

A ce temps la Jésus disot aux Pharisiens et aux Scribes :

Ou père avot deux fils. El pu june dit à sou père : — Dounez mo la part dou vot ben, qui mou revinra.

Et lo père leu partogea sou ben.

Pou dou temps après el pu june ayant ramassi tout c' qu'etot à li, alla ayatgi dans u païs molt long et y dissipa tout so ben à débauchi. Quant il out tortout pardu, il arrivo oune grande fomène dans les païs. Et y s' trouva dans oun grand besoin.

---

(1) Nous ne pouvons dire à quel patois de Champagne appartiennent ces lignes ; nous pensons même que leur auteur n'a nullement cherché à donner un échantillon sérieux du langage de nos campagnes. Son but nous semble avoir été de déguiser, sous un jargon rustique, un style qu'on aurait pu reconnaître, et mettre sur le compte de la naïveté champêtre les hardiesses renfermées dans ce dialogue, dont nous nous bornons à publier le commencement et la fin.

I alla don s' mette u gage d'oun habitant l' païs, qui l'avoyo u meson des chomps pour gardi lu cotchions. Tout-là i aurait ben volu so empli u cosses, qu'u cotchions mantgiaient ; mais parsonne n' l'y â donnoit.

Afin râtré à ly mâme, i dit : — Comben u servants u meson dou mo père, qu'avont dou pan mou ; mo ej meuri ed faim tout là. Ej mou l'vra ; j'ira à mo père ; et je l'y diro : — Mo père, j'a petchié cont' u ciel et cont' vous : ej n' su pu digne d'ête applé vot' fils. Rangez me comme u dou vos servants.

I partit dou et allo treuver sou père. Lorsqu'il étot aco ben long, sou père el voyant et touchié ed campassian : y courot à lu ; et s' jetant à so cou, i l'abrassit.

So fils l'y disot : — Mo père, j'a petchi cont' u ciel et cont' vous. Ej ne su pu digne d'et' applé vot' fils. »

Alors u père dit à servants : — Apportez tot vite u robe la pu belle ; et qu'on l' rabille. Mettez li u anneau au det et u solets aux pis. Aminez l' viau gras et lou touez. Magi et fesan u fête. Mu fils tout là étot mori, et i et ressuscité. I étot pardu, et i et r'trové.

I comnincent dou u fête. — Mais sou fils pu ainé, qu'étot u chomps, ervint ; arrivo u meson ; i âttend u monsique. Alors i appla u servant, lu d'mande ece que c'étot. Il servant l'y disot : — Vot frère y est r'venu. Et vot' père i a tuié u viau gras, parce qu'i lu r'vu à santé.

L'ainé étot choqué, et ne voulot my rentrer. U père sort pou li dire ed rentrer ; ma i répoud : — V'la d'jà molt d'années que j' vous servo, ej vous a man désobii en ren. Et c'pendant vous n' m'avez man donné u cabri pou m'amuji avé mes amis. Man tout d' suite que vote aut' fils, qu'a mâgi tout so ben avé u fommes pardues, est ar'venu, v' avez tuié u viau gras ! »

U père li diso : — Mé fils, v' etez toujou avé mo. Et tout c' que j'a est à vous. Man y fallot ben fare u fête et nous gaudi, parceque vot frère étot mort et y est ressuscité. Y étot pardu et y est artrové.

Chanson de Mai (1).

Trimousettes emmi les chomps !

---

(1) Les jeunes filles de Béru, ayant à leur tête la plus petite d'entre elles vêtue de blanc, ornée de rubans et couronnée de fleurs, vont tous les ans de porte en porte quêter

Nous ervenons eddans les chomps;
J'avons trové les blés si gronds
Et lus avaines on avenont.
    Trimousettes (bis)
    C'èt lo mai,
    Mois ed mai,
    C'èt lo joli mois ed mai.

———

Quand vot' mari s'on va déhors (bis)
Que Dieu soit ben à soun accord,
Et à l'accorde de sou fils.
Fils Jésus, fils Jésus !

    C'et lo mai..... etc.

———

Quand vous couchez vot' bel enfont (bis),
Vous lo couchez et lo leuvez,
Et à toute heure ed la jornée
Eddevant Dieu, eddevant Dieu.

    C'et lo mai..... etc.

———

En passant eddevant vote porte (bis)
Ç' n'et pas pou nous qu' nous edmandons :
C'et pou aidey achetey u cierge
Et pou lumey la noble Vierge
Eddevant Dieu, eddevant Dieu.

    C'et lo mai..... etc.

———

U p'tit brin ed vot' farine (bis) !
Ç' n'et pas pou nous qu' nous edmandons :
C'et pou la Vierge et sou saint fils.
Fils Jésus, fils Jésus !

    C'et lo mai.....

———

Mamselle, nous vous remercions.
(Le reste comme au couplet précédent) (1).

———

pour avoir de quoi garnir de cierges l'autel de la Vierge. Elles entrent dans chaque maison et chantent ces couplets en dansant en rond.

(1) Dom François, dans son Glossaire wallon-celtique, publie un refrain analogue, que voici :

La Chanson du Lundi gras (1).

  Volucres cœli
  Et pisces mari !
Stila, qu'a perdu sa pouille,
On èt ben marri :
Esse qu'on bon bon.
Donnez nous u bon jambon.
S'il èt p'tit, nous l' pernons :
S'il èt gros, nous l' rendons.
Quant les blés sont ou verdeure
Dieu nous donne boune aventeure.
  Vive le roi
  François !

Epistre de Monsieur Saint Estienne, chantée le jour de sa fête en l'église de Béru-lès-Reims.

 Entendez tous à ce sermon,
Et clercs et lays tous environ :
Conter vous veux la passion
De saint Estienne le baron.
Comment et par quel méprison
Le lapidèrent les felons,
Pour Jésus-Christ et pour son nom :
Vous l'orrez bien en la leçon.

  C'est maye,
  La mi maye,
C'est le joli mois de maye,
  Aux trimasots!

Dans les Ardennes, le premier jour de mai, les jeunes gens et les jeunes filles décoraient de feuillages la porte de leurs parents, de leurs amis et celle des gens distingués; puis, au point du jour, ils allaient chanter sous leur fenêtre la chanson, à laquelle appartiennent les quatre vers ci-dessus. L'usage était de faire un cadeau aux joyeux chanteurs.

(1) Le lundi gras, les jeunes garçons de Béru promènent en triomphe le plus coq du village et vont demandant de porte en porte de quoi faire un festin : ils chantent ce couplet devant chaque maison.

Lectio actuum Apostolorum.

Cette leçon, que cy vous list,
Saint Luc, s'appelle qui la fist.
Le Saint-Espérit l'y apprit
Des douze apôtres Jésus-Christ.

In diebus illis.

Ce fut en un jour de pitié,
En temps de grâce et de bonté,
Que Dieu par sa grant charité
Reçeut mort pour chrétienté :
En iceux jour bien eurez,
Les apôtres, que Dieu aimaient,
Ont saint Estienne ordonné
Pour prêcher foy et vérité (1).

Conjugaison des verbes Etre *et* Avoir.

Ej chuis. — Je suis.
Ej su. — Je suis.
Il et. — Il est.
J' sons. — Nous sommes.
V' étez. — Vous êtes.
Y sont. — Ils sont.

———

Ej'étions. — J'étais.
Il étot. — Il était.
Ej' s'ra. — Je serai.
Je s'ro. — Je serai.
J'ai su. — J'ai été.
J' s'ran. — Je serais.
Ête. — Être.

J'a. — J'ai.
J'avons. — J'ai, nous avons.
T'as. — Tu as.
J'avons. — Nous avons.
V' avez. — Vous avez.

———

J'avions. — J'avais.
Il avot. — Il avait.

———

J'ai ciu. — J'ai eu.
J'aura. — J'aurai.
Il out. — Il eut.

———

(1) Nous avons publié ce texte complet à la suite d'une leçon de la même épitre, chantée dans l'église de Saint-Etienne de Reims. — Reims, 1845.

Phrases diverses.

Vins-tu avec man ? — Non : je n' veux pas m'en v'ni avé ti. — Ma voië dou! i plu mout. — Oh! besamni mars, besam tâle! (1) — D'où ès ti ? D'où es qu'ous êtes ? — Eche chuis là !

Glossaire.

A. — En.
Abrassie. — Embrasser.
Aco. — Encore.
Afant. — Enfant.
Affuler. — Coiffer.
Aguille. — Aiguille.
Aguyon. — Aiguillon.
Aine. — Ane.
Allot, il. — Il allait.
Aminer. — Amener.
Amonde. — Amande.
Amuji. — Amuser.
Armona. — Almanach.
Arnicho. — Hanneton.
Arrivo, il. — Il arriva.
Artchis. — Gendarme (archer).
Artrouvé. — Retrouvé.
Aujord'hui. — Aujourd'hui.
Aumaille. — Genisse.
Aumelle. — Armoire.
Avé, aver. — Avec.
Avene. — Avoine.
Avoyo, il. — Il envoya.
Ayatgi. — Voyager.
Babanne. — Lèvre, babine.
Babure. — Vase à faire le beurre.
Bacoule. — Belette.
Balisio. — Baliveau.
Baquet. — Bassin.
Bassinuire. — Bassinoire.

Batame. — Baptême.
Baton. — Échalas.
Battabure. — Baratte.
Ben. — Bien.
Berbis. — Brebis.
Bergi. — Berger.
Besant. — Pesant, pluvieux.
Bilot. — Oie.
Boère. — Boire.
Botret. — Crapaud.
Boudan. — Boudin.
Bounet. — Bonnet.
Bouquetrou. — Fruit de l'églantier.
Bourreli. — Bourrelier.
Bronnequin. — Brodequin.
Bure. — Beurre.
Cabrette. — Chèvre.
Cabri. — Chevreau.
Campassian. — Compassion.
Canneçon. — Caleçon.
Carôme. — Carême.
Casaque. — Grosse fève.
Cayot. — Noix.
Ceriche. — Cerise.
Charchi. — Chercher.
Chardron. — Chardon.
Chare. — Chair.
Charpâtie. — Charpentier.
Chauffui. — Chauffoir.

---

(1) Pesant mars, pesante table, c'est-à-dire mars pluvieux, beaucoup de pain.

Cheau. — Cheval.
Chen, chin. — Chien.
Chepiau. — Chapeau.
Chesseu. — Chasseur.
Chesselet. — Claie.
Chiman. — Chemin.
Chodeli. — Chandelier.
Chomp. — Champ.
Chopanne. — Chopine.
Chuan. — Sureau.
Churis. — Souris.
Ch'vus. — Cheveux.
Cimmotière. — Cimetière.
Clongne. — Quenouille.
Closure. — Clôture.
Co. — Coq.
Conard. — Canard.
Congne. — Couenne.
Coranne. — Noisette.
Cornet. — Écritoire.
Corselet. — Gilet.
Cotchion. — Cochon.
Couaille. — Chiendent.
Courot, il'. — Il courut.
Courot. — Carotte.
Couturi. — Couturière.
Couvrou. — Couvet, chauffoir.
Croie. — Craie.
Dchêne. — Chêne.
Deffuler. — Décoiffer.
Diro, je. — Je dirai.
Disot, il. — Il disait.
Dou. — Du. — Donc.
Douner. — Donner.
Ece. — Ce.
Eche. — Je.
Ecalle. — Coque.
Echille. — Echelle.
Ecquerviche. — Ecrevisse.
Ed. — De.
Edman. — Demain.
Eddevant. — Devant.
Ej, eje. — Je.
El. — Le.

Empli. — Remplir.
Epanne. — Epine.
Epinque. — Epingle.
Ercinée. — Réveillon.
Erluquer. — Regarder.
Eronche. — Ronce.
Erveni. — Revenir.
Erzan. — Raisin.
Etondoi. — Eteignoir.
Etole, étaule. — Etable.
Fallot, il. — Il fallait.
Fare. — Faire.
Ferloque. — Chiffon
Fernete. — Fenêtre.
Fesans. — Faisons.
Filé. — Fil.
Flenelle. — Flanelle.
Fomène. — Famine.
Fomille. — Famille.
Fonme. — Femme.
Fouille. — Feuille.
Froumage. — Fromage.
Froumont. — Froment.
Fumi. — Fumier.
Ganache. — Mâchoire.
Gaudir. — Se réjouir.
Gralon. — Grêle.
Grond. — Grand.
Guette. — Guêtre.
Harong. — Hareng.
Hoe. — Hoyau.
Iau. — Eau.
Jardinie. — Jardinier.
Jombe. — Jambe.
Joumont. — Jument.
June. — Jeune.
Juni. — Jeûner.
Jus. — Jeu.
Labori. — Labourer.
Lantarne. — Lanterne.
Lapan. — Lapin.
Leu. — Leur.
Liniette. — Linotte.
Lo. — Le.

Long. — Loin.
Loucet. — Bêche.
Loyen. — Lien.
Lu. — Le.
Luzarne. — Luzerne.
Ly. — Lui.
Magi. — Manger.
Mame. — Même.
Man. — Mais, jamais.
Maréchau. — Maréchal.
Massiga. — Cigüe.
Meuri. — Mourir.
Mochoi. — Mouchoir.
Moenet. — Moineau.
Mo, mou. — Me, mon, moi, beaucoup.
Molan. — Moulin.
Mori. — Mourir.
Mortias. — Mortier.
Morne. — Marne.
Motlas. — Matelas.
Moule. — Meule.
Monsique. — Musique.
My. — Moi, négation.
Navio, naviau. — Navet.
Nèche. — Neige.
Odouille. — Andouille.
Œu. — Œuf.
Ogneau. — Noyau.
Ognio, ogniau. — Agneau.
Oguille. — Anguille.
Oiture. — Voiture.
On. — En.
One. — Ane.
Orbre. — Arbre.
Osière. — Osier.
Ou. — Un.
Oueter. — Tablier.
Ougnion. — Oignon.
Oun. — Un.
Ous. — Vous.
Pan. — Pain.
Pardre. — Perdre.
Persinette. — Bleuet.

Petchie. — Pécher.
Piarre. — Pierre.
Pis. — Pied.
Pitjon. — Pigeon.
Plantchiey. — Grenier.
Pleume. — Plume.
Plu, i. — Il pleut.
Poère. — Poire.
Pôme. — Pomme.
Portjon. — Porreau.
Pou. — Pour.
Pouille. — Poule.
Pourcession. — Procession.
Prenre. — Prendre.
Preune. — Prune.
Pus. — Plus.
Quintio. — Etui.
Qu'ri. — Chercher.
Ramon. — Balai.
Ras. — Rat.
Râtré. — Rentré.
Ren. — Rien, chose.
Retio, retiau. — Rateau.
Riban. — Ruban.
Rigori. — Réglisse.
Roche. — Sarreau.
R'venou, je. — Je revenais.
Sablon. — Sable.
Sarpe. — Serpe.
Sarrazan. — Sarrasin.
Sarretête. — Serre-tête.
Saulx. — Saule.
Saveti. — Savetier.
Savlon. — Savon.
Seille. — Seau.
Servant. — Serviteur.
Servo, je. — Je sers.
Sincele. — Ciron, insecte.
So. — Son, se.
Solais, solet. — Soulier.
Sou. — Son.
Soudre. — Cendre.
Soulais. — Soleil.
Sumois. — Semoir.

Tarre. — Terre.
Tarteron. — Petite claie.
Ti. — Toi, tu.
Tôle, taule. — Table.
Torio. — Taureau.
Tortout. — Tout.
Tot vite. — De suite.
Toubac. — Tabac.
Touer. — Tuer.
Toula, tout là. — Ici, alors, là.
Travers. — Traversin.
Treufle. — Trèfle.
Treule. — Tremble.

Tule. — Tuile.
U. — Un, à, au, aux, les, le, ce.
Urlaveron. — Lavette.
Van. — Vin.
Varrié. — Verrou.
Vatche. — Vache.
Veni. — Venir.
Viau. — Veau.
Vingne. — Vigne.
Vins-tu. — Viens-tu.
Vont. — Vent.
Vra. — Vrai (1).

PATOIS DE LA COMMUNE D'AUVE,

Canton de Dommartin-sur-Yèvre, arrondissement de Sainte-Ménéhould.

Parabole de l'Enfant prodigue.

Dans ce temps là Jésus disè aux pharisiens et aux docteurs de la loi euste parabole :

In homme avè deouz afants, dont eul pè joune y dit à son père : — Mou père, donnèmme eus qui dè m'eurvenin d' voute bien. » — Eul père ly y fait eul partage d' sou bien.

In po aprè eul pè joune de cés afants aprè avoè ramanseil tout ç' qui li r'venè, s'y en alleil dan in païs étrangier fort long, d'œoù qu'il y i mangié sou bien pa dés excès et dés débauches.

Aprè qu' tourtou y éteil mangié, v'là qu'eune grande fanmine y veneu dans ç' païs là. Et bientou eusce garçon là y k'mencié à se trouveil dans l' besoin. Eusce oyant dans la misère, s'en y alleil et s'y min au service d'in habitant do païs, qui l'y avoï à sa maïson d'eudedans les champs gardeil les cochons.

---

(1) C'est à l'obligeance de M. l'abbé Godret, curé de Béru, que je dois les éléments de ce chapitre.

Dans c'te maison là mou gaillard arè éteil mœou iaise d' rempli sou vente avé lés épelechures, qu' lés cochons mangient, mais personne eune ly en y vouleu donneil.

In po aprè la misère l'y fait eurvenin à louil. Alors y s'y dit à louil même : — Combien gni y de gents aux gages de mou père, qu'ont pouc de pain, qu'i n' lous â faut. Et min euje sus toutlà à mori de faim. I faùt que jeu m' leuve et pouil que j'ailli trouveil mou père, et j' li diroa : — J'oa péchié conte eul ciel et conte vous. Euje ois bien qu'aje n' sume digne que v' m'appeleissc voute afant. Traitémme comme yun de vous domestiques. »

Eusce disant ç'la, y s'y don leuveil tout d' suite et s'y en alleil assié sou père. Et quand il été au bien long , sou père l'y veuil , et ses entrailles an ont éteil meues de compassion. Et courant à louil, y s'y chéteil à son cœou et l'y abrassié.

Sou garçon ly y dit : — Mou père, j'oâ péchié contre el ciel et conte vous. Euje ne sume digne d'être appeleil voute garçon. » — Alors eul père y dit à ses domestiques : — Apportez sou prumier hubit et appretez lou. Mettez ly eine bague à sou dé et des soleils à ses pieds : et amoinnez toulà eul viau groâ, que v' allez tueille. Mangeons et foisons bonne chière, par ce que mou garçon, que vla toulà, été mourt et il è ravigoteil. Il été perdeu et il è r'truveil. »

Onz y don k'mencié à s'mette à toale et à mangieil. Pâdant ç' temps là lou pé vié garçon, qu' été aux champs, a eurveneu : et quand il y iteil près de la maison, il y attendeu la musique et l'brouil de tout l' monde, qui dansè. Pou saoué ç' que ç' été, il y clameil hium des domestiques et ly y demandeil ç' que ça voulé dire qu'on fesé tant de brouil.

Eul domestique li y répondeu : — C'è qu' voute frère è r'veneu, et qu voute père y tueille eul viau groa, par ç' qu'i l'y réveuil qu'i n'èmme malade. »

Ç'te nouvelle l'y min à colère : i ne voulé pus entreil à la maison. Sou père s'y veuil obligié d'â sorti pou l' prié d'entreil soustet.

Mais l'afant eul y fait ç'te réponse : — V'la déjà mœount longtemps qu'euje su voute serviteur ; jeu n' vo a jamais désobéi à rien d'eusce que v' mavez k'mandeil ; et pou tant vus n' m'avez jamais d'neil un gayot pou m' réjoui aveu mes amins. Mais dès que voute aute afant, qu'y mangiè voute bien avec des femmes perdeues, y r'veneu, vo tiez pou louil eul viau groa ! »

Eul père li y dit : — Mou garçon, v' êtes toujou avec min, et tout ç' que j'oa est à vous. Mais y fallait faire la fête et nous réjoui, pa ç' que voute frère été mourt et il è ravigoteil : il été perdeu et il a éteit eurtrouveil (1).

Conversation entre deux cultivateurs de la commune d'Auve.

Michel. — Ah ! c'est ti, mou lœou ?

Nicolas. — Oui, c'est min. Euj' viens t' dire bonjou à passant.

M. — C'est bien fait à ti d'venin m'oir com' ça. Euj' t'à r'mercie.

N. — Dis-me, à ç' l'œou qu' j' t'ois bien portant, k'ment va ta fanme, tes afants, ta fille qu'est si gentie et tout plein intiressante !

M. — Ma fille ! mou pauvre ami ! euj' n'ouse t'à rien dire. Eulle m' paraît bien malade. J'oâ pœou, quand on m'â parle. Euj' crais toujou qu'eulle s'â va, et qu' la mort eune m' la peurnit. Parlons d'aute chouse.

N. — Soite ! et tou garçon ? In biau garçon, ma foué, bien meuil qu' sou peire, hein !

M. — Ma foué ! T'es raison : y est meuil qu'min. Les jounes filles s'on ont bien aperçœu. Quand j'étous joune, si eulles s'approchient do lœou, c'été pou sés écus. Anouit alles paraissent aimeil mou garçon pou louil. Ç'la, com' te l'ois, prouve tout plein à sa faveur. Mas j'oâ meuil à t' dire qu' ça seu sou compte : j'eul marions d'ains quinze jous aveu eunne fille, qu'est in bon parti.

N. — Oh ! tant meuil ! j'eul oirons à la noce.

M. — Oui, et sans qui m'euil dit d'eul faire, euj' t'y invite.

---

(1) Je dois à M. Benoit, instituteur à Cormontreuil, le contenu de ce chapitre. C'est grâce à son obligeance que j'ai pu recueillir les matériaux de mes notices sur le patois des communes d'Alliancelles et celui de Somme-Tourbe. Je dois aussi le remercier des efforts, qu'il a faits pour rendre mon travail plus complet.

N. — J'accept', mou vié lœou, et aveu d'autant peu de plaisi, que j' tiens à alleil voir ta troupe, qu'on m'y dit iète bien belle et composeil d'eune roace bien chaisie.

H. — Ah ! pou cela eul lœou est l' co do villège : à louil eul pompon pou les belles bêtes ! Il au i soin, ois te ! Et pouil y faut l' dire, y dè t'â saoué greil, pa c' qu' c'est ti, qui euil l'obligeance d'eul montreil à rendre sa troupe milleou. Eul Lœou eune l'oublirime ! Quand ça s' trouvri, y feri sou possibe pour t' prouveil qu' tu n'ime affaire à in ingrat.

N. — Mou vié, crais qu' pou l' service qu' j'oa rendeu, euj' n' te demand' qu' d' poulez t'â rendre quand j' pourroas, sans qu' ça m' couti trop chier. Perminme de t'â rende aco iun anouil, qui n' t' couteri rien et qu'augmenteri tout plein ta maison. — L'aute foué j'oa entreil assiez ti, et j'oa veuil aveu poinnne que ta fanme fèsè sa cuisine à hiateurtenant eul feuil aveu d' la paille. Vilain truc qu' stila, qui moinne eul fien pa la chemineil. Eune brule mi ta paille, mou lœou ! Fais fiem d' tout ; eune pognie d' paille donne eune pognie de grains, ois te.

M. — Ah, bah ! j'oa trop de paille, y faut bien qu' j' l'usi.

N. — On n'an i jamé trop, quand on seil bien l'occupeil. Viens soustet, et t'oirai com' eulle peut s' placeil dains nons champs.

M. — Eh bien ! J'oueroa : j' n' bruleroa peu de paille. J' feroa mou possible pou bien m'â servi.

N. — Tant meuil qu'eul consiel sée suivi. J' pourroas do reste eul saoué eul jou d' la noce. Songne ta bonne joune fille ; guaris la, et arrête pou la marieye qu' la rose remplacit sa jaunisse d'seu sés belles jeoues. Eur'çoué eune pongnie d' main, qu' t' rendrai à tou garçon pou min. Adieu, mou bon Lœou. »

Glossaire.

A. — En.
Abrassieil. — Embrasser.
Ache. — Hache.
Aclos. — Enclos.
Aco. — Encore.
Afant. — Enfant.
Agné. — Agneau.
Agueil. — Aiguille.

Alleil. — Aller, allé.
Alli, que j'. — Que j'aille.
Amin. — Ami.
Amoineil. — Amener.
Anouit. — Aujourd'hui.
Aoinne. — Avoine.
Aperceu. — Aperçu.
Appelliesse, que vous m'. — Que

vous m'appeliez.
Arreteil. — Attendre.
Arrousoi. — Arrosoir.
Assiez. — Chez.
Attendeu. — Entendu.
Avé, aveu, avo, avau. — Avec.
Avoi, il. — Il envoya.
Berbis. — Brebis.
Beurton. — Son.
Bientou. — Bientôt.
Boué. — Bois.
Brouil. — Bruit.
Brûce. — Brosse.
Bure. — Beurre.
Caillos. — Cailloux.
Caneçon. — Caleçon.
Chaisi. — Choisi.
Chamineil. — Cheminée.
Champenès. — Champenois.
Chapiex. — Chapeau.
Charre. — Viande.
Chayère. — Chaise.
Cheminze. — Chemise.
Cherre. — Cheoir.
Chet. — Chat.
Cheveau. — Cheval.
Ch'fey. — Cheveu.
Chière. — Chère.
Ch'min. — Chemin.
Ch'minon. — Chenet.
Chœoux. — Choux.
Chouse. — Chose.
Ch'teil. — Jeter.
Cisiau. — Ciseau.
Clameil. — Appeler.
Cleye. — Clef.
Co. — Coq.
Cœou. — Coup.
Cœou. — Col.
Conte. — Contre.
Coudre. — Coude.
Coutiau. — Couteau.
Couusse. — Cuisse.
Craire. — Croire.
Crais, je. — Je crois.

Crimeau. — Crémaillère.
Crimme. — Crème.
Cuesine. — Cuisine.
Culier. — Cuillier.
Dains. — Dans.
Dais. — Doigt.
Dansét, il. — Il dansait.
Dé, det. — Doigt. — Ce qui dé : Ce qui doit.
Deil. — Dez à coudre.
Dinneil. — Diner.
Dipanseil. — Dépenser.
Disé, disi, il. — Il dit.
Diroa, je li. — Je lui dirai.
Do. — Du.
Dœous. — Deux.
Donneil. — Donner.
Donnème. — Donnez-moi.
Doyette. — Doigt du pied.
Drangée. — Dragée.
D'seu. — Dessus.
D'zou. — Dessous.
Écaillon. — Noix.
Echelin. — Chenille.
Egravisse. — Écrevisse.
Emme, il n'. — Il n'est pas.
Encleume. — Enclume.
Entreil. — Entrer.
Eplingue. — Épingle.
Erie. — Mesure de terre.
Étale. — Écurie.
Etieule. — Écuelle.
Euddans. — Dedans.
Euje. — Je.
Eul, eulle. — Le, lui, elle.
Eune. — Une.
Eurçoué. — Reçois.
Eurqueleil. — Reculer.
Eurvenin. — Revenir.
Eus. — Ce.
Eusce. — Ce.
Euste. — Cet, cette.
Fanmine. — Famine.
Fesèt, il. — Il faisait.
Fesin. — Fusil.

Feuil. — Feu.
Feurnetre. — Fenêtre.
Fian. — Taupe.
Fiembrer. — Fumer une terre.
Fien. — Fumier.
Frinne. — Farine.
Foué. — Foi.
Fouée. — Fois.
Gaillot, gayot. — Chevreau.
Gardeil. — Garder.
Gatiau. — Gâteau.
Geneuil. — Genoux.
G'nia, combien. — Combien n'y a-t-il pas.
Greil. — Gré.
Groas. — Gras.
Guari. — Guérir.
Gueurnier. — Grenier.
Haille. — Haye.
Hiateurtenant. — Entretenant.
Hiun. — Un.
Iaise. — Aise.
Iau. — Eau.
Ieu. — Œuf.
In, inne. — Un, une.
Jamme. — Jambe.
Joune — Jeune.
Junne. — Jeûne.
K'menceil. — Commencer.
K'ment. — Comment.
La sti qui. — Celle là qui.
Lavouye. — Lavoir, évier.
Leil. — Lit.
Leuveil. — Lever.
Lingue. — Langue.
Lœou. — Loup. — Terme d'amitié.
Long. — Loin.
Louil. — Lui.
Lourrain. — Lorrain.
Loyan. — Lien.
Loyance. — Écharpe.
Lunmière. — Lumière.
Ly. — Lui.
Mangient, ils. — Ils mangeaient.
Manté. — Manteau.
Marendeil. — Faire collation.
Mariège. — Mariage.
Marté. — Marteau.
Mesereil. — Mesurer.
Meuil. — Mieux.
Millœou. — Meilleur.
Min. — Moi. — Mis.
Minnage. — Ménage.
Minnouil. — Minuit.
Mœout. — Beaucoup.
Moinet. — Moineau.
Monche. — Mouche, abeille.
Mori. — Mourir.
Mou. — Mon.
Mouchoi. — Mouchoir.
Mourt. — Mort.
Munnier. — Meunier.
Neil. — Nez.
Netier. — Nettoyer.
Nons. — Nos.
Nouage. — Nuage.
Nouil. — Nuit.
Nous. — Nos.
Nusette. — Noisette.
Obe. — Arbre.
Obteneu. — Obtenu.
Occupeil. — Occuper, employer.
Œou. — Où.
Oir. — Voir.
Oirai, tu. — Tu verras.
Ois. — Vois.
Ois-ti. — Vois-tu?
Oiteure. — Voiture.
Oublirime, il ne l'. — Il ne l'oublira pas.
Ouseil. — Oser.
Oyant. — Voyant.
Pa. — Par.
Pâdant. — Pendant.
Palle. — Pelle.
Passouil. — Passoire.
Paupier. — Papier.
Paveil. — Pavé.
Pè. — Plus.
Perminme. — Permets-moi.

Pesson. — Poisson.
Peu. — Plus.
Peuil. — Pou.
Peurnit, qu'il. — Qu'il prenne.
Plaisi. — Plaisir.
Planche. — Mesure de terre.
Pleuge. — Pluie.
Pleume. — Plume.
Po. — Peu.
Pognée. — Poignée.
Pou. — Pour.
Pouc. — Plus.
Pouil, puitz. — Puis.
Pouille. — Poule.
Poulez, pouleil. — Pouvoir.
Preil. — Pré.
Pru. — Plus.
Ramanseil. — Ramasser.
Ramon. — Balai.
Ravigoteil. — Ressusciter.
Regardeil. — Regarder.
Réjoui. — Réjouir.
Rempli. — Remplir.
Rendrai, tu. — Tu rendras.
Reté, rité. — Rateau.
Reuil. — Roule, rouleau.
Risin. — Raisin.
Roace. — Race.
R'veuil. — Revu.
Saile. — Seigle.
Santeil. — Santé.
Saoué. — Savoir.
Savlon. — Savon.
Scil, il. — Il sait.
Seille. — Seau.
Semeil. — Semer.
Set, qu'il. — Qu'il soit.
Seu, se, ce. — Sur.

Seucre. — Sucre.
Seuris. — Souris.
Siau. — Seau.
Soleils. — Souliers.
Songneil. — Soigner.
Sorti. — Sortir.
Sou. — Son.
Soulez. — Soleil.
Soupeil. — Souper.
Soustet. — Au logis.
Sume, je ne. — Je ne suis pas.
Tailliel. — Tailler.
Tauré. — Taureau.
Ti. — Toi, tu, te.
Tieuille. — Tuer.
Tieule. — Tuile.
Tiroi. — Tiroir.
Toale. — Table.
Toujou. — Toujours.
Toulà, tout là. — Là. — Alors.
Tourtout. — Tout.
Traittemme. — Traitez moi.
Tro. — Trou.
Truc. — Manière, procédé.
U, us. — Porte.
Ungle. — Ongle.
Vaien. — Pelle à feu.
Veneu, il é. — Il est venu.
Venin. — Venir.
Veuil, il y. — Il a veu.
Viau. — Veau.
Vié. — Vieux.
Verrouil. — Verroux.
Voute. — Votre.
Vouleu. — Voulu.
Vous. — Vos.
Voute. — Votre.
Yun. — Un.

Verbes Être *et* Avoir.

Être.   Avoir.

Je sus, sume, su. — Je suis.   J'oa. — J'ai.

T' es. — Tu es.	T' es. — Tu as.
Il est, è, y. — Il est.	Il y, i. — Il a.
J' sons, sumes, — Nous sommes.	J'ons. — Nous avons.
V' êtes. — Vous êtes.	V' avez. — Vous avez.
Y sont. — Ils sont.	Yl ont. — Ils ont.

J'estous étous. — J'étais.	J'avoue. — J'avais.
T' étoues. — Tu étais.	T' avoue. — Tu avais.
Yl été, éteil. — Il était.	Il avè. — Il avait.
J' etiens. — Nous étions.	J' aviens. — Nous avions.
V' etiez. — Vous étiez.	V' aviez. — Vous aviez.
Yl étont. — Ils étaient.	Yl avient. — Ils avaient.

Que j' sé, — Que je sois.	Que j' eussis. — Que j'eusse.
Que t' sé. — Que tu soies.	Que t' eussis. — Que tu eusses.
Qu'i sé. — Qu'il soit.	Qu'il eussit. — Qu'il eût.
Que j' siens. — Que nous soyons.	Que j' eussiens. — Que n. cussiez.
Que v' siez. — Que vous soyez.	Que v' eussiez. — Que v. eussiez.
Qu' y sènt. — Qu'ils soient.	Quel eussient. — Qu'ils eussent.

J'oa éteil. — J'ai été.	J'oa ieuye. — J'ai eu.

T' euils. — Tu eus.	Y' arié. — Il aurait.
Il euil. — Il eut.	Y' arié éteil. — Il aurait été.

Iete. — Être.	Avoè. — Avoir.

PATOIS DU CANTON DE SAINTE-MÉNÉHOULD (1).

Parabole de l'Enfant prodigue.

Dans ç' temps la Jésu y dit aux pharisiens et aux docteux d' la loi stu parabole :

Ain hom avouat deux garçons : l' pu jeune y dit à sou père : — Mou père dounême ç' qui m'ourvient d' vout bien ? » Et l' père li y partagié sou bié.

---

(1) Ce patois est compris dans les communes de la Neuville-au-Pont, Courtemont, Hans, Dommartin, Chaude-Fontaine, Passavant, Verrières, Moiremont, Bersieux, Cernay-en-Dormois, Vienne-le-Château et dans tout le Vallage.

Ein pô après il y ramassie tou ç' qu'il avouat, et s'an analé dans cin péys bien loin ; et pis il y mangiei tout ç' qu'il avouat en faisant l' liberti.

Quan il y eu mangié tourtout, y venu eine grande fanmine dans steu pé's là ; et s'y trouvé aveux rié du tout. Y s'an analé s' mette à servi ein hom de stu péys là, qui l'y avoie à sa ferme pour y gardei les cochous. Là il arouat bié voulu s' rassaziei d's écorses et pis don reste dés cochous: Mais personne n' gni en donouat.

Et pis il y r'venu à lu même ; et y s'y min à dire : — Combien qu'i gn'y d' domestiques dans la maison d' mou père qu'ont don pain tant qu'i v'lont', et mi j' moure du faim toulà ! Y fault qu' j' m'arnali et qu' j'ali trouvé mou père. J' li dira : — Mou père, j'a péchié conte ul ciel et conte vous ; ju n' mérite mi d'ête appelé voute garçon ; traitème com yun des domestiques, qui v' servont. »

Il y don parti, et s'an y arnalé r'trouvé sou père. Il étouat aco bié lon quant sou père l'i vu. Ça li yè fait paine d'eul voir ; il y couru conte lu, et s'y ch'té à sou cou, et l'y rabrassié.

Sou garçon ly y dit : — Mou père, j'a péchié conte ul ciel et conte vous. Ju ne mérite mi d'ête appellé voute garçon. » — Quant sou père y vu ç'la, y dit à ses domestiques : — Aportêmè tout suite ul pu bio abi et qu'on y meti. Mettez ly étou une bague au doigt et des sollés aux pieds. Allez v's an cherchiei l' vio gras, et qu'on le tui. Manjan et faisan bonne chière ; car mou garçon, qu' v'là, étouat mort, et il è r'ssuscité. Il étouat perdu, et il è r'trouvé.

Y s'ont mins à faire bounè chière. Ul pu vié garçon, qu'étouat aux champs, y r'venu pâdant c' temps là. Quan il y étei conte la maison, et qu'il y âtandu tout l' train qu'on chantouat et qu'on dansouat, il y appelé ein domestique, et li y demandé ç' qu' c'étot qu'an atandouat.

Eul' domestique ly è dit : — c'est voute frère, qu'è revenu, et voute père, qui è fait tuei l' viau gras, d'acause qu'il étouat r'vnu en bonne santé.

C'là l'y fachié si fort, qu'i n'ime voulu ratré. Sou père y sorti, eul priouat qu'i ratrit : mais il li y répondu : — Y gn'y moult long' temps que j' v' serve, et ju n' v'a jamais désobéi. Et vous n' m'avez j'mais rié donné, mi seulement ain agnio pou m' diverti aveux mes camarades. Mais voute garçon qu' v'la, qu'y mangié tout c' qu'il avouat aveu dés gueuses, y n'ime été plutot râtré qu'on è fait tué l' viau gras pour lu !

Mou garçon, ly a dit sou père, écoutême : v' avez toujou été aveu mi ; tout c' qui y è touci, c'è pou vous. Mais il fallouat bié faire une fête et nous réjoui, par ç' que voute frère étouat mort et l' v'la r'suscité ; il étouat perdu, et il è r'trouvé. »

GLOSSAIRE.

A, j'. — J'ai.
Acause, d'. — Parce que.
Aco. — Encore.
Ali, que j'. — Que j'aille.
Aportême. — Apportez-moi.
Arnaler, s'en. — S'en aller.
Arouat, il. — Il aurait.
Atandre. — Entendre.
Aveux. — Avec.
Avoier. — Envoyer.
Avouat, il. — Il avait.
Beyer. — Regarder.
Biau. — Beau.
Biè. — Bien.
Boun. — Bon.
Cau. — Col.
Chantouat, il. — Il chantait.
Ch'ter. — Jeter.
Dan, don. — Du.
Dansouat, il. — Il dansait.
Dés. — Des.
Dira, je. — Je dirai.
Donouat, il. — Il donnait.
Dounême. — Donnez-moi.
Écoutême. — Écoutez-moi.
Ein. — Un.
Ete. — Être.
Étot, il. — Il était.
Etou. — Aussi.
Etouat, il. — Il était.
Eu, il y. — Il a eu.

Eul'. — Le.
Eurveni. — Revenir.
Faisans. — Faisons.
Gn'y a, y. — Il y a.
Itou. — Aussi.
Ju. — Je.
Li, ly, lu. — Lui.
Liberti. — Libertin.
Lon. — Loin.
Manjans. — Mangeons.
Mets, qu'on l'y. — Qu'on lui mette.
Mi. — Moi.
Mins. — Mis.
Moult. — Beaucoup.
Moure, je. — Je meurs.
N'ème donc num. — N'est-ce pas.
Num. — Est-ce que ? N'est-ce pas ?
Pâdant. — Pendant.
Péys. — Pays.
Pis. — Puis.
Po. — Peu.
Priouat, il. — Il priait.
Pu. — Plus.
Putot. — Plustôt.
Rabrassier. — Embrasser.
Ratrer. — Rentrer.
Réjoui. — Réjouir.
Servi. — Servir.
Sollés. — Soulier.

Sou. — Son.
Stu. — Ce, cette.
Toula. — Là.
Tourtout. — Tout.
Traitéme. — Traitez-moi.
Tuit, qu'il. — Qu'il tue.
Ul. — Le.

Viau. — Veau.
Viè. — Vieux.
V'la. — Voilà.
Voute. — Votre.
Voyette. — Petit chemin.
Y, il. — Il a.
Yun. — Un (1).

COMMUNE DES ISLETTES,

Arrondissement de Sainte-Ménéhould. — Marne.

Chanson de Mai (2).

Bonjou, ma Dame, vous n' savez ?
C'est le mois, qui est entré :
Il est venu vous demandei
Vote divine charité.
  Oh ! Jésus Christ !
  Oh ! Jésus Christ !
C'est le mois, note mois,
Le mois de mai, qui est entré !

———

Trimasots ! en nous en allant
Nous pormenei eddans les champs,
Nous y ons trouvé les blés si grands
Les aubepin' en fleurissant.
  Oh ! Jésus Christ !
  Oh ! Jésus Christ !
C'est le mois, note mois,
Le mois de mai, qui est entré !

---

(1) La leçon et le court glossaire, qui précèdent, nous sont donnés par M. Jolly, propriétaire à Sézanne, et par la notice publiée en 1811 par M. Hubert, chirurgien à Sommepuis, sur le canton de Sainte-Ménéhould.

(2) Aux Islettes et à Chaudefontaine, le premier jour de mai, les enfants vont de porte en porte quêter pour allumer un cierge devant l'autel de la Vierge. Ils font des gauffres avec de la farine, que chacun joint à son offrande. Cet usage se rencontre dans un certain nombre de villages champenois.

Dam', quand vot' mari s'ra déhors
Que Dieu lui garde son sain corps !
N'en soit de peu, ni moins ni peu,
Ni en danger de sur son corps.
    Oh ! Jésus Christ !
    Oh ! Jésus Christ !
C'est le mois, note mois,
Le mois de mai, qui est entré !

Ma Dame, nous vous remercions :
C' n'est pas pour nous qu' nous demandons :
C'est pour la Vierge et son enfant.
Ell' priera Dieu et son fils.
    Oh ! Jésus Christ !
    Oh ! Jésus Christ !
C'est le mois, note mois !
Le mois de mai, qui est entré !

PATOIS DE LA COMMUNE DE SOMME-TOURBE,

Canton et arrondissement de Sainte-Ménéhould.

Parabole de l'Enfant prodigue.

A ce temps la Jésus disouat aux Pharisiens et aux docteurs du la loi euscetu parabole :

In homme avouat deus afants, dont ul pu junne y fait cestu demande à sou père : — Donnéme 'eus qui doi m'urveni d'voute ben. — Ul père à stu demande li é donné sa part.

Quèque temps après eusce pu junne des deux afants après avoé ramassé tout ce qui l'irvunouat, s'en y in-allé en pays étranger : dâ eulqué pays il y dépensié tourtou pa des excés et pa la débauché.

Après qu' tourtou y été mangié, v'la qu'un' grande fanminne est veneu dâ ce pays la. Dé eus moment là us garçon là y commencié à choir de nécessité.

Eusce voyant com' ça, y s'in est en allé cherchié d' l'ouvrage : eul hazard l'y fait attachié au service d'in homme don pays, qui l'y envoyïs à sa maison d'uddans les champs pou y aller garder les cochons.

Dâ s'tu maison là eus garçon la arrouat été moult iaise ud su rempli l' vente avé les écorces, que les cochons mangièt ; mais personne cune ï'y voulu li â donner.

Pourtant la misère l'y fait urveni à lue : alors y s'y dit à lue menme : — Combien qu' n'y ot i gents aux gajes du mou père, qui avont pus du pain qu'i n' leus i â faut ; et min euj su toutlà à mourri d' faim. I faut qu' ju me luve et qu' j'aille voir mou père et j' li dira : — J'a péchié conte ul ciel et conte vous. Cy vois ben qu' ju n' sume digne qu' uv' m'appeliez voute afant : traitemme comme iun de vos domestiques.

Us disant comme ça, y s'y luvé tout d' suite pou aller assi sou père.

Et quand il en étouat aco ben long, sou père l'y venie : et ses entrailles en avont été emeues d' compassion. Et s'en allan à lue, y s'y jetté à sou caue et l'y abrassié.

Sou garçon li y alors dit : — Mou père, j'a péchié conte ul ciel et conte vou : ju n' sume digne d'ete appelé voute afant.

Ul père y dit tout d' suite à ses gents : — Apportez lue son prumier abi et abilliel' avé : mettez lue une bague au doigt é des solées aux pieds. Et aminnez toulà ul viaux gras, qu' v' valez tuer. Mangeons et faisons bonne chière, parce qu' mou garçou, qu' v'la, étouat mourt, et il é r'venu au moude ; il étouat perdu et lu v'la urtrouvé.

Onz y commancié a ç' mete à tabe et à faire bonne chière. Mais v'la qu'eul pu viès des afants, qu'étouat aux champs, è r'venu : et quant il y été tout près du la maison, il y attendu la musique et le brue d' tout l' monde, qui dansouat.

Pou savoua s' qu' tou ça voulouat dire, il y clamé ï'un des domestiques ; et li y d'mandé qu' est ce qu' tout ça voulouat dire ; qu' est ce qu'u tout ce brué la ? — C'est qu'u voute frère à r'vunu, et qu' voute père y tuié ul viau gras, pa ç' qu'il y erveu voute frère, qui n' étouamme malade.

S'tù nouvelle y meu eus garçon la à colère : Aussi n' voulouat t'y pu rentrer à la maison. Sou père s'y veue obligié d'à sorti pou l' priey d'y r'vuni.

Mais l'afant euïli y dit : — V'la déjà mou lon temp qu' j' sue voute serviteur. Ju n' v'a jamés désobéi à rien d'eusqu' v' m'avez k'mandé. Et poutant vus n' m'avès jamés d'né in gaiot pou m' réjouï avu mes amis. Et tout aussitout qu' voute aute afant, qu' y mangié voute ben avu des femmes perdues, è r'vunu, euv faisez mouri pou lue ul viau gras.

Ul père li y r'dit : — Moun afant. V' étiez toujou avu meu, et tou ç' qu' j' a ci à vou. Mais i fallouat faire bonne chière et nous réjouï pa ce qu' voute frère étouat mourt, et il est r'vunu au monde; il etouat peurdu, et l' v'la r'trouvé (1).

CONVERSATION

entre deux cultivateurs de Somme-Tourbe.

Pierre. — Bonjou, papa Batis', k'ment qu' vus v' portez?

Baptiste. — Mais ben, et ti, mou garçon?

P. — Mais assez ben étou, comme uv' voyez.

B. — Comme uj' vois! Tiens stu diabe! comm' i s' moque du miñ! On dirouat qu' i n' saime qu'uj su quasi aveule.

P. — C'è vrai, l' papa, j'avous oublïé qu'uv n'y voyez pu guère.

B. — Héla! moun homme, v'la ç' qu' c'è d' veni viès; on s'âva d'ut partout. Et assi meu ça commance à s'an aller pa les euis et pa les jammes; ca uj cloche étout tout plen annuè.

P. — Uj pense, père, qu' si vos euis et vos jammes s'a-nallont, la m'moire è toujou bonne, et qu' uv savez aco tout plen d' choses don temps passé?

B. — Uj tu voi v'ni, gaiard! Ut vourrous aco annué qu' uj tu cause du moun p'tit temps? Tu m'conouas mout ben; ut sai mou ben moun fouable! et ben pis qu' ut vu causei avu meu, j' commençra à t' dire qu' ju ne sume contant dou jours d'annué, pa c' qu' ul ciel n'imme si biau, ul soulé n'imme si chaud, les souales et les avinnes une v'nomme si bien qu' dâ mou p'tit temps.

P. — Père Batis, une disimme ça! disez pu tout qu' vos euis, que n'i voyomme, une savont s' ul ciel è biau. Et disez étou qu' voute song, qu' coule dâ vous vinnes, comme assi les viez gentes, n'è pu si chaud. Mais pou-ç-qui è des souales et des avinnes, y pourrouat s' faire qu' uv avez in pouc raison, pa ç' quu, quand v' étiez junne, gn' y

---

(1) Nous devons tous les éléments de cette notice au bon vouloir de M. Julien Haymart, propriétaire à Somme-Tourbe.

avouame tant d' monde à nourri qu' annue ; ce qui faisouat que les champs soufisouat ; et pis tout plen de laboureux avont pris à la terre dou grain, dou fourrage, et aco tout plen de choses et avont minné tout ç'la su le marchié et n'ontme ur'mins d' fient à la place.

B. — C'è uj commance à l' voé, moun garçon, ben vrai qu' j'avons gaspijé. J' demandièz toujous, uj prenièz toujous, et uj l' rendièz l'moins possible, à la terre. C'è pou ç'la qu'on i è obligié d'us luver matin et d'us couchié tard pou faire v'ni don grain pou nourri tout ce mond' la.

P. — Oui, père Batis, c'è ç'la qu' ul laboureux y tant d' maux ; et ses maux grandiront toujou, s' on n' vienme in po l'aidiér.

B. — Et qu'è ce qui l'aidrieit, moun garçon ?

P. — Ça surouat long temps à v' di pou ben l'espliquié. Mais uj va vu l' dire à iun mot. Y faurouast qu' les laboureux saviessent ç' qui faisont et pourquoi y faisont pu tout eune chose qu'eune aute.

B. Ju ne tu compromme bien ; et ju n' sais pouquoi qu'ut dis ça ; ça meu, uj sais ben quant j' labour qu' uj labour, quant j' bot' qu' j' bot'.

P. — Ah ouiche ! uv savez, ou vu ne savcime ! uv labourez, pasqu' c'è la mode. Mais pouquoi ? V' n'en êtes min su. V' n' savemme à quoi servont vos fient ; uv faisez tou ça, pa ce qu'on l'i fait devant vus.

B. — Et ben ! qu'è qu' ut vourrous qu' uj saviese ! Dis lu, ti qui fais l' docteur, ti, qui crais à savoé pu long et qu'è pu bête, ti, qui viens cume faire causér pou apenre !

JEANNE. — Ah tiens ! Uv la ben en train de causé, Batis !

B. — Ah oui ! C'è ç' gars la, qui m'i fait causé. Mais t'ée l'air mou pressiez, ma Jeanne. D'ous qu' ut vas don si vite ?

J. — Uj vo avu ma füe donné à mangié à noute vache, taïé noute vingne, traire noute gaïette, voir si noute rusin n'emme pourri, si nos pouiie on à mangié et pis d' l'iau, urgardé si les suris on été à nos mouches à mié, recuré noute vaien et nos attifages de cusine, urfaire noute lic, torchié noute aumaire, ramonnér noute gurnier, lavé nos chaières, frotté noute tale, urgardé ul jou d' la lune pou voir quant nos p'tits bourris vanront au monde, et allé ratlé avu l' retiau noute fient d'utsus la lizerne.

B. — Ma pauve Jeanne, uj t' pleins. T'ée d' l'ouvrage. Ul diabe ne les galants n'aremme ul temps d'ut tentér; et meu ju sue enrumé d'avoi causé, uj va m' couchié. »

Conjugaison des Verbes Être *et* Avoir.

Infinitif. — Ête.   Avoé, avoi.

Présent.

Ju su.   J'as.
T' es.   T' es, t' ée.
Il é, il i.   Il y.
J' sons.   J' avons.
V' etes.   V' avez.
Ils sont.   Ils avont.

———

Imparfait.

J'étous.   J'avous.
T'étous.   T'avous.
Il étouat.   Il avouat.
J'étions.   J'avions.
V' etiez.   V' aviez.
Ils étié.   Ils avoué.

———

Conditionnel.

Ju surrouas.   J'arrouas.
Il surié.   Il arrié.

———

Subjonctif.

Qu' uj sié.   Que j'euye.
Qu' ut soie.   Qu' ut ieuyes.
Qu' il sié.   Qu'il euye.
Qu' uj soyons.   Que j'eussiesses.
Qu' uv soyez.   Que v'eussiesses.
Qu'ils sié.   Qu'ils eussiessent.

———

GLOSSAIRE.

Abrassier. — Embrasser.   Apenre. — Apprendre.
Acore, acquo. — Encore.   Aployer. — Employer.
Afant. — Enfant.   Arichi. — Enrichir.
Aminner. — Amener.   Assi. — Chez.
Annue. — Aujourd'hui.   Attifages. — Ustensiles.

Aumaire. — Armoire.
Avo, on s'. — On s'en va.
Aveule. — Aveugle.
Avinne. — Avoine.
Avu, aveu. — Avec.
Ben. — Bien.
Biau. — Beau.
Bottre. — Battre.
Bourri. — Oie.
Brui. — Bruit.
Caue. — Col.
Cestu. — Cette.
Chaière. — Banc, chaise.
Chameau. — Nuage.
Clamer. — Appeler.
Clocher. — Boiter.
Conte. — Contre.
Cusine. — Cuisine.
Dâ. — Dans.
Deveni. — Devenir.
Diabe. — Diable.
Don. — Du.
Donneme. — Donnez-moi.
Duvoirie, il. — Il devrait.
Étou. — Aussi.
Etouamme, qui n'. — Qui n'était.
Euis. — Yeux.
Euj. — Je.
Eulqué. — Lequel.
Eune. — Ne.
Euste. — Cette.
Faurouat, il. — Il faudrait.
Fien. — Fumier.
Fouable. — Faible.
Gaiette. — Chèvre.
Gaiot. — Chevreau.
G'n' ia. — Qu'il n'y a.
Gurnier. — Grenier.
Iaise. — Aise.
Iaute. — Autre.
Imme, il n'. — Il n'est pas.
In. — Un.
Iun. — Un.
Junne. — Jeune.
Lée. — Lit, lait.
Loier. — Lier.
Long. — Loin.
Lue. — Lui.
Luver. — Lever.
Men, meu, min. — Me, moi.
Menme. — Même.
Mié. — Miel.
Milliau. — Meilleur.
Minner. — Mener.
Moun. — Mon.
Mourt. — Mort.
Noute. — Notre.
Pa. — Par.
Pauc, un. — Un peu.
Pis. — Puis.
Pleuge. — Pluie.
Pou. — Pour.
Pouiie. — Poule.
P'tit temps. — Jeunesse.
Pu, puc. — Plus.
Qué, — quel, — quéque. — Quelque.
Ramoner. — Balayer.
Rusin. — Raisin.
Ruvière. — Rivière.
Solée. — Soulier.
Sou. — Son.
Souale. — Seigle.
Soulé. — Soleil.
Sourt, il. — Il sort.
Su. — Sur.
Summes, je ne. — Je ne suis.
Tale. — Table.
Tée. — Tel.
Tu. — Te.
Tuier. — Tuer.
Ud. — De. — Uddans : Dedans.
Ul. — Le.
Urveni. — Revenir.
Us. — Ce.

Uv. — Nous.
Vaingne. — Vigne.
Viès. — Vieux.
Vinne. — Veine.
Y. — Lui.
Zeues. — Eux.

PATOIS DE POSSESSE

Canton d'Heiltz-le-Maurupt, arrondissement de Vitry-le-François.

Parabole de l'Enfant prodigue.

Ein houm avout daoux enfants; et l' pus joune dit à soun peire : — Moun peire, d'neil min çu qu' det m' r'veni d' vonte bien. — Et lu peire louil en feist l' patage.

Pau du jous ensouite, lu pus joune des daoux enfants amachit tourtout çu qu'i avout et s' n'allit dans un ieu fourt long, là zoù i despensit tourtout soun bien en paillardises.

Et après aouer tourtout despenchieil, eine grant fanmine advunit en çu ieu là, — et i commenchit à chaioir en poureté. I s' n'allit et entrit achiez ein houm doou ieu, qu' l'envoyit à soun hosté des champs pou z'y gardeil les cochons.

Et i eume yeté ben aige d'emplizeil sa panse des cos, qu' li cochons maingiint; mès nejun n' li en d'nout.

A la parfin r'vunu à soye, i disit en louil musme : — Quantbien n'i-t-il min des garçouns d'achiez moun peire, qu'aviont pus de pain qu' n' lou z'i en fault, et mi ju sous touci à m' péri de faim. I faulme qu' j' m' lieve, qu' j'aille troveil moun peire et qu' ju louie dige : — Moun peire, j'as péchieil conte Dieu et conte vus, et ju n' sous min dine d'yete hucheil vonte fis. Traiteil mi com l'ein des garçons, qu' sount à vons gaiges.

I su lievit dounc, et lorsqu'i étint enco bien long, soun peire l'aperchut et courant à louil, i se jetit z'à soun caou et lu baiji.

Et soun fis louil disit : — Moun peire, j'as péchieil conte Diu et conte vus ; et ju n' sous min dine d'yete hucheil vonte fis.

Et sitout soun peire disit à ses garçons : — D'neil li sa prumière gippe, et li r'veteil; et metteil li eine bague au det et des soleis à si pieds. Amaingneil touci lu gras-vey et faisommes bounne chière, pa çu qu' moun fils, qu' veci, étout mourt et i ost r'venu à la vie : il étout peurdu et il ost r'troveil.

Ils commenchièrent à faire festins : Ce pendant soun freire ainsneil, qu'étout aux champs, r'vint ; et lorsqu'i fu à couteil de l'hosté, il écautit lu soun des instruments et lu brouy du c'tila qui dansient.

Il huchit un des garçons et louil demandit çu qu' c'étout.
— C'iost vonte freire, qu'ost r'venu : et vonte peire i è tueil lu gras-vey pa çu qu'i lu oit en santeil.

Çu qu' l'ayant entenné, il n' ouloit min entreil à l'hosté.
— Soun peire sortim pou lu proieil.

I louil faist çutte répounse : — V'là dijie moult d'z ans qu' j' vus sers ; et ju n' vus as janmès d'sobéi en rin d' çu qu' v' aviez mi counmandeil ; et pou çula vus n' m'aviez janmès d'neil ein biquet pou m'amusir aveu meis anmins, mès tout à l'haoure qu' vounte enfant, qu'a mengié vounte bien aveu des fanmes peurdues, ost ruvenu, vons tueil pou louil lu gras-vey.

Lu peire louil dit : — Moun fis, vus êtes toujours aveu mi, et tout çu qu' j'as ost à vus. Mès i fallint fère festin et nons erjoui. pou çu qu' vounte freire étint mourt, et il ost r'venu à la vie ; il étint peurdu, et i ost r'troveil.

POÈME DE GROWESTEIN.

Fragment (1).

Quand tout ç'la fut bâcleil, les bourjoués s'assemblirent
Duzous lu grous Ivard (2), et là délibérirent

---

(1) Le poème de Growestein a été publié en entier par M. Louis Paris. — Techener : 1850, grand in-8°. — L'auteur, après une préface pleine d'une malicieuse bonhomie, raconte que Growestein, chef de partisans allemands, menace la Champagne. Les habitants de Possesse prennent l'héroïque résolution de se défendre : ils commencent par se fortifier, creusent des fossés et élèvent des parapets.

(2) En Champagne, les arbres sont rares : ils ont des noms particuliers.

Qu'. si fourt qu' seroit lu nombre des Lorrains ;
Janmès on n' su rendroit à ces nobles vilains.
« Nous v'la bien, disint-i ! Grace à non'e industrie
« Nons fanmes, nons enfants sont au chur du lou vie !
« Au temple de menmoire in jour j'arriveront,
« N'en déplaige à messieurs les ambroueils d' Charmont (1),
« Qu'arint pouyu meul qu' nous, en montrant doou courage,
« Arreteil ces brigands et sauveil lu village.
« Mais c'ost de francs couillons, qui n'ont qu' lu babi,
« Et qu' par quarturons vus oireil qu'on pendri. »
Lu Cureil, vi routier, excellent politique,
En vain cherche à calmeil çutte fougue héroïque,
En lou représentant du pranre garde à z'aoux
Et du nu min bougier. — Mais, both ! les lauharaoux,
Au ieu du l'écauteil, de louye su mocquirent,
Et pa des quolibets la bouche li fromirent.
Bien clos, bien retranchiés, comme on dit qu' li étint,
V'la comme lu pahours ensanne raisonnint :
« — Du soile, du fronment nonte ville ost pourvue !
« J'ons in diale chargié du char couite et crue.
« Lu vin nu manque min : nons fosseils sont profonds.
« Attendons l'annemi. Qu'ost ce qu' ju risquons ? »
« — Pour mon compte, dit iun, ju vourous bien qui vangue.
« J'li montrurons qui j'sous et comment ju mu mangne.
« Ju veux yete pendu, si d'un caoup du fusin
« Ju ne cueiche par terre — Eh qui ? — lu Grous Vestin.
« Villeil, z'enfants, villeil ! qu' checun à sou poste,
« Su tangne bravement tout pret à la riposte.
« Ju n' sommes cent touci : c'ost bien pau ; mais enfin
« On z'ost dialement fourt quand on z'ost su sou fin,..... »

Verbes Être *et* Avoir.

Ete, yete. — Être.   Aoué, aouer. — Avoir.

Ju sous. — Je suis.   J'as. — J'ai.
T'is. — Tu es.   T'ais, tés, t'is. — Tu as.
I ost. — Il est.   Il i, y. — Il a.

---

(1) Village situé à deux lieues de Possesse.

J' sons, nus soms. — Nous sommes.
V'etes. — Vous êtes.
J'étins. — J'étais.
J'étous. — J'étais.
T'étous. — Tu étais.
Ils étint. — Ils étaient.
Js'ras. — Je serai.
J s'ris. — Je serai.

J'ons, nus ons. — Nous avons.
V'aveil, v'avez. — Vous avez.
J'avins. — J'avais.
J'avous. — J'avais.
T'avous. — Tu avais.
Y avint. — Ils avaient.
J'aras. — J'aurai.

—

GLOSSAIRE.

Accueilcheil. — Accoucher.
Achiez. — Chez.
Adrat. — Adroit.
Aigé. — Aisé.
Ainla. — Ainsi.
Alleil, v'. — Vous allez.
Allous, j'. — J'allais.
Anmin. — Ami.
Aoux. — Eux.
Asseil. — Assez.
Aubre. — Arbre.
Avant. — Profond.
Aveini, s'. — S'évanouir.
Aveu. — Avec.
Bé. — Bon, bien, beau.
Biquille. — Béquille.
Bourdeil. — Mentir.
Bourjoués. — Bourgeois.
Bous. — Bois.
Cadabre. — Cadavre.
Caoux. — Coup.
Cauper. — Couper.
Champunès. — Champenois.
Chapeix. — Chapeau, tête.
Chatée. — Château.
Checun. — Chacun.
Cheil. — Six.
Chopaine. — Chopine.
Chourd. — Sourd.

Chur. — Sur.
Couit. — Cuit.
Courps. — Corps.
Couteil. — Côté.
Crès me. — Crois-moi.
Çti, çtici. — Celui, celui-ci.
Curtien. — Chrétien.
Curveil. — Crever.
Çut, çutte. — Ce, cet, cette.
Danme. — Dame.
Daoux. — Deux.
Diale, in. — En diable, beaucoup.
Dijie. — Déjà.
Diu. — Dieu.
Doou. — Du.
Drié. — Derrière.
Du. — De.
Duvenin. — Devenir.
Duvons, je. — Nous devons.
Duzous. — Dessous.
Ecourchu. — Tablier.
Egravisse. — Ecrevisse.
Eluveil. — Elever.
Embroué. — Bègue, embarrassé, niais.
Enco. — Encore.
Endret. — Endroit
Enne. — Une.

Ensanne. — Ensemble.
Entout. — Tout-à-fait, de suite.
Entrei. — Entrer.
Esme, tu n'. — Tu n'as pas.
Ete, en. — En as tu ?
Ete, n'. — N'as tu pas ?
Faite, que. — Que fais tu ?
Fanme. — Femme.
Fi. — Fil.
Fin. — Fumier.
Fosseil. — Fosse.
Fourt. — Fort.
Fred. — Froid.
Fromirent, ils. — Ils fermèrent.
Funssent, qu'ils. — Qu'ils fassent.
Gracher. — Cracher.
Grante. — Grande.
Gron. — Grouin, nez.
Grous. — Gros.
Gueil. — Gueux.
Habersac. — Havresac.
Hateil ve. — Hâtez-vous.
Houit. — Huit.
Iau. — Au.
Ieu. — Lieu.
Ièrre. — Lierre.
Ille. — Elle.
In, iun. — Un.
Jame. — Jambe.
Jammès. — Jamais.
Jieil. — Jouer.
Joune. — Jeune.
Ju. — Je.
Laiche. — Son de cloche.
Laicher. — Laisser.
Largeau. — Largeur.
Leu. — Lieu, — leur.
Leuil. — Lieue.
Lingage. — Langage.
Long. — Loin.
Lou. — Le, leur.
Louie, louil. — Lui.
Lous, louz, — Leur.
Lu. — Le.
Lunotte. — Linotte.
Mainlle. — Main.
Maite. — Maître.
Mangner. — Manier.
Margreil. — Malgré.
Meildi. — Midi.
Meine. — Mine.
Menmoire. — Mémoire.
Mette, su. — Se mettre.
Meuil. — Mieux.
Mi, min. — Me, moi. — Pas.
Milliau. — Meilleur.
Moinslie. — Moins.
Montangne. — Montagne.
Mou. — Mon.
Mu. — Me, moi.
Mujurer. — Mesurer.
Nejun. — Aucun, pas un.
Noge. — Neige.
Nons. — Nous.
Nonte. — Notre.
Nu. — Ne.
Oiet, on. — On voit.
Oir. — Voir.
Oireil, vos. — Vous verrez.
Oou. — Ou.
Oroille. — Oreille.
Ouider. — Vider.
Oyant. — Voyant.
Paressaou. — Paresseux.
Pau. — Peu.
Peix. — Paix.
Pendri, on. — On pendra.
Peye. — Pis.
Plaingis, nous. — Nous plaisions.
Plaigis. — Plaisirs.
Pleuge. — Pluie.
Pleume. — Plume.
Poine. — Peine.
Poinlle. — Point.
Pong. — Poing.
Pou. — Pour.
Poure. — Pauvre.
Pourre. — Poudre.

Pourturous, je. — Je porterais.
Pousque. — Puisque.
Pouyait, on. — On pouvait.
Pouye. — Puis.
Pouyu, i n'ont. — Ils n'ont pu.
Preune. — Prune.
Prumier. — Premier.
Purnoit, il. — Il prenait.
Purtey. — Porter.
Put-ete. — Pent-être.
Quaiqu'un. — Quelqu'un.
Queil. — Quel.
Regreil. — Regret.
Renclotme, il ne. — Il ne renferme pas.
Reoir. — Revoir.
Reune. — Ruine.
Revinrime, il ne. — Il ne reviendra pas.
Rin. — Rien.
Rongont, ils. — Ils rongent.
Saouer. — Savoir.
Sayin. — Graisse.
Sitout. — Sitot.
Soile. — Seigle.
Solement. — Seulement.
Sonneau. — Sonneur.
Sorti, au. — Au sortir.

Sou, soun. — Son.
Soustet. — Au logis.
Souvinte. — Souviens toi.
Tangne, qu'y su. — Qu'il se tienne.
Te, ti. — Tu, toi.
Tou. — Ton.
Tourtous. — Tous.
Traverseil. — Traverser.
Vangne, qu'i. — Qu'il vienne.
Vanrette, quand. — Quand viendras-tu ?
Vautme, cela ne. — Cela ne vaut pas.
Vé. — Vers.
Venin. — Venir.
Venoute. — Venais-tu ?
Veute, en. — En veux-tu ?
Vi, viel. — Vieux.
Viche. — Vesce.
Villeil, vous. — Vous veillez.
Vingne. — Vigne.
Virons-je, quand. — Quand irons-nous ?
Vouri, il. — Il voudra.
Yeun. — Un.
Yeuvre. — Lièvre.
Zaoux. — Eux.

PATOIS DE LA COMMUNE D'ALLIANCELLES,

Canton de Heiltz-le-Maurupt, arrondissement de Vitry-le-François.

Parabole de l'Enfant prodigue.

Dans ce temps la Jésus dijaut aux pharisiens et enco aux docteurs de la loi ste paraboule :

Un homme avaut dae ofants, et l' pus joune dit à sou peère : — Mou peère, donnome ç' qui deue me revenin d' vote bien.

Et sou peère li en et fâ l' partage. Pou d' jou apré ç' pu joune de ces dae ofants et ramassié tout ç' qu'il avaut, et s'et en allé d'un pays bin long, où ce qu'il et mangié tout son bin en fricoteries et en libertineries ; et quant il et yeu depensié tourtout, une grande fanminne arrivit ; il et coumencié à chor malheurâe.

Il s'eun enhallé ; et il s'et attachié au service d'un houme, qui demôrot dans l' pays, qui l' et envié dans sa majon des champs pou y garder les cochons. Et toutla il âté bien hâje, s'il avaut pu remplin sou vantre avou le restant dos épluchures, que los cochons mangieont. Mais persune ne li en donnôè.

Enfin étant urvunu à lu, il at dit en lu meeme. — Combien qu'il y a d' domestiques chez mou pèire, qui iont pus d' pain que min et pu qui n' lou en faut ; et min je seue touci à meuri de fain. Il faut que j'eime luvie et qu' j'ailli trouver mou pèere et qu' j' li dijie : — Mou pèere, j'a péchié conte le ciel et conte vous : et je n'ime digne d'ête appellé vote ofant. Traitome comme heun de vous domestiques, qui sont à vous gages. » Il s'ost luvé, et s'est min en route pou aller trouver sou pèere.

Et il étot enco bien long, que sou pèere l'et vu venin, et sos entrailles en furent boulversées de compatsion ; il se gita à sou koe et il le rembrassau.

Et sou gaçon li dijau : — Mou pèere, j'a péchié conte le ciel et conte vous : et j' n'ime digne d'ête appelé votre gaçon.

V'la que le pèere dit à iun de ses domestiques : — Va-t-en k'ri sa première robe et mès li : mès li étout une bague au doye et des solais à sos piés. Amoine touci le vey gras, et thuye le. Mangeons et fayons boune chière, par ce que mou gaçon, que v'la, ataut mourt et qu'il ot ravigotté : il ataut perdu et il ot r'trouvé.

Ils commencinrent à faire la fêete, quand l' pus vyi dos gaçons, qui ataut aux champs, s'en r'vint ; et atant tout près de lou majon, il entendaut du brue et le son dos instruments et de la danse. Il et clamé hiun de lous domestiques, et li è demandé qu'ost ce que ç'ataut, le domestique li et dit : — Ç'ost que vote fréerc ost r'venu, et votre pèere et thuyé le vey gras parcequ'il le revoit bien portant.

Ç' qui l' et min en colère. Il n' v'lo pus râtrer soustet. Son père est sorti pou l'en priè ; mais il l'y dit : — V'lo déji moc d'années que je v' sers. Et je n' v' a jema desobligé en rin de c' que v' m'avez komandé. Vous n' m'avez jema donné sallemont un biquat pour m' rajouic avot mes camarades. Et hauchetot que vot aute gaçon, qui n' et jema rin fâ, et qui et avalé vote bin avo dos femmes de rin qui vaille, et r'venu, v' thios le vey gras pour lu. »

Le peère li dit : — Mou gaçon, tout ç' que j'a et à vous tout net. Ma il fallo bien faire la feête et nous rajouy pa ce que vot freère ataut mourt et qu'il ost ravigotté, qu'il ataut perdu et qu'il ot r'trouvé.

—

CONVERSATION

Entre deux cultivateurs d'Alliancellés.

François. — Bonjou Jean ; comment ça va-t-ie ? Qu'ost ç qu' t' dis de bou ?

Jean. — Boujou, François, j' dis rin. Là ben in diale de temp, qui fâe ! J' crois qu' ç'ot la fin da monde. D'peuye chaye s'maines qu'i pleut, qui noge, qui grolle, los pourres daurées, los ourges surtout ne luveromme. Los beêtes ne los gens souffront d' ce temps là ; et ce pourtant rin n'augment'; l' blé, le soile, reste toujou au même preye. J'a heyu enco dae chevaux de malades dos tranchies. Ç'ot peye que l' diale ! tourtout va de travers.

F. — Heites moe à r'soumer dos darnières pleuges ? Cau tu deue avoi tout plein de terres de noyèes dos darins dabordements.

J. — Oui ma foé ! j'en a dos noyées. V'la pour la daxième foué que j' l'o r'sumé ; ç'ot une désolation ! Ç'ost comme l'Assemblée, voy, j' né sais qu' diale en dire. Ça n' vame vite. Hinn veut d'un couté, l'aute veut de l'aute ; ç'ost peye que l' bon Dieu m'assiste. J' crois sallemont que le temps et los terres la rechignont. Enfin pensé qu l' bon Dieu vouret bintot qu' ça hieut ine fin ; cau malheurazement j' n'y pourrume tenin. On dit qu'ils vont se r'battre à Paris encô inne foué; ils n'en finiromme donc ! Je n' sais sallemont c' qu'i v'lont. Dans tout ç'là ç'ost toujou nous, qui payeret los canivès.

J. — Quant ou ost bin, on n' saraut donc y rester ? Ay-teu vu aller l' chemin d' feu ? Qué train, m' n' ami ! ein chin n' pourrau l' choy, tant y va vite. I ne s'an manq' de gueère qu'il n'allie hauche vite qu' ine hirondelle. J' n' sais c' que tout ç'la devenri : A st' arre n'y hiarri pus de fain à ache-

9

ter, pisqu' i ne faut pue de rouillie, ni d' charetie. Tu dirée ce que tu vouréę, c'ost toujou pour la coulture ine pute affairre.

F. — Oh bin oui! mâ on s'y repenré d'eine aute manière. On eleveré pus de beêtes. Ty, au lieu de vende dos fains, ty nurirey dos bues et dos maêtons. Ils t' feront dae fins; et puis quand y s'ront gras, ty los envirez à Paris. Ç' seray toujou la meême chose.

J. — V'la toujou in bin mauvais temps qui foe. — Entre dou : j' boiron inne boutielle.

F. — Merci, tout c'la m'ennue! j' n' sais quant j' pourrons planter non fièves; nous pumes de terre ni l' somme sallemont. Los blés jaunichont. Los vingnes ne somme enco achevies, ne nons saucies fagotées. Note bou n'ome enco fendu. J' m'en va faire raguji dos batons pou nons vingnes, qui n' somme enco fichié tout net, en attendant l'bey temps.

GLOSSAIRE.

Aboille. — Abeille.
Agrévisse. — Écrevisse.
Alli. que j'. — Que j'aille.
Arre, à st'. — A cette heure.
Até, il. — Il aurait été.
Aumaire. — Armoire.
Aumaille. — Génisse.
Aute. — Autre.
Avo, avot. — Avec.
Ay-te. — As-tu?
Ben, bin. — Bien.
Bey. — Beau.
Beyer. — Regarder.
Biquat. — Chevreau.
Bloqué. — Bloc.
Bon Dieu m'assiste, que le. — Locution usitée a Alliancelles quand on est dans l'embarras.
Bou. — Bois.
Boujou. — Bonjour.
Boune. — Bonne.
Boutielle. — Bouteille.
Brue. — Bruit.
Bue. — Bœuf.
Burre. — Beurre.
Canivets, payer les. — Payer les frais.
Cau. — Car.
Chaad. — Chaud.
Chae. — Choux.
Chamois. — Nuage.
Chanve. — Chanvre.
Chaod. — Chaud.
Chapex. — Chapeau.
Chare. — Viande.
Charetie. — Charretier.
Charotte. — Charette.
Chaye. — Six.
Chayère. — Chaise.
Checun. — Chacun.
Cheminge. — Chemise.

Cheminon. — Chenet.
Cher. — Char, voiture.
Chet. — Chat.
Cheure. — Sœur.
Cheveau. — Cheval.
Chin. — Chien.
Ch'min. — Chemin.
Chor. — Cheoir.
Choy. — Suivre.
Co. — Coq.
Coeté. — Couteau.
Combin. — Combien.
Conte. — Contre.
Couté. — Coté.
Cuillié. — Cuiller.
Cujenne. — Cuisine.
Dae. — Deux, du.
Darin, darnier. — Dernier.
Daxième. — Deuxième.
Dééji. — Déjà.
Demorot, il. — Il demeurait.
D'peuye. — Depuis.
Deue, il. — Il doit.
Diale. — Diable.
Dijau, y. — Il disait.
Dijie, que je. — Que je dise.
Dennoé, il. — Il donnait.
Donnome. — Donnez-moi.
Dos. — Des.
Douneu. — Donner.
Doye. — Doigt.
D' un. — Dans un.
Écaillons. — Noix.
Ein. — Un.
Enco. — Encore.
Ennue. — Aujourd'hui.
Enviey. — Envoyer.
Enviray, tu. — Tu enverras.
Etou. — Aussi.
Etrain. — Paille, chaume.
Fa. — Fait.
Faò, il. — Il fait.
Fain, fin. — Fumier.
Fauchot. — Rateau.
Fayons. — Faisons.
Feete. — Fête.
Feeve. — Haricot.
Feu. — Fer.
Fichié. — Planté.
Foé, foué. — Fois, foi.
Fomme. — Femme.
Freère. — Frère.
Freine. — Farine.
Frod. — Froid.
Froumage. — Fromage.
Fusin. — Fusil.
Gaçon, gasson. — Garçon.
Gatiau. — Gateau.
Groller. — Greler.
Gru. — Son.
Hage. — Aise.
Haller. — Aller.
Hauche. — Aussi.
Hauchetot. — Aussitot.
Heun, hiun, hun. — Un.
Houme. — Homme.
Hute. — As-tu eu ?
Ian. — Un.
Iau. — Eau.
Imes, je n'. — Je ne suis pas.
In, ine. — Un, une.
Jarbe. — Gerbe.
Jaunichont, ils. — Ils jaunissent.
Jama. — Jamais.
Joune. — Jeune.
Kaoper. — Couper.
Kemander. — Commander.
Ko. — Coq.
Koe. — Col.
Kri. — Querir.
La. — Lait.
Lantarne. — Lanterne.
Leye. — Lit.
Long. — Loin.
Los. — Les.
Lou. — Leur.
Lu. — Lui.
Luveromme, ils ne. — Ils ne lèveront pas.

Luvier. — Lever.
Ma. — Mais.
Mae. — Beaucoup.
Maeton. — Mouton.
Majon. — Maison.
Malheurae. — Malheureux.
Malheurazement. — Malheureument.
Malin. — Méchant.
Manté. — Manteau.
Marander. — Faire collation.
Maye. — Jardin.
Meême. — Même.
Meère. — Mère.
Meuri. — Mourir.
Min. — Me, moi.
Moe. — Beaucoup.
Nansalle. — Nacelle.
Navinne. — Navette.
Ne. — Et.
Neujotte. — Noisette.
Noger. — Neiger.
Nurirey, tu. — Tu nourriras.
Ofant. — Enfant.
Ourage. — Orage.
Ourge. — Orge.
Ous. — Où.
Pau. — Peu.
Paupier. — Papier.
Peère. — Père.
Peile. — Pelle.
Persune. — Personne.
Peux, peuye. — Puis.
Peye. — Pis.
Pichon. — Poisson.
Planchier. — Grenier.
Pleuge. — Pluie.
Pouille. — Poule.
Poure. — Pauvre, Poudre.
Pourrai, tu. — Tu pourras.
Pourrume, je n'y. — Nous n'y pourrons pas.
Pous. — Pois.
Preye. — Prix.
Puc, pue. — Plus.

Pugnier. — Panier.
Pume. — Pomme.
Pus. — Plus.
Put. — Laid.
Qué. — Quel.
Ragusi. — Aiguiser.
Rajouie, se. — Se réjouir.
Rechigner. — Imiter, singer.
Remplin. — Remplir.
Repenré, on s'y. — On si reprendra.
Revenin. — Revenir.
Rijin. — Raisin.
Rin. — Rien.
Roullie. — Roulier.
Sallemont. — Seulement.
Saraut, on ne. — On ne saurait.
Saucie. — Plantation de saules.
Seloa. — Soleil.
Soile, soyle. — Seigle.
Solais. — Souliers.
Somme, y ne. — Ils ne sont pas.
Sou. — Son.
Sougney. — Soigner.
Soumer. — Semer.
Soustet. — Au logis.
Soye. — Seau.
Soyle. — Seigle.
Ste. — Cette.
Taut. — Tant.
Tenin. — Tenir.
Thios, v'. — Vous tuez.
Thuyer. — Tuer.
Touci. — Ici, alors.
Touejou, toujou. — Toujours.
Toula. — Là, alors.
Tounay. — Tonneau.
Tout net. — Tout-à-fait.
Treule. — Filet.
T'y au lieu. — Au lieu.
Ttot. — Tu, toi.
Ume. — Me.
Urvenin. — Revenir.
Vame, il ne. — Il ne va pas.
Vayen. — Pelle à feu.

Vendanche. — Vendange.
Vende. — Vendre.
Vey. — Veau.
Viau. — Veau.
Vingne. — Vigne.

V'lot, il. — Il voulait.
Vote. — Votre.
Vourée, tu. — Tu voudras.
Voyotte. — Sentier.
Vyè. — Vieux.

Verbes Être et Avoir.

Ête. — Être.

Je seue. — Je suis.
Il ot, ost. — Il est.
Il étot, ataut, atot. — Il était.

J' s'ras. — Je serai.
T' seray. — Tu seras.
Y serey. — Il sera.

Avoi. — Avoir.

J'o, j'a. — J'ai.
Tu ai. — Tu as.
Il è, het, ay, y. — Il a.
Ils iont, hiont. — Ils ont.
Il havot, avot. — Il avait.

Ja heyeu. — J'ai eu.
Il et yeu. — Il a eu.
Il iarré. — Il aura.
Qu'il hieut. — Qu'il eut.
Il âte — Il eut été (1).

CANTON DE SOMPUIS,

arrondissement de Vitry-le-François.

Amin. — Ami.
Ç'au min, ç'au moi. — C'est moi.
Ç'au ti, ç'au toi. — C'est toi.
Chaplaignat. — Habitant de Chapelaine.
Corbeillat. — Habitant de Corbeil.
Dommartaingnat. — Habitant de Dommartin.

---

(1) Nous devons le contenu de ce chapitre à l'obligeance de N. Varnier-Arnoud, maire de la commune d'Alliancelles.

Fayot, il. — Il faisait.
Mins. — Mis.
Pensos, je. — Je pensais.
Pourros, je. — Je pourrais.
Sompuyat. — Habitant de Sompuis.
Somsoyat. — Habitant de Somsois.
Stila. — Ceux-là, celui-là.

—

Verbe Être.

J' sus, — t' aus, — il aut.
J' sons, — v' etes, — y sont.

J' séras, — t' s'rey, — il s'ré,
j' serons.

J'étos, — t' étos, — il étot.
J'étions, — v's étiez, — y étiont.

J'as été, — t' es été, — il et été, — J'ons été.

—

Verbe Avoir.

J'as, — t' es, — il et, — j'ons, v's avez, — il ont.

J'avos, — t' avos, — il avot. — j'avions, — v's aviez, — il aviont.

J'arai, — t' aray, — il aret, —

j'arons, — v's arez, — y aront.

J'aros (j'aurais).

J'aros iu.

J'as iu, — t' es iu (1).

—

PATOIS DE LA COMMUNE DE SUIPPES,

Canton de Suippes, arrondissement de Châlons-sur-Marne.

Chanson.

— Bonjou, mon cousi,
Gn'y-t-i longtemps qu' v' ête à Suippes?

---

(1) Chalette : Statistique du département de la Marne.

— J'y sunne de jeudi
Par la oiture don maite Philippe.
— J' sunne bien abaï
D'uve voir, mon cousi.
Ennetrez et purney une chaière
Qu' je jususse bié à nonte aise.
Cousi, voulez v' bié penre in ver de vi
En attendant la soupe à maindi ?

— Eh biè, mon cousi,
Etev' biè cherchié à famille ?
— J'avons cinq afants,
Deux garçons et trois filles :
Nos garçons tissont
Et nos filles filont.
Mi j' bats su la cloye,
Ma fem' fait des boudis à moye.
Nuit et jour, nj' chantons
Fanfan l' tulip'e, la mèr' Gaudichon.

— Coubié usse vend l'aune
Du voute médiocre fabrique ?
— Est-ce la grand aune,
Ou la petite metrique ?
Gagny j' n'i y mi mèche :
L'aune est grande comme une perche.
— Ah ! grand Dieu, qu' ça sent dou l'huile !
— C'est d'la blouse pouyas', qu'on file.
J'alons charger ç'la manique et tricbal :
Puis j' nous mettront à faire dou schal.

PATOIS DE COURTISOLS,

Canton de Marson, arrondissement de Châlons-sur-Marne.

PARABOLE DE L'ENFANT PRODIGUE.

Evindzile saint Luc, tzapitre quainze, verseu yonze.

Eins ç' teimps là, Dzésus y di aux Pharisiains ey aux docteurs de la loua ç'tu parabole :

in home avée dioux efeins ; et l' pu dzoune di à son peuire : — Mon Peuire, bailleume ç' que dze daye avaye d' voute bian. — Et le peuire y eé feé tout d'in kéo ce partadze là.

Queuque dzours apreus, eul pu dzoun de ci dioux enfeins là euye ramassiè ç' qu'il avée d' bian, y s'euye an aleu dains in païs benne long et y a eu dissipeu tout ç' bian là pa la dibautze et le libertainadge. Et quant tourtout cé éteu dispanseu, y eé v'nu in grainde famaine dains c' païs là ; et il a eu k'mencie à y ête dains ine grainde néciss'teu.

Y s'en euye en aleu, et s'euye mins valet chuy yun des habitains do païs, qui y euie dit qu'il alli dains sa maijou des tzains pou y houardeu si cottzons. Et tou là il aré éteu benne containt d' rimpli son vintre dis icorces, qu' li cotzons maindzaingt ; mai parsonne en n'y eu bayée.

Etaint r'venu à luye, y s'euye dit : — Combien y peut il avère d' valets, qui sont aux gadzes de mon père, et combenne ont y pu de mittze qu'y n'y aus en faut, et min dze sue touci à mouri de fan.

Y faut qu' dze me levaye et qu' dz'alaye trouveu mon peuire et dz'y diras : — Mon peuire, d'za féé in péché conte eulle ciel et conteure vou itou, et dze ne sue pu ain itat d'y ite houyé voute infeins. Traiteu min donc c'ment yun di valets, qui sont à vous gadzes.

Y s'euye don l'veu, et s'en eu euteu trouveu son peuire. Il en étée enco benne arrie, quant son peuire l'euye apparçeu. Yl en euye enteutin trémoussi de tindreusse ; y euye couru à luy, et seu tzttaint à son kiou, y l'euye bagiie.
— Et son einfins y euye dit : — Mon peuire, dze ne sue pu daigne d'ête hutzie voutte enfain ; dz'a péché conte eulle ciel et conter vous itout.

Et le peuire euye dit à si valets qu'on i apportie sa peurmière dzaqueutte et qu'on l' ly vtichi ; qu'on ly meutte ine bague dains le da et di soleus à si pis. — Alleuye qu'ri le vieaus gras, et tieuye lou. Maindzons et fons bonne tzière, vous voyez mon einfins, qu'iteuye mourt, et il ée r'sussiteu ; il itée peurdu, et il ée r'trouveu.

Il ont c'mencié tout d'in keo à faire z'eo r'pas. Mais son pu vi infeins, qu'ettée aux ttzaimps, euye r'venu. Quant il éteu amont la maijon, il deuye ohïe l' son dis instrumains et l' bruich de ceux, qui dainsaingnent.

Il euye hutzie tout d' suite yun d'. si valets, et y aie d'mandeu queu ç' qu'i avée. L' valet y euie dit que ç'étoit son freuire q'tait r'v'nu ain bonne sainteu, et qu' son peuire aveuye thieu l' viau gras.

I se maingue en colère ; il éteé ça hour, y ne v'lême raintrue à la maijon. Mais son peuire euye sorti, et l'euye pryé de raintreu. Il euye répondu à son peuire qu' ç'éteé là long temps qu'y seurveé sans avère dzameé désobéi à tout ç' qu'on n'i aveé c'maindeu ; et qu'y n'aveé dzamais yeu in bika pou se ridzoi aveur si amains. Mais chi tout q' voute aute einfeins, qu'euye mindzié tout voute bian aveu li fammes peurdues, euy éteu r'venu, vous euye thieu l' viau gras pour luye.

Le peuire y euie dit : — Mon einfeins, vous êtes toudzous aveure min, et tout ce que dz'a c'eu pour vous. Ma y fallei soupeu et se redzoï, que dit le peuire, par ce que voute freuire itée mourt, il eu ressusteu ; il ittée peurdu et il eu r't ouveu.

GLOSSAIRE.

Ain. — En.
Afeins. — Enfant.
Alaye, que dz'. — Que j'aille.
Amont, amout. — Auprès, en haut, à côté.
Apreus. — Après.
Auz. — Leur.
Arrie. — Arrière.
Avaye. — Avoir.
Aveu, aveure. — Avec.
Bailleume. — Donnez-moi.
Bailley, bayey. — Bailler, donner.
Batelie. — Batelier.
Benne. — Bien.
Bian. — Bien.
Bierbis. — Brebis.
Boutie. — Boucher.
Bruich. — Bruit.
Cerquey. — Cercueil.
Cheute. — Chouette.
Cheur. — Sœur.
Chi tout. — Si tôt.

Chuy. — Chez.
Ci. — Ces.
Combenne. — Combien.
Containt. — Content.
Conteure. — Contre.
Cordonnie. — Cordonnier.
Coteau. — Porc.
Cotzon. — Cochon.
Ç'tu. — Cette.
Coujin. — Cousin.
Couvrioux. — Couvreur.
Da. — Doigt.
Daigne. — Digne.
Dains, dins. — Dans.
Dainsaingnent, y. — Ils dansaient.
Dardenie. — Jardinier.
Daye, dze. — Je dois.
Denisse. — Génisse.
Dibautze. — Débauche.
Dinneye. — Dîner.
Dioux. — Deux.
Dissipeu. — Dissipé.

Diudi. — Jeudi.
Diumande. — Dimanche.
Dzamée. — Jamais.
Dzaqueutte. — Jacquette.
Dzardin. — Jardin.
Dze. — Je.
Dzoune. — Jeune.
Dzour. — Jour.
Ecorsenie. — Tablier.
Efin, einfain. — Enfant.
Ein. — Un.
Eins. — En.
Enco. — Encore.
Enteutin. — Tout à fait, tout de suite.
Etie. — Chemin.
Eul, eulle. — Le.
Evindzile. — Évangile.
Ey. — Et.
Famaine. — Famine.
Fan. — Faim.
Fautie. — Faucheur.
Freuire. — Frère.
Gadze. — Gage.
Grain. — Grand.
Grainde. — Grange, grande.
Graindze. — Grange.
Habitains. — Habitant.
Haoue. — Pioche.
Hate. — Hache.
Hordeu. — Grenier.
Houardeu. — Garder.
Hour. — Hors.
Houyey. — Appeller, crier.
Hutzey. — Appeller, hucher.
Iclair. — Éclair.
Itat. — État.
Itrin. — Coffre (écrin).
Itout. — Aussi.
In, ine. — Un, une.
Keo, keou. — Coup.
Kiou. — Col.
Kri. — Quérir.
Labouraye. — Labourer.
Lati. — Lâcher.

Levaye, que dze m'. — Que je me lève.
Long. — Loin.
Loua. — Loi.
Luye. — Lui.
Lyndi. — Lundi.
Maijon. — Maison.
Maindzons. — Mangeons.
Marendey. — Faire la collation.
Menugie. — Menuisier.
Meuire. — Mère.
Meutte, gn'y. — Qu'il mette.
Mieurdi. — Mercredi.
Min. — Moi.
Mins. — Mis.
Mitin. — Méchant.
Mitze. — Pain (miche).
Mout à mie. — Mouche à miel.
Nécessiteu. — Nécessité.
Oune. — Aujourd'hui (en'hui).
Oye. — Entendre.
Partadze. — Partage.
Persi. — Presser.
Peuire. — Père.
Peurmière. — Première.
Pis. — Pied.
Plinte. — Planche.
Poichon. — Poisson.
Pou. — Pour.
Pouille. — Poule.
Pu. — Plus.
Punayge. — Punaise.
Queuque. — Quelque.
Raintreu. — Rentrer.
Redzoi. — Réjouir.
Rigin. — Raisin.
Rissi. — Regarder.
Sainteu. — Santé.
Seurvi. — Servir.
Seuti. — Sentir.
Si. — Ses.
Sieu. — Taupe.
Soleus. — Souliers.
Sommaye. — Semer.
Sommioux. — Semeur.

Soulaye, se. — Se saouler.
Soupeu. — Souper.
Taïr. — Tomber (chaïr).
Tarpentie. — Charpentier.
Taudernie. — Chaudronnier.
Tée, il. — Il était.
Tegeye. — Choisir.
Teimps. — Temps.
Thieu. — Tué.
Tieuey. — Tuer.
Tindreusse. — Tendresse.
Toudzous. — Toujours.
Tourtout. — Tout.
Toussi, toula, toutla, toutsi. — Là, ici.
Traiteu min. — Traitez-moi.
Ttée, il. — Il était.
Ttzaemp. — Champ.
Tzalon. — Chalon.
Tzapitre. — Chapitre.
Tzare. — Viande (caro).

Tzttey. — Jeter.
Ttzettaint, seu. — Se jetant.
Ttzière. — Chère.
Uge. — Nuage.
Utinam. — Plut à Dieu.
Vaque. — Vache.
Vingue. — Vigne.
Vayen. — Pelle à feu.
Verseu. — Verset.
Vendand. — Vendange.
Vi. — Vieux.
Viurdi. — Vendredi.
V'lême, il ne. — Il ne voulait.
Vous. — Vos.
Voute. — Votre.
Voyeuye, vous. — Vous voyez.
Y. — Il, lui.
Ygravisse. — Écrevisse.
Yonze. — Onze.
Ytran. — Paille.

Verbes Être et Avoir.

Ête. — Être.

Dze sue. — Je suis.
Y é, eé, eu. — Il est.
Dz'éteé. — J'étais.
Y, il iteuye. — Il était.

Dz'a éteu. — J'ai été.
Y, ei, éteu. — Il a été.
Étaint. — Étant.
Éteu. — Été.

Avaye, avère. — Avoir.

Dz' a. — J'ai.
Y ée, ai. — Il a.
Dz'aveé. — J'avais.
Y aveé. — Il avait.

Dz'areé. — J'aurais.
Il aré. — Il aurait.
Dz'euis. — J'eus.
Il euye, euie. — Il eut (1).

---

(1) Nous devons les éléments de cet article aux travaux de MM. Hubert et Lenormand, publiés dans les Annuaires de

Langage français de Courtisols en 1266.

Cogneue chose soit à tous ceux, qui ces lettres verront et orrunt, que comme descord fut entre Mon Signeur Pierre de Courtisuel, chevalier d'une part, et Munier de Bourc de l'autre, d'un moulin, qui est delez la court : — de ce que Muniers disoit que Messires Pierre devoit metre le tiers en toutes choses au moulin, Messire Pierre ne li cognoissoit mie. — Ensi comme il disoit, pais et concorde fu faite entre aus en tel manière que Messire Pierres dut mettre le tiers en gros marrien par le consel de charpentiers. Raporte Messire Maheus li prévos de la ville et Messire Watiers doyens et curés de la ville de Curtisuels que toutes les atouses de la maison dou moulin et la roiliée, et toutes les atouses dou moulin soiont de gros marrien, mais que les tapines, li fusel, li dragon, les auves, les corbes, les tourtes pour le rouet seint de menu marrien. — Et pour ce que ce soit ferme chose et estable, nous devant dit Messire Maheus et Watiers avons mis nos seaus en ces présentes lettres en tesmoignage de vérité par la requeste des parties. — Ce fu fait quant le miliare couroit par mil et deuz cens sexante et siz ans eu mois d'Avril (1).

HAUTE-MARNE. (ENVIRONS DE LANGRES.)

Patois.

Parabole de l'Enfant prodigue, selon saint Luc, chap. 15.

Ein haume evo doux gacheneu, le pu jeune é di ai sou

---

la Marne, 1812, p. 59. — 1813, p. 55, 61. — 1820, p. 226. — Et aux publications de la Société des Antiquaires de France : 1re série, t. V, p. 326. — T. VI, p. 219. — Nous avons dû faire au texte de la parabole diverses corrections indispensables.

(1) Cartulaire de St-Remy, p. 623, grand in-folio. - Archives de la ville de Reims.

paire : — Mou Paire, baillez mei ç' que da m' revené de not' bié.

Queuque temps eprès le pu jeune de cé gacheneu quant y è eieu remassey tout ce qu'il évo, s'en allo bié loin, lé voù qu'il ay pedui son bié en fayant le libertein.

Quand il è yeu tout daipensey, voichi qu'erryvey eune grande famigne dans c' pays ley ; et y c'mençot à ête bien preuve. Y s'en allé ay mètre ches ein haibitant de ç' pays lay, qui l'ay envoyey dans say ferme pou y gadiey les gouris.

Lay yl aira bié v'lu meingé les écauches que ley gouris mingeaient : ma nun n' ly en baillot. É la fin el è rentré en lu mâme, é y dit : — Combiéien n'y ai-t-y pas dans not' maigeon de domesties, qui ont brâment ay minger, et mey teucy j' meus d' faim ! Y faut que j' me leuve et que j' m'en ayle treuvey mon paire, et j' li diro : — Mou Paire, j'ai p'ché cont' l' bon Dieu et peu vos, et j' n' seu pu digne d'ête vot' gacheneu. Regadiez mai quement un d' vos domestic.

Y s'ai l'vé et s'ay en allé treuvé sou paire. Et quand il étot encore bié loin, son paire l'ay aipperçu ; et attant aittendry, el ay coru d'sus lu ; et s'ay jeté ai sou ceu et l'ay rembraissay. Et sou gacheneu ly dit : — Mou paire, j'ai p'ché cont' l' bon Dieu et pus vos ; et je n' seu pas digne d'eite vot' gacheneu. »

Ai peu l' paire dit ay sés domestics : — Aipotiez vith lay pu belle raube et mettez ly eine bague dans le do et day soulay dans lay piés. Emnez aireu l' vaic gras, ai peu tuai lu. Mingeons ai fayons bonne cha. Ç'a que voichi mou gacheneu, qu'étot mo, qu'a raissuscitai ; yl étot p'du et il a retreuvai.

Chanson

Composée à Langres contre les habitants de Chaumont en Bassigny.

   Ay Langres y fait frod, dit-on ;
  Mès y fait chaud ay Chaumont.
  Car quand la bise ay v'lu rentey,
    Pour mieux l'attrappey
    Et l'empochey d'entrey
  Les pothes y ont fait fromey.

Ay Chaumont, ay la saint Jean
Lay musique ç'ay du pien chant.
Stu, que fait la basse, est obligey
   Pou grossi sa veix.
   Et pou mieux chantey
To lé jo d' s'alley baigney (1).

Noël

Composé par le Curé de la commune de Peigney, près Langres, vers 1788.

Peigney, petit vyège
Qu'a si ben renommé
Tant pou son bon freumège
Que son buerre et son lét *(2)*.

GLOSSAIRE.

A, il. — Il est.
Ai, ait, ay, ayt. — Et. — Il a, il est.
Aipotié. — Apporter, apporté : Vous aipotié. — Vous apportez.
Aireu. — Ici, de suite.
Aira, il. — Il aurait.
Airo, il. — Il aura.
Aittendry. — Attendri.
Alley, aller. — Il s'en est alley : il s'en est allé.
Allo, il s'en. — Il s'en alla.
Allos, j'. — J'allais.

Attant. — Étant.
Attrapey. — Attraper.
Aut' foy. — Autrefois.
Ay, ç'. — C'est.
Ayle, que je m'en. — Que je m'en aille.
Baigney. — Baigner.
Bailley. — Donner, donné.
Baillo, il. — Il donna.
Ben. — Bien.
Bié, biein. — Bien.
Boas, boés. — Bois.
Brament. — Beaucoup, grandement.

---

(1) Je dois cette chanson et la traduction de la parabole de l'Enfant prodigue à l'obligeance de M. Pernot, peintre et littérateur distingué.

(2) Recherches historiques sur l'arrondissement de Langres : Langres 1836, p. 412. — Nous avons fait de vains efforts pour nous procurer une copie complète de ce Noël.

Buerre. — Beurre.
Cé. — Ces.
Ceu. — Col.
Cha. — Chair, chère.
Chantey. — Chanter.
Cheux, cheuz. — Chez.
C'mencey. — Commencer.
Combiéien. — Combien.
Cont, conté. — Contre.
Da, ce qui. — Ce qui doit.
Daipensey. — Dépenser.
Day. — Des.
Diro, je. — Je dirai.
Dizaye, saint. — Saint-Dizier.
Do. — Doigt.
Doux. — Deux.
É. — Et. — Il é : Il a, il est. — C'é : C'est.
É. — En, a.
Écauche. — Écorce.
Ein, eine. — Un, une.
Eite. — Être.
Eieu, il é. — Il a eu.
El. — Il.
Enmey. — Amener.
Empechiey. — Empêcher, empêché.
Empochey. — Empêcher.
Entey. — Entrer, entré.
Eprès. — Après.
Errivey. — Arriver, arrivé.
Ête. — Être.
Eto, il. — Il était.
Eun, eune. — Un une.
Evo, il. — Il avait.
Ey. — Voyez : É.
Famigne. — Famine.
Fayant. — Faisant.
Fayons. — Faisons.
Fraire. — Frère.
Freumège. — Fromage.
Frod. — Froid.
Fromey. — Fermer, fermé.
Gacheneu. — Fils, garçon.
Gachon. — Garçon, fils.
Gadiey, gaidié. — Garder, gardé.
Gouris. — Cochon, jeune porc.
Grossi. — Grossir.
Haibitant. — Habitant.
Haume, hôme. — Homme.
Jo. — Jour.
Lay. — La, les, là.
Lé. — La, là.
Lét. — Lait.
Lay. — Là, les.
Lu. — Lui, le.
Ly. — Lui, le.
Ma. — Mais.
Mai, may. — Moi.
Maigeon. — Maison.
Maire. — Mère.
Mâme. — Même.
Méger. — Manger.
Moi, mey. — Moi.
Meus, je. — Je meurs.
Mingey. — Manger.
Mo. — Mort.
Mou. — Mon.
Nun. — Aucun, nul, personne.
Obligey. — Obliger, obligé.
Paire. — Père.
P'chey. — Pécher, péché.
Pede. — Perdre. — Pediu : Perdu.
Peu. — Puis, depuis, aussi.
Pian. — Plain, plein.
Pothe. — Porte.
Pou. — Pour.
Preuve, prove. — Pauvre.
Pu. — Plus.
Quement. — Comme, comment, de même que.
Quèque. — Quelque.
Raissuscitai. — Ressuscité.
Raube, rôbe. — Robe.
Regadiey. — Regarder.
Remassey. — Ramasser.
Rembrassiey. Embrasser.
Rentey. — Rentrer.

Retreuvay. — Retrouver, retrouvé.
Revené. — Revenir.
Say. — Sa.
Sés. — Ses.
Seu, je. — Je suis.
Sope. — Soupe.
Sou. — Son.
Soulay. — Souliers.
Stu. — Celui.
Teucy. — Ici, là.
To, tot. — Tout.

Treuvcy. — Trouver.
Trovins, je. — Je trouvais.
Vaic, vais. — Veau.
Vith. — Vite.
V'lu, il a. — Il a voulu.
Vo, vô. — Vous.
Voichi. — Voici.
Vos. — Vous.
Vot. — Votre.
Vou, lè. — Là, où.
Vyège. — Village.
Y. — Il.

AUBE.

Patois Riceton. — *Commune du Riceys.*

Parabole de l'Enfant prodigue.

In houme avo deux gaichons, dont lou pu jene dijit à son peire. — Mon Peire, beillez moi ç' que dei me rvuni de vot bié. » — Et lou peire leux feit lou péertiège de son bié.

Queuque jou aprè lou pu jène s'avigic d'emportier tout lou gribinaige, et peux patchi en étringe pays bé éloignié, où y mingea tout son biè en bemboches.

Quand tou fut pdju y arriva inc grande dijette pa lai ; et i c'mença à s' senti affauti.

Il patchi, et peux se mit à maitre chez in houme dou pays, qui l'envia dans sa majon du meitian des champs pou y gadier les couchons. Là il fut bien âge de rimpli son ventre des bzas, qu' lés couchons mingée ; mas pchoune ne lui en beillait.

Enfin quoi rentré en lu, il dit : — combé n'y a-t-il pas chez mon peire de gens à gaiges, qui ont pu de miches qu'i ne lieus en faut, quant je creuve de faim lai. Y faut que j' me leuve et peux qu' j'alle trouvé mon peire et qu' j' li dije : — Mon Peire, j'ai péché conte lou Cié et conte vous, et je ne sume deigne d'etre majeu regadié coume vot gachon. M'nez moi coume un des serviteux, qui sont à vo gaiges.

Y s' leva dont et patchi trouvé son peire.

Y étot enco bé loin qu' son peire lou requenu et y en feu

touché de compachion, et courant à lu, y se jiqua à son co et lou baja.

Son gachon li dit: — Mou Peire, j'ai péché conte lou cié et conte vous ; je ne seux pu deigne d'être majeu votre gachon.

Lou peire dijit à ses doumestiques : — Apotchez ly bè vite la pu bale houplande, et metez ly une bague au doi et des soulés à sé piés. Amenez itou lou viau gras et lou tuez. Maingeon et faijons boune chière, par ce que mon gachon, que v'qui, i étot motche et i ot ressuscitai; i éto pedju et i ot retrouvé.

Cependant lou gachon lou pu viey, qui étot aux champs, i r'vint à l'hosté : et quand y fut auprè i aueuiti lou bru des instruments et de stilay, qui dansée. Il huchi in des serviteux et li demandi qu'as-ç' qu' c'éto.

Lou serviteux li dijit : — C'é qu' vot freire è r'venu, et vot peire a tué lou gras viau, pa ce qui l'r'voit bé potchant. » Ç' qui l'ayant mins en coleire, y n' volut mi entray à l'hosté.

Sou peirè soitit pou l'en proiay. — Mais il ly faijit ç'te réponse : — V'la d'ja moult d'ans que j' vous sers et je n' vous ai jamas d'sobéi en ré que v' m'avez quemandey, et pou itiant vous ne m'avez jamais beillé in cabri pou avoi d' plagy avé mes amis. — Mas auchi tot que vot aute fils, qu'a mingé vot' bé avé des femmes pedjues, è r'venu, vous tuez pou li le viau gras.— Lou peire li dijit : — Moun fils, v'étiez toujou avé moi, et tout ç' que j'ai è à vous ; mas y fallot faire eine feste et nous réjoui, pa ce que vote freire éto motche et y è ressuscitai; i éto pedju et i è retrouvé.

—

Conversation entre deux cultivateurs Ricetons.

Jacques. — Eh bé ! qu'os que j' dirons? Lou temps s' broïlle pa lai haut. Y o tou noi dans lu dessus d'Baigneux.

Pierre. — J'airons dou teney avant que lou soulet n' musse. J'airons itou d' la grole; car j' voi bé des gros bodets dans la nuey.

J. — Si j'éto à l'hotey, j'iro fère s'nay les quieuches pou renviey la nuey su lou boé d' Mussy.

P. — Ma on dit qu' ça vaut ré de s'ney quant y teunne, qu' les quieuches y attiront lou tency. Tu te rapeule bé dou jou, où les s'neux y avint mis les quieuches en branne, lou tency y a cheu su la grosse poume d' la flièche.

J. — Ochu, si j' m'en rapeule! j'ons veu tou fréere Paillet, qui jiquait dou lait pou étinde lou feu. J'ons veu étou lou pliom, qui ly rigoulait darai lou dos. Mas acueites don, voi! Vequi déjae d' le pleue, qui chet.

P. — J'en airons iene boune aculée! car lou coquassier l'ameune tout drait. On n' voit déjai pu lou melin d' Channe, tant y en chait par lai. Chi tou veus m'en croi, laiche lai toune antaille, et vié d' avé moi dans la leuge.

J. — Je te seug. J'avo oubiey ma bouteille sou lou poumé, et j' vas la queri. J' boirons ein co, quant j' serons à l'acoyo.

P. — J' lou veux bé ; la miéne al ot veuÿde, et j'ai bé soi. J' mingerons cin mouchet et j' gringnotterons des cacas.

J. — Va nous aringiey des achetous : pour mingey on o bé qu' acheley.

P. — M'y vequi dans ste luege. Vié vite. Ost-ç'-qu' tu n'as pu de james? La pleue al eurdouble (1).

Conjugaison des Verbes Être *et* Avoir.

Présent.

Je seu, seux. — Je suis.   J'ai. — J'ai.
Tu os. — Tu es.   Tu as. — Tu as.
Y ost, ot. — Il est.   Y a. — Il a.
J' sons. — Nous sommes.   J'ons. — Nous avons.
Vos êtes. — Vous êtes.   . . . .
Y sont. — Ils sont.   Y ont. — Ils ont.

Imparfait.

J'étoz. — J'étais.   J'avos. — J'avais.
T' étos. — Tu étais.   T' avos. — Tu avais.
Il étot. — Il était.   Il avot. — Il avait.
Y Etée. — Ils étaient.   Y avée. — Ils avaient.

---

(1) Cette conversation est empruntée au curieux ouvrage de M. L. Coutant, intitulé : Recueil de notes et de pièces historiques pour servir à l'histoire des Riceys. Paris, in-8º, 1840. — Cette pièce, qui paraît écrite vers 1790, a plus de 25 pages. Nous renvoyons le lecteur à son texte complet.

Futur.

J' serai. — Je serai.
Y s'ro, s'ra. — Il sera.   Y aira, auro, eira. — Il aura.
J' s'rons. — Nous serons.   J'airons, j'arons. — Nous aurons.
Y s'ront. — Ils seront.   Y aront. — Ils auront.

Subjonctif.

Qu'y sée. — Qu'il soit.

Conditionnel.

J' s'ro. — Je serais.   J'auro, j'airée. — J'aurais.
Tu serée. — Tu serais.   J'airions. — Nous aurions.
Y serée. — Il serait.   Y airée. — Ils auraient.

Infinitif.

Ete. — Être.   Avoi. — Avoir.

Participe passé.

Étiey. — Été (1).

GLOSSAIRE.

Achetey, s'. — S'asseoir.   Aggripey. — Prendre.
Acheton, achetou. — Siège.   Aige. — Aise.
Acotiey. — Appuyer.   Ajé, ajiey. — Aisé.
Acoyau, acoyo. — Abri.   Al, ale. — Elle.
Acueitey. — Ecouter.   Anne. — Lande, sable.
Affauti. — Manquer, être en   Apotchey. — Apporter.
  misère.   Archant. — Arrachant.

---

(1) Nous devons tous les matériaux, qui forment notre chapitre du patois Riceton, à l'obligeant savoir de M. L. Coutant, propriétaire aux Riceys (Aube).

Assa. — Hache.
Auchy. — Aussi.
Aujad'heu. — Aujourd'hui.
Avé. — Avec.
Avigey, s'. — S'aviser.
Bal, balle. — Beau, belle.
Bailley, bayey, bailley. — Donner.
Bé. — Bien.
Bebué. — Bœuf bouilli.
Bêtige. — Bêtise.
Bétot. — Bientôt.
Beuilley. — Regarder.
Bié. — Bien.
Bige. — Bise.
Blaude. — Sarreau.
Blotte. — Blette.
Bodet. — Nuage orageux.
Boé. — Bois.
Boete. — Boisson.
Bote. — Crapaud.
Boune. — Bonne.
Branne. — Branle.
Branment. — Vraiment, oui.
Breuche. — Broche.
Bru. — Bruit.
Bzas. — Écorces, débris.
Cacas. — Noix.
Calle. — Tête.
Caquin. — Œuf.
Chapalle. — Chapelle.
Chapex. — Chapeau.
Chaquin. — Chacun.
Chatel. — Château.
Cheimbe. — Chambre.
Chet, il. — Il tombe.
Chevosse. — Cheveux.
Chi. — Si, six.
Chic. — Chien.
Chingey. — Changer.
Chogi. — Choisir.
Chone. — Triste.
Chu. — Tombé.
Clavier. — Porte.
Cliey. — Clair.

Cnas. — Canard.
Cocassier. — Vent de la pluie, du nord-ouest.
Cocheau. — Sorte de corset.
Co. — Coup. — Col.
Compachion. — Compassion.
Conte. — Contre.
Costière. — Côté.
Couchon. — Cochon.
Courai. — Racine de vigne.
Courré. — Courir.
Coutei. — Couteau.
Crabosse. — Ecrévisse.
Crais, je. — Je crois.
Creuvey. — Crever.
Croi. — Croire.
Crolay. — Secouer, trembler.
Cu, cuet. — Cuve.
Curiay. — Curieux.
Curotte. — Petite serpette.
Daret. — Derrière.
Darrère. — Dernière.
Deigne. — Digne.
Develay. — Diminuer.
Diche. — Dix.
Digième. — Dixième.
Dijette. — Disette.
Dijit, il. — Il dit.
Dimin. — Demain.
Dret. — Droit.
Ecaris. — Coin, écart.
Eglige. — Eglise.
Eing. — Un.
Eintendant, en. — En attendant.
En. — On.
Envé. — Envers, vers.
Enteille. — Taille de la vigne.
Eping. — Epingle.
Etringé. — Etranger.
Eurdoublay. — Redoubler.
Eurgardey. — Regarder.
Eurmeney. — Remener.
Faijit, faisit, fayit, feit, il. — Il fit.

Faijons. — Faisons.
Faveux. — Faveur.
Fette. — Mesure de terre contenant 5 ares et 27 centiares.
Feurdailley. — Percer, casser.
Figni. — Finir.
Foche. — Force.
Foui. — Four.
Frottey. — Battre.
Froumège. — Fromage.
Gachon, gaichon. — Garçon.
Gadey, gaidiey. — Garder.
Gaige. — Gage.
Gaingain. — Pois.
Galêne. — Vent de nord-est.
Galotte. — Galette.
Gamière. — Vigne plantée en gamets, sorte de raisins.
Ganne. — Robe souillée.
Gatai. — Gâteau.
Gatiey. — Gâter.
Gayette. — Chèvre.
Gelinotte. — Poule.
Geulée. — Gelée.
Gloide. — Claude.
Goulée. — Gorgée, contenu d'un verre.
Grabuche. — Grabuge.
Gribinaige. — Fortune.
Grignottey. — Casser, croquer.
Grole. — Grêle.
Grosnet. — Argent.
Gueurlette. — Brebis.
Haille. — Haie.
Hio. — Hier.
Hio-soi. — Hier soir.
Hodjeu. — Aujourd'hui.
Holé, hotai, à l'. — Au logis, chez soi.
Houme. — Homme.
Imbiey — Oublier.
In, ine. — Un, une.
Io. — Eau.
Iqui. — Ici.
Irée, ils — Ils iraient.

Itou. — Aussi.
Jalois. — Seau, vase de bois.
Jame. — Jambe.
Jasiey. — Jaser.
Jene. — Jeune.
Jeveau. — Cheval.
Jiquey. — Jeter.
Jiquerios, je. — Je jetterais.
Jou. — Je.
Lachey. — Laisser.
Lacherons, nous. — Nous laisserons.
Lai, lay. — Là. — Elle.
Layey. — Lier.
Legeait, il. — Il lisait.
Lette. — Lettre.
Leuge. — Loge.
Leus, leux. — Leur.
Leyt. — Lit.
Li, ly. — Lui.
Lieus, lieux. — Leur.
Lingue. — Langue.
Loquot. — Loquet de porte.
Lou. — Le.
Lu. — Lui.
Maigle, meigle. — Charrue, hoyau.
Maingey, mingey. — Manger.
Maingetin. — Mangeur.
Majeu. — A l'avenir.
Majon. — Maison.
Mas. — Mais.
Mau. — Mal.
Meitian. — Milieu.
Melin. — Moulin.
Miche. — Pain.
Motché. — Mort.
Motchi. — Mourir.
Mouchet. — Morceau.
Moun. — Mon.
Mté, mtié. — Moitié, métier.
Mussey. — Cacher.
Nein. — Non, nenni.
Neriens, neries, norriens. —

Raisins noirs.
Noi. — Noir.
Nombray. — Nombreux.
Nougeotte. — Noisette.
O. — Oui. — Il o, — il est.
Ochu. — Oui. — A Somme-Tourbe on dit : Ouiche.
Ochu bé. — Ah bien oui ! — Est-il bien possible !
Ogeai. — Oiseau.
Ojon. — Oison.
Oin. — Un.
Ol. — Elle.
Os, oz. — Eux, elles.
Pa. — Par.
Paichay. — Passer.
Pachet. — Echalat.
Paley. — Parler.
Patchy — Partir.
Patenas. — Panais.
Pchourey. — Ecraser.
Pdju, pedju. — Perdu.
Péertaigiay. — Partager.
Pegeon. — Pigeon.
Peire. — Père.
Penre. — Prendre.
Petchoune. — Personne.
Petiot. — Enfant.
Peuri. — Pourir.
Peux. — Puis, — peur.
Piounnerie. — Corvée.
Plagy. — Plaisir.
Pleue. — Pluie.
Pnas. — Panais.
Pné. — Prunier.
Pocho. — Peu.
Poichion. — Pension.
Poichon. — Poisson.
Poplin. — Peuplier.
Potche. — Porte.
Pou. — Pour. — Pou itiant : Pourtant.
Pouine. — Peine.
Poumé. — Pommier.
Poudrait, il. — Il pourrait.

Pourro, il. — Il pourra.
Prebis. — Brebis.
Prome. — Premier.
Promère. — Première.
Psalle, ptalle. — Bretelle.
Pschoui. — Pioche, fer de charrue.
Ptchi. — Pétrir.
Pus. — Plus.
Put. — Laid.
Putchot. — Plutôt.
Qué. — Quel.
Quemander. — Commander.
Queneu. — Connu.
Queuque. — Quelque.
Queur. — Cuire.
Queut, il. — Il cuit.
Queutchin. — Jardin.
Queutchine. — Rideau.
Queutchinotte. — Rideau.
Quieu. — Quel.
Quieuche. — Cloche.
Quieuchié. — Clocher.
Qu'osque. — Qu'est-ce que.
Rajain, rajin. — Raisin.
Rajon. — Raison.
Rapeulay. — Rappeler.
Ravinay. — Raviner.
Ré. — Rien, chose.
Rebeillay. — Redonner.
Recuei. — Recueillir.
Redième. — Remède.
Recottiey. — Récolter.
Regardiay. — Regarder.
Reiche. — Riche.
Remège. — Remise.
Rempli. — Remplir.
Rensgney. — Renseigner.
Renvchey. — Renverser.
Renviey. — Renvoyer.
Requenu. — Reconnu.
Revié, je. — Je reviens.
Rigouley. — Couler.
Santiey. — Santé.
Sarpotte, serpotte. — Serpe.

Sauce. — Saule.
Sé. — Sien.
Senay. — Sonner.
Seneux. — Sonneur.
Sentey. — Sentier.
Serviteux. — Serviteur.
Seuchey. — Sécher.
Seug, je te. — Je te suis.
Sey. — Sel.
S'lé. — Soleil.
Soi — Soif.
Soity. — Sortir.
Soulaire. — Vent d'Orient.
Soulés — Soulier.
Soulet. — Soleil.
Squi. — Ceci.
Sti, stu, stilay, stulay. — Celui-ci, celui-là.
Tat. — Tant.
Teille. — Taille.
Telle. — Toile.
Teney. — Tonnerre.
Teunay. — Tonner.
Tiatias. — Grive.
Tous qui. — Tout ceci.
Tou. — Tu, toi, te.

Trapechay. — Transpercer.
Tré bé. — Très bien.
Tumey. — Renverser.
Ubiey, umbiey. — Oublier.
Umbligiey. — Obliger.
Utils. — Outils.
Vaille. — Paresseux.
Veche. — Vache.
Vequi. — Voici.
Veuide. — Vide.
Veye. — Vieille.
Viau. — Veau.
Vié. — Vieux, — vieus.
Viera, il. — Il viendra.
Viey. — Vieux.
Visège. — Visage.
Vive. — Vivre.
Vlin. — Venin.
Voie. — Chemin.
Vons, nous. — Nous allons.
Voù. — Où.
Voulo, il. — Il voulait.
Vouro, il. — Il voudra.
V'qui. — Voici.
Vraire. — Verrière, fenêtre.
Y. — Il. — Y ot : Il est.

PATOIS ARDENNAIS.

(*Bords de la Meuse, de Revin à Dinant*).

Parabole de l'Enfant prodigue.

Ein homme avoit deus affons.

Dont l' pu tjone di à s' père : — Mi pére, dennoum' ç qui det m' reveni d' vos biés. » Et l' pére leux fgi l' partache de s' biés.

In po apré l' pu tjone d' cés deus effons, apré aboi ramassé tout ç' qu'il avoit, é evoï din in pay étranger bé lon, où il é allowé tout ç' bié pa dés excés et pa dés bamboches.

Apré aboi tou allowé, yl é venu ein grand famine din ç païl la, et yl couminci à esse din la' misère.

Yl é don paurti, et s'é mis au sairvice d'ein hame du païl, qui l'é avoï din s' maujon des tchons pou y hoirdé li pourçai.

Et là il auroi sti bin auge d'impleni s' vinte dé scafions, qu' lé pourçai mintgint. Mais nelu n' li é dennoit.

Enfin astant rintré in li même, y dit : — Comb' est-ce qu' il é amon m' père di vaurlets, qu'ont pu d' poin que n' leus i faut. Et mi j' mor adroci d' foin.

Y faut qu' gi m' lef et qu' tji vaille treuvé m' pére et qu' tji li die : — Mi pére, tjai mau fouai vis à vis du ciel et d' vou.

Et tji n' su pu digne d'esse noumé vo effont. Traitou' m' com ing di vo vaurlet, qui sont à vos gatches.

Y s' é don l'vé. Et gl' é venu trouvé s' pére. Com il astoit co bé lon, s' pére l' é vehiu. Et il esti tout piteux, et courant à lu, y s' è tappé à s' co et l' é baugi.

Et s'effont l'y dit : — Mi pére, tj'ai mau fouai vis à vis du Ciel et d' vou. Et tje n' su pu digne d'esse noumé vo effont.

Aloste l' père di à ses vaurlets : — Dispetchou-vous d' ly apporté l' pu balle robe et habillou l' ; et mettou ly une bague au deu et dés solés aux pis. Ossi l' vai cras et tuou l' : mintjon et et fjons boun' tchère. Pa ç qui m'effon, qui v'la, astoit mors et il é ravisqué. Yl astoit pairdu, et yl é r'trouvé. » Y coumincirent don à fouair boun' tchère.

Pourtout l' pu viés d' ces effons, qui astoit din lé tchons, é rivinu. Et com yl astoit tout prés de l' maujon, yl é hoïu l' music et l' ramache de çai, qui dinsint.

Yl é huqué inq de vaurlet, Et il ly é d'mondé ç' qui s'estoit.

L' vaurlet l'y é respondu : — Vo frére é r'vinu. Et vo pére é toué l' vai cras pa ç' qu'yl l' rihoi à santé. »

Li v'la tout mouai ; et y n' v'loit ne intrer din l' maujon. Mai s' pére astont saurti pou ly dire d'intray.

V'la cum y ly é respondu : — Vla d'ja tout plin des anneyes qui j' vo sève. Tji n' vos ai jamouai d'sobéi à rié de ç' qui vo m'avou coumondé. Et pourtont vo n' m'avou jamouai d'né in cabri pon m' diverti avé mes amis.

Mai tout d' chute que l'aut' di vos effons, qu' é allowé s' biés avé dés fames pairdues est r'vinu, vos avou toué l' vai cras pour lu.

Alost l' pére l'y dit : — M' fi, vos astou toudis avé mi. Et tout ç' qui tj'ai est à vous. Mais y fal oit fouaire boun tchère et no diverti pa ce qui vo frère astoit mor et yl é ravisqué. Il ostoit pairdu et yl é r'trouvé (1).

---

(1) Nous devons cette version à M. l'abbé Nanquette, curé de Saint-Charles à Sedan, membre de l'académie de Reims.

PATOIS ARDENNAIS.

(*Entre Neuf-Château et Bouillon.*)

PARABOLE DE L'ENFANT PRODIGUE.

Oun oum avo deus afans.

Don l' pé jaun dì à s' père : — Mu Père, bayo m' ç' qui do m' reveneu de vos bin. — Et l' père les y f'gi l' partache de s' bin.

In po aprè, l' pé jaun d' cé deus afan, aprè ahoi ramachi tou ç' qu'il avo, s'an è allé din in païétranger mou lon, où y guernouia tou s' bin pa dé excé et pa dé débauche.

Aprè ahoi tou guernouï, yl è veneu in grand foin din s' paÿ la ; et yl é queminchy à témé din un' digette.

Y s'en é don allé et s'é attaché ou service d'in oum dou paÿ, qui l'é avoï din sa maujon dès chans pou y hoirdé lé poursai.

I toulà il auro esté bin auge d'aplenir sé vinte d'écos, que lé poursai moingint. Ma péchaun ne ly â d'no.

Éfin estant rintri din li même, y di : — Combin y e-t'y cheu m' per de vaurlet, qu'on pu de poin, qui ne lé y a fau ; et mi j' meur touci d' foin.

Y fau que j' me lève et que j' vache trouvé m' pèr é que je ly diche : — Mu per, j'a mau fa vis à vis dou Ciel é d' vo.

Et jeu n'seu pu digne d'esse houchi vost afan. Traito m' com unq de vo vaurlet, qui son à v' gache.

Y s'é don l'vé et yl é veneu trouvé s' per : é com il esto co bin lon, s'per le veyo, é yl esto touchi d' piti : é couran à lu, y s'é tappé à s'co, é l'é baugi.

Et s'n afan ly di : — Mu Per, j'a mau fu vis à vis dou Ciel é d' vo, é jeu n' seu pu digne d'esse houchi vost afan.

Alors l' per dijo à sé vaurlets : — Dépechez à ly epporté la pé bel rob, et l'habillio : et mitto ly in enai ou doi, é da solé ou pi. Amouno ossi l' vai crau, é tuo l' : menjon, et figean bounc chair.

Pa cé que m'n afan, que v'ei, esto mor, é yl é r'vequi. Y esto perdeu, et yl é r'trouvé. » Y q'mincer don à foair festin.

Pourtan l' pé vi dos afan, qui estot din l's chan, è reveneu, et com yl esto tou pré d'oul maujon, yl hoïot le concert et l'ramache de ceu, qui dinsint.

Yl è houchi unq dè vaurlets, et yl é d'mendé ç' qui c'estot.

L' vaurlet ly é respondeu : — v'ost frère é r'veneu ; et vost père é tié l' vai crau, pa ç' qu'y le rehoit à la santé.

Ce qui l'ayant coursi, y n' velot ni intrer dans la maujon. — M' s' per estan sorti pou ly dir d'intré.

Vouci com y ly é respondeu. — V'la d'ja tou plin des ennées que j' vou serv, é j' n' vos a jamé d'sobéi à rin de ç' que v' m'avi coumandé : é pourtant vous n' m'ost jama baÿ in chaivrot pou m' réjoui avet mé ami.

Mas ossitot que vost aut' afan, qu'è guernouï s' bin avé dé fame perdeu, est reveneu, vous z'ot tié l' vai crau por lu.

Alost l' per ly di : — Me fi, vous étot toudi avet mi : é tout ç' que j'a, é à vo.

Ma il fallot foire festin é nou réjouï, pa ç' qu' vot frère estot mor et y revicq. Yl estot perdeu, et yl esté retrouvé » (1).

PASTOURELLE

En patois de Revin (Ardennes).

Fragment.

L'aut' tjour à r'vinant de l'Ausprêle,
Dischindant drè l'Ecuyer,
Tji rasconte on tjon' Bauchelle,
Qui m' r'venoit co bin assez.
Tj' ly dit : — Bel', que fy adroci,
Tout au mitan d' vos pachi,
Scarnetant parci, parlà
Après Tjacques ou Nicolas?
    Re, ri, tre, tra,
      La, la, la !

---

(1) Cette leçon nous est fournie par le t. vi des publications de la société des antiquaires de France. — Nous avons dû y faire quelques corrections indispensables. — P. 462 et suivantes du même volume, on trouvera des traductions de la même parabole dans le patois Wallon des provinces de Mons et de Namur.

— Tji n' sus min bia, Tjone Bauchelle,
Mais tj'ai de bia patacons.
Tj' en ai plin une escarcelle
Et co plin un vi chaudron.
Bel', si vo vouro m'amer
Et qu' vo vouro m'espoiser,
Por mi tj' n' demande nin mia ;
Ca tj' vos aime assez po ça.
    Re , ri , tre , tra ,
      La, la, la !

— Ouais don stila qu'il est drole !
A ous qu'i vient stiquer s' nez ?
Vo f'ri mia d'aller à scole.
Vos asto bin affronté.
Compér', passou vos chimoin ,
Ou sinon v's arous de m' moin.
Tji vos appell'rai grand via
A causé ainsi que ça.
    Re, ri, tre, tra ,
      La, la, la !

PATOIS DE RILLY-AUX-OIES,

Arrondissement de Vouziers (Ardennes).

Nous sons d' Rilly ,
Nous sons d' Rilly ,
Nous sons d' Rilly-aux-Oies.
Nous en d'venons,
Nous en d'venons,
Nous y rirons encore (1).

---

(1) Les archevêques de Reims possédaient le fief d'Attigny, dont relevait la commune de Rilly-aux-Oies. Ils firent remise d'un impôt féodal aux habitants de cette commune, à condition que chaque année, à un jour fixé, les jeunes garçons et les jeunes filles du pays, parés de rubans, de bouquets et de chapeaux de fleurs , viendraient faire trois fois le tour de la halle

Conjugaison du verbe Être.

Bords de la Meuse.   Entre Bouillon et Verdun.

Infinitif.

Esse. — Être.   Ite. — Être.

Indicatif présent.

Tji sus. — Je suis.		Je seuie. — Je suis.
Ti es. — Tu es.		T' as. — Tu es.
Y ut, é. — Il ut.		Il a. — Il est.
Nos astons. — Nous sommes.		J' itans. — Nous sommes.
Vos astou, asto. — Vous êtes.		V' iteies. — Vous êtes.
Ys sont. — Ils sont.		Y sont. — Ils sont.

Imparfait.

Tj' astois. — J'étais.		J' iteuie. — J'étais.
Ti astois. — Tu étais.		T' iteuies. — Tu étais.
Il astoit, estot, estit. — Il était.		Il itat. — Il était.
Nos astins. — Nous étions.		J' iteings. — Nous étions.
Vos astis. — Vous étiez.		V' iteings. — Vous étiez.
Ys astint. — Ils étaient.		Il iteingt. — Ils étaient.

Passé.

Tj'ai, sté, esti, esté. — J'ai été.   J'a itaie. — J'ai été.

Futur.

Tji s'rai. — Je serai.		Je sera. — Je serai.
Ti s'rais. — Tu seras.		Te serie. — Tu seras.
Y s'rait. — Il sera.		Y seri, y iert. — Il sera.
Nos s'rons. — Nous serons.		Je serans. — Nous serons.

---

d'Attigny avant dix heures du matin, en chantant les vers ci-dessus. L'archevêque, pour les rafraîchir, devait leur donner deux douzaines d'échaudés, quatre bouteilles de vin, du pain et des cerises.

Vos s'rous, s'ros.— Vous serez. Vos seraies. — Vous serez.
Ys s'ront. — Ils seront.   Y seront. — Ils seront.

Parfait défini.

Je fuci. — Je fus.
Te fuci. — Tu fus.
I fuci. — Il fut.
Je fucings. — Nous fûmes.
Vos fucing. — Vous fûtes.
I fucing. — Ils furent.

Conditionnel.

Que tj' fuche. — Que je fusse.   Que j' fucie. — Que je fusse.
Qui ti fuches. — Que tu fusse.   Qu' t' fucie. — Que tu fusse.
Qu'y fuche. — Qu'il fut.   Qu'i fucie. — Qu'il fut.
Qui nos fuchions. — Que nous fussions.   Que j' fuceinces. — Que nous fussions.
Que vos fuchions. — Que vous fussiez.   Que vo fuceinces. — Que vous fussiez.
Qu'ys fuchent. — Qu'ils fussent.   Qu'i fuceincent.— Qu'ils fussent.

Subjonctif.

Que j' soiie. — Que je sois.
Qu' t' soiie. — Que tu sois.
Qu'i soiie. — Qu'il soit.
Que j' soiences. — Que nous soyons.
Que v' soiences. — Que vous soyez.
Qu'i soient. — Qu'ils soient.

Participe passé.

Sti. — Été.   Etaie. — Eté.

Participe présent.

Astant, estont, astont. — Étant. Itant. — Étant.

Conjugaison du verbe Avoir.

Infinitif.

Ahoi. — Avoir.   Awoir. — Avoir.

Indicatif présent.

Tj'ai. — J'ai.   J'a. — J'ai.
Ti es. — Tu as.   T' i. — Tu as.
Il ét, é. — Il a.   Il i. — Il a.
Nos avons. — Nous avons.   J'avans. — Nous avons.
Vos avous. — Vous avez.   V' avaies. — Vous avez.
Ys ont. — Ils ont.   Il avont. — Ils ont.

Imparfait.

Tj'avois. — J'avais.   J'aveuie. — J'avais.
Ti avois. — Tu avais.   T' aveuie. — Tu avais.
Il avoit, avot. — Il avait.   Il ava. — Il avait.
Nos avins. — Nous avions.   J'avaings. — Nous avions.
Vos avis. — Vous aviez.   V' avaings. — Vous aviez.
Ys avint. — Ils avaient.   Il avaingt. — Ils avaient.

Passé.

Tj'ai heu. — J'ai eu.   J'a avu. — J'ai eu.

Parfait défini.

J'euïci. — J'eus.
T' euïcis. — Tu eus.
Il euïci. — Il eut.
J'euïcings. — Nous eûmes.
V' euïcings. — Vous eûtes.
Il euïcingt. — Ils eurent.

Futur.

Tj'aurai. — J'aurai.   J'ara. — J'aurai.
Ti aurais. — Tu auras.   T' arie. — Tu auras.
Il auroit. — Il aura.   Il ari. — Il aura.

Nos aurons. — Nous aurons.   J'arans. — Nous aurons.
Vos aurous. — Vous aurez.   V' araies. — Vous aurez.
Ys auront. — Ils auront.   Il aront. — Ils auront.

Subjonctif.

Que tj' aïe. — Que j'aie.   Que j'avié. — Que j'aie.
Que ti aïe. — Que tu aies.   Que t' avié. — Que tu aies.
Qu' il aïe. — Qu'il ait.   Qu'il avié. — Qu'il ait.
Que nos aïons. — Que nous ayons.   Que j'avainces. — Que nous ayons.
Que vos aïous. — Que vous ayez.   Que v' avainces. — Que vous ayez.
Qu' ys aient. — Qu'ils ayent.   Qu'il avaincent. — Qu'ils ayent.

Conditionnel.   Imparfait du subjonctif.

Il aurot. — Il aurait.   Que j' euïecie. — Que j'eusse.
   Que t' euïecie. — Que tu eusse.
   Qu'il euïecie. — Qu'il eut.
   Que j' euïcinces — Que nous eussions.
   Que v' euïcinces. — Que vous eussiez.
   Qu'il euïcincent. — Qu'ils eussent.

Participe passé.

Heu. — Eu.   Avu. — Eu.

GLOSSAIRE.

A. — En.
Adrachi. — Engraisser, engraissé.
Adreci, adroci. — Ici, alors, tout droit, en ce moment.
Afant. — Enfant.
Affronté. — Effronté.
Allowey. — Manger, mangé, dissiper, détruire.
Alost. — Alors, maintenant dans ce cas.

Amay. — Aimer, aimé.
Amoinou l'. — Amenez le.
Amon, amont. — Chez, auprès.
Amouno, l'. — Amenez le.
An. — En.
Anneye. — Année.
Apleni. — Emplir, empli.
Arrousoi. — Arrosoir.
Atonceney.— Etançonner, étançonné.
Attelay. — Atteler.
Atteleye. — Attelage.
Auge. — Aise.
Avé. — Avec.
Avoï, il. — Il envoya.
Balle. — Belle.
Barou. — Tombereau.
Batte. — Battre.
Batteux. — Batteur.
Bauchelle. — Jeune fille.
Baugi, et l'é. — Et l'a baisé.
Baÿ. — Donné.
Bayom'. — Donnez-moi.
Bé. — Bien.
Berouatte. — Brouette.
Bia. — Beau.
Bié. — Bien.
Bin. — Bien.
Binde. — Bande.
Boun. — Bon.
Ca. — Car.
Çai. — Ceux.
Canada. — Pomme de terre.
Caoure. — Coudre.
Chaivrot. — Chevreau.
Chimoin. — Chemin.
Cheu. — Tombé.
Chute, tout d'. — Tout de suite.
Cinse. — Ferme.
Cinsi. — Fermier.
Cloie. — Claie.
Co. — Encore. — Col.
Coubé. — Combien.
Coumonday. — Commander.
Coursi. — Courroucer.

Courti. — Jardin.
Cras, crau. — Gras.
Denney. — Donner.
Dennoume. — Donnez-moi.
Dépende. — Dépendre.
Det, ce qui. — Ce qui doit.
Deu. — Doigt.
Diche, qu'il. — Qu'il dise.
Digette. — Disette.
Dijot, il. — Il disait.
Din. — Dans.
Dinsint, ils. — Ils dansaient.
Dischindant. — Descendant.
Dispetchou vous. — Dépéchez-vous.
Disteley. — Dételer.
Disvivey. — Défricher.
Diverti. — Divertir.
Dja. — Déjà.
D'monday. — Demander.
D'nay. — Donner.
Do. — Du. — Il do : il doit.
Donsint, ils. — Ils dansaient.
Dou. — De, du.
Dret. — Droit, à côté.
Effont. — Enfant.
Efin. — Enfin.
Ein. — Un.
Enai. — Anneau.
Ennée. — Année.
Espoiser. — Epousr.
Excés. — Excès.
Fager. — manger.
Fare. — Faire.
Fautchi. — Faucheur.
Feinde. — Feindre.
Feney. — Faire les foins.
F'git, il. — Il fit.
F'gions. — Faisons.
Figeons. — Faisons.
Foaire, Foère, foire. — Faire.
Foï. — Creuser.
Foin. — Faim.
Fouait. — Fait.
Frére. — Frère.

Fumi. — Fumier.
Fy, que. — Que fais-tu.
Gache, gatche. — Gage.
Gleney. — Glaner.
Graind. — Grand.
Gregne. — Grange.
Grond. — Grand.
Guernouiay. — Dépenser.
Habillio, l'. — Habillez-le.
Habillou, l'. — Habillez-le.
Haïe. — Haie.
Hairdi. — Vacher.
Hame. — Homme.
Haurt. — Hart, lien.
Hawe. — Hoyau.
Hoïot, il. — Il entendit.
Hoirdey. — Garder.
Hoïut, il. — Il entendit.
Houchi, il. — Il appela.
Huquey. — Appeler.
Ilaire. — Elire.
Impleni. — Emplir.
In. — En, — un.
Inq. — Un.
Intrey. — Entrer.
Jama, jamé, jamouai. — jamais.
Jaune, jone. — Jeune.
Jeu. — Je.
Ji. — Je.
Laire. — Lire.
Lef, que je. — Que je lève.
Les, lesy, leus, leux, leuzy. — Leur.
Lon. — Loin.
Lu, ly. — Lui.
Ma. — Mais.
Maoure. — Moudre.
Mau. — Mal.
Maujon. — Maison.
Méchener. — Moissonner.
Mé. — Me, moi.
Més. — Mes.
Metto li, mettou li. — Mettez lui.
Mi. — Moi, me, ne.
Mia. — Mieux.
Mintgint, ils. — Ils mangeaient.
Mitan. — Milieu.
Mittos li. — Mettez-lui.
Moin. — Main.
Moingint, ils. — Ils mangeaient.
Mou. — Beaucoup. — Mon.
Mouai. — Emu.
Mu. — Mon.
Nelu. — Personne, aucun.
Ni, nin. — Pas, ne pas, néant, rien.
No. — Non.
Noumé. — Nommé.
One. — Une.
Ossi. — Aussi.
Ou. — Au.
Ouais don. — Voyez donc.
Oul. — Le, leur.
Oum. — Homme.
Oun. — Un.
Oùs. — Où est-ce.
Pa. — Par.
Pachi. — Verger, paturage.
Pamme. — Pomme.
Paouraie. — Poudrer.
Paoure. — Poudre.
Pardeu. — Perdu.
Paritre. — Paraître.
Partache. — Partage.
Passou, vos. — Vous passez.
Patacon. — Ecu.
Paule. — Bêche.
Paurti. — Partir.
Pé. — Plus.
Pechaun. — Personne.
Pére. — Père.
Pi. — Pied.
Piteux. — Emu, compatissant.
Piti. — Pitié.
Plonte. — Plante.

11

Po. — Peu.
Poin. — Pain.
Pou. — Pour.
Pourçai. — Pourceau.
Pourtont. — Pourtant.
Proumatte. — Promettre.
Pu. — Plus.
Punt. — Pont.
Quémenchiey. — Commencer.
Quœure. — Cuire.
Rafouraie. — Fourrage.
Ramachey. — Ramasser.
Rascontey. — Rencontrer.
Rastili. — Ratelier.
Ravisqué. — Ressuscité.
Redure. — Réduire.
Rehoit, il. — Il revoit.
Réjoui. — Réjouir.
Restai. — Rateau.
Reveneu. — Revenu.
Reveni. — Revenir.
Revéqui. — Ressuscité.
Revicq, il. — Il Revit.
Rihoi. — Revoir.
Rin. — Rien.
Rintri. — Rentrer.
Roie. — Sillon.
Saucler. — Sarcler.
Saurpay. — Cognée.
Saurter. — Essarter.
Saurti. — Sortir.
Scafion. — Écorces, débris.
Scarnetant. — Badinant.
Scole. — École.
Seve, que je. — Que je serve.
Soï. — Scier.
Solé. — Soulier.
Stauve. — Écurie.
Steulle. — Chaume.

Sti. — Celui, ceci.
Stila. — Celui-là.
Stiquer. — Mettre, fourrer.
Strain. — Chaume, paille.
Tapper, se. — Se jeter.
Tchère. — Chère.
Tcherron. — Charron.
Tcherrühe. — Charrue.
Tchons. — Champs.
Témé. — Tombé.
Tié. — Tué.
Tjaube. — Gerbe.
Tjaurner. — Germer.
Tjavai. — Javelle.
Tjone. — Jeune.
Touché, touci. — Ici, là.
Toudi. — Toujours.
Toula. — Là, ici.
Traitom'. — Traitez-moi.
Troupai. — Troupeau.
Tuo-l', tuou-l'. — Tuez-le.
Ung, unq. — Un.
Vache, que je. — Que j'aille.
Vai. — Veau.
Vaille, que tji. — Que j'aille.
Vaurlet. — Valet.
V'ci. — Voici.
Veheu, il a. — Il a vu.
Velot, il. — Il voulait.
Veyo, il. — Il le vit.
Vi. — Vieux.
Via. — Veau.
Vié, viet. — vieux.
Vinte. — Ventre.
V'la. — Voilà.
Von. — Van.
Vost. — Votre.
Vouci. — Voici.
Vouro, vos. — Vous voudrez (1).

---

(1) Je dois une grande partie de ces notes au glossaire roman wallon, de D. François, et aux renseignements, que M. l'abbé Nanquette a bien voulu me transmettre.

PATOIS DE LA COMMUNE DE SOMMEPY,.

Arrondissement de Sainte-Menéhould (Marne).

Parabole de l'Enfant prodigue.

C'étouoit in homme qu'aouoit deus affants: v'la que l' pu jeune ai dit à sou père: — Y faut qu' vous m' donness' tortout ce ç' qui m'ervié d' mou biey. — L' père leuz ai don fait l' partache ed tortout ce ç' qu'il aouoit.

V'la qu' in pau apré, l' pu cadet d' ces deus affants, quand il ai yeu ramosseye tortout ce ç' qu'il aouoit, s'en ai annaleye dans in paÿs benne long, oùs qu'il ai dispenséye sou biey â faisant des bamboches, quand il ai yeu mengi tourtout, la qu'gn' é v'ni enn' grande famine dans ç' paÿs la. Il a don qu'manci à choir dans l' bésoin ; quand il ai veuye ça, y s'ai éteye agagi cheu in homme, qu'aouoit tout plein d' pourcios. Ou l'ai tout d' suite avoyé dans les champs pou les gardéye. Il arouoit benne volu mangi d's écaurces aveuz eux ; mais c'é qu' personne enne l'y an ai volu donnéye.

La comme y s' disouoit toujou à lu même : — coubenne ce qu' gn' é d' domestiques aux gaches d' mou père, qu'ont pus ed pain, qui n'eus â faut : et mi j'su toutla à mori d' fain. Y faut qu'éch meu l'vèse et pis qu'éch voss' trouver mou père et pis qu'ech li diss': — Moun père, j'a péchi conter l' ciel et conter yous. Je n' su pu digne d'éte vot' garçon. Traitèm' comme yeun dés steux, qui sont à vos gaches.

Y s'ai don annallaye cheu sou père. Il étouoit portant aco biey long, quand sou père l'ai veuye : il ai couri aud'vant sou garçon; et pis quand il ai étaye tout d'vé͏̈luye, il a sentu qu' ses entrailles an équié émusses d' compâssion. Ii l'ai abrassi tout d' suite. Et pis son garçon l'y ai dit : — Mou père, j'a péchi conter l' ciel et conter l' ciel et conter vous. Je n' douvreuye pu êt appeley vot fi.

Mai sou papa ai tout d' souite dit à ses domestiques : — appaurtez sa promière raube, et pi v'li mettrez. Mettez-li étoui in agniot à son doigt, et pis des souyés à ses pieds. Amain. nez l' vios gras toutla : touell'. Mangeans, régallans nous

Puisque mou garçon étouait maur mô et qu'il est ressusciteye: il étouait perdu, et il est r'trouveye.

Il ont donc fait des bonnes bouss'tifailles. Pendant ç'temps là l' pu vieux d' ces deus affants, qu'étouoit aux champs, ai r'venu. Quand il ai étéye d'vé la maison, il ai attendu l' son des instrouiments, l' brû des s'teux, qui dansié.

Il ai appelleye queuqu-z' un, et pis il ai d'mandé quoi ç' n'aouoit — en ly ai répondu qu' c'étouoit pa ç' que sou frère étouoit r'v'nu, qu' sou père aouoit fait touer l' viot gras pas ç' qu'il étouoit trop content de reoir son garçon biey portatif.

Ça l'ai fachi si fort qu' n' voulouoit pu rentrer cheuz eux. Son père ai toussuite sourtu pou ly dire ed v'ni.

Il y ai répondu : — V'la dréja lontemps qu'ech vous serve : je n' v'a jamais désobéi dans riey drè qu' vous m'avez qu'mandéye ; et pou tout' récompense j' n'a jamais riey yeu, pas tant seul'mâ in p'tit cabri pou m' réjoui aveuz mes camarates. Au lieu qu' vot aut fi, qu'ai mengi tortout sou biey aveu les femmes de riey, ai tortout ce ç' gn'é bon à la mison.

Sou père li ai repondu : — V'avez toujou éteye aveu mi, et ce ç' que j'a, c'é aussi benne à vous qu'à mi. Y falloueit benne faire enne boustifaille et pis nous réjoui pouisque vot' frère étouoit môr et qu'il est ressussiteye, il étouoit perdu et il é r'trouveye (1).

———

Phrases diverses empruntées au patois de Sommepy.

Nous autes laboureuye y faut qu'onz eu soin cd tortout. Si on z'est pou faire in voyache, y faut appelleye ell' domestique et pi li dire : — ai tu mie la mauille ed grain dans les sacs ? ai tu mis les paumes et pi les paumillons ed cotèye ? ai tu appretaye ell' chair ? ai tu sougni l' ch'fau ? li ai tu laveye les pieds dans la glauille ?

Eh benne ! mets ta roche et tâche ed benne vâte mou fromâ et pi mou soile. Et pi ed'main, mès que tou soit er'venu, t'appretreye les bignots, l'airse, et pi la grosse chairue. Tu sais benne equ' j'avans des rouilles à faire.

———

(1) Tous les éléments de ce chapitre nous sont envoyés par M. l'abbé Voisembert, curé de Sommepy.

N'oblie mi d'em rappaurteye, ce ç' qu'ich' t'a dréja qu'mandéye, in estrinque ou ine clifue, in pallon ou in ech'touire, in hoiot, in requiot, (tache qu' n' soit mi corblu,) in flayot, in ramon, in platlet, in choufflot, in pelon avec le couvercieau, enne rasette, enne ragusette, enne brousse, des epâs pou mett' lâmie, in crama; in caurnet, et queuque beuzons d'auilles.

Y m' faut étout des chum'nons, in vaillin, des drangries, du rigolet, des prougnots, des caillots, des caurennes, du savlon.

Si gn'ai des balosses, t'â rappaurtereye étout. Tou sais benne equ' j'aime biey casser les caquillons, qui sont eddans, et qu'ich' n'haï mi les pouillettes.

Quiés! v'la qu' ich' pense au prome à ma fouaine : y m'a faut portant yeune. Allons! prends ta courgie et pi vas-1-à.

———

Allons! j'a tout plein à queude anue : ech' vas laveye mes mains dans l' déjeuneye, qu' est dans l' glassoi. C'mâ ça qu' el paurjon n'est mi aco à la soupe? Il est portant loï aveu du fileye. — Appaurt' mou mou guinquiot et mou susiot, ta cotte, tou jacson, ta purette à côrset, ta banette, tou bounet, tou calot. — Torlout s'rai fini pou la nutie. Vas m' qu'ri des agrapins, des pourplettes et pi enne blouque.

Quand t' areu in pau mal à la jau! y n' fait mi tant d' vât! n'eus mi peuye! marche.

Tes doïles ed faisons mal? Teu n' t'â plaindeu mi t' à l'eure, quand tou jouen aveu des équergnots. Allons! enn' fais mi tant d' marances.

Tou véreye nous qu'ri d' la grouette ed viot por nous soupeye. Et quand tou mettreye la talc, tou n'oublierai mi l' câbot pou éteinde not' chandelle (1).

———

Allons, av'nez, ma Ninie. Qu'est-ce qui v'ai mis du nana dans vot' banban? C'eye au moins éleye l' Nonnon. — Nez bon la vot' tutute. — Allons joujoute au dandan : vous oirez les biots pâpâs. — Y n' faut mi equ' vous marchess, piss' v' avez du bôbô à vos pilots. — Allons, donnez vos minottes. — Quoi ç' vous mangez, ma chatte? c'est du ba-

———

(1) Cette conversation parait avoir lieu entre une mère et son enfant.

bâque! Ç'a vous fereye mal à vos biquas : y sont déja assez douilles. — Regardez don la belle cacaille. Ouvrez don vos p'tits nunueyes : vous n' peuvez pu? Et benne, av'nez faire nainéye dans l' bon dâdo (1).

———

Mou ouvrage est finite mi : Et ti, tou ouvrache est elle faite?

— Elle est finite étout, benne aco in moument. Et mès que y soit passeye, ech' tou donnera yauque. Pe-tête cqu' ça nâ s'rai mi ce ç' qu' tou vaureu biey. Mais passi ti, à nallant p' d'vé ç' marchant d' lives la, t'arai ed quoi choisir.

Entrans : abaud' don in pau. — V'la l' maite la bas : vas l' qu'ri. Mi, ech' ress' toutla.

— Quoiss' tou dis? equ' j'y vasse? mais nou moi la; j'en' veux mi.

— Ecoute! tou ly dirai barma comme n'a : — Moussieu... equ' tou m' fais dou assotir ed toujou clamer comm' n'a!

Tou n' ouois don mi clair? eh benne! ech' vas t' lumer. Mais qu'mâ ça qu' tu quele toujou? Tou n' fais qu' gaviner.

J' su odeye.

— Tou su c'orant! bé, viez d' couchi benne vîte. Ai tu faim? Oh! comme tou mâquilles. Laisse tou pain tout la. Quiez, v'la tou bounet. Affules-tu! mais tou croule! — C'est t'i que t'ai froid? J' vas ravorilli l' feuye pou qu' bon-zé chaud. Couche-tu : enn' tou déganle mi. — Comme tou v'la oiffi! J'enn' t'a portant mi dégatilli. Allons dors vitemâ!

———

Verbes Être *et* Avoir.

J' su. — Je suis.	J' s'ra. — Je serai.
Tou su. — Tu es.	Tou s'rai. — Tu seras.
Il est. — Il est.	Y s'rai. — Il sera.
J' étans. — Nous sommes.	J' s'rans. — Nous serons.
V' étez. — Vous êtes.	Vous s'rez. — Vous serez.
Y sont. — Ils sont.	Y s'ront. — Ils seront.

———

(1) Ces propos s'adressent à un enfant en bas âge.

J'éteu. — J'étais.
T' éteus. — Tu étais.
Il étouoit. — Il était.
J' équiez. — Nous étions.
V' équiez. — Vous étiez.
Il équiez. — Ils étaient.

J'a éteye. — J'ai été.

J' s'reu. — Je serais.
Tou s'reu. — Tu serais.
Y s'rouoit. — Il serait.
J' seriez. — Nous serions.
Vous seriez. — Vous seriez.
Y seriet. — Ils seraient.

J'areu étaye. — J'aurais été.

J'a. — J'ai.
T' ai, t'é. — Tu as.
Il ai, il é. — Il a.
J' avans. — Nous avons.
V' avez. — Vous avez.
Il ont. — Ils ont.

J'aveu. — J'avais.
T' aveu. — Tu avais.
Il aouoit. — Il avait.

J'areu. — J'aurais.
T'areus. — Tu aurais.
Il arouoit. — Il aurait.
J'ariez. — Nous aurions.
V' ariez. — Vous auriez.
Il ariet. — Ils auraient.

J' aviez. — Nous avions.
V' aviez. — Vous aviez.
Il aviet. — Ils avaient.

J'ara. — J'aurai.
T' arai. — Tu auras.
Il arai. — Il aura.
J' arans. — Nous aurons.
V' arez. — Vous aurez.
Il aront. — Ils auront.

Qu' j'eus. — Que j'aie.
Que t'eus. — Que tu aies.
Qu'il eut. — Qu'il ait.

Il a yeu. — Il a eu.
J'avons yeu. — Nous avons eu.

GLOSSAIRE.

A, an. — En.
Abrassi. — Embrasser.
Abaud' don. — Regarde donc.
Aco. — Encore.
Affant. — Enfant.
Affuleye. — Coiffer.
Agagi. — Engager, louer.
Agniot. — Anneau.
Agrapin. — Agrafe.

Airse. — Herse.
Anue. — Aujourd'hui.
Appeleye. — Appeler.
Appretaye. — Apprêter.
Assotir. — Impatienter.
Auille. — Oie.
Auprome. — Seulement, de suite.
Aute. — Autre.

Aveu, aveuz. — Avec.
Avoyé. — Envoyé.
Babaque. — C'est sale.
Balosse. — Prune.
Banban. — Tablier.
Banette. — Tablier.
Barmo com' n'a. — Bien comme ça.
Bennon. — Bien.
Beuzon. — Plume.
Biey. — Bien.
Bignot. — Binette.
Biquas. — Dents.
Blouque. — Boucle.
Brousse. — Brosse.
Cabot. — Eteignoire.
Cacaille. — Lune.
Caillot. — Noix.
Calot. — Serre-tête.
Camarate. — Camarade.
Caquillons. — Noyaux.
Caurenne. — Noisette.
Chair. — Char, voiture.
Chairue. — Charrue.
Char. — Chair, viande.
Cheu, cheuz. — Chez.
Ch'fau. — Cheval.
Choufflot. — Soufflet.
Chum'non. — Chenet.
Clamer. — Crier.
Clifue. — Seringue.
C'mâ. — Comment.
Conter. — Contre.
Corblu. — Courbé.
Coteye. — Côté.
Cotte. — Robe.
Coubenne. — Combien.
Courgie. — Fouet.
Couri, il ai. — Il a couru.
Couverciot. — Couvercle.
Crama. — Crémaillère.
Croler. — Trembler.
Dado. — Lit, coucher.
Dandan. — Eglise.

De. — Te.
Déganter. — Tirer de cachette.
Dégatiller. — Châtouiller.
Doiles. — Doigts de pied.
Douille. — Sensible.
Douvreuye, je. — Je devrais.
Drangries. — Dragées.
Drè. — Dès.
Dréjà. — Déjà.
D'vé. — Vers.
Ech, eche. — Je.
Ech'touire. — Pelle.
Ed. — De.
Ell'. — Le.
Emusse. — Emue.
Enne. — Une.
Epas. — Marche.
Eque. — Que.
Equergnots. — Hannetons.
Ervié, il. — Il revient.
Estringue. — Seringue.
Eteinde. — Eteindre.
Eus. — Leur.
Fileye. — Fil.
Flayot. — Fléau.
Fouaine. — Fourche en fer.
Fourmâ. — Froment.
Gaches. — Gages.
Gaviner. — Pleurer.
Glassoi. — Evier.
Glauille. — Mare d'eau.
Grouette. — foie.
Guinquiot. — Etui.
In, ein. — Un.
Jau. — Joue.
Joueus, tu. — Tu jouais.
Joujoute, aller. — Aller promener.
Lâmie. — Devant la porte.
Laveye. — Laver.
Leuz. — Leur.
Long. — Loing.
Lu. — Lui.
Lumer. — Eclairer.

Luye. — Lui.
Mangi. — Mangé.
Mangeans. — Mangeons.
Marance. — Manière.
Maurfiller. — Mâcher.
Mauille. — Tas.
Mès que. — Pourvu que, dès que.
Mi. — Moi. — Ne, pas.
Mie, as tu. — As-tu mis.
Minottes. — Petites mains.
Mori. — Mourir.
Mou. — Mon.
Maineye. — Aller.
Nana. — Pain.
Nonnon. — Monsieur.
Noumoi. — Non pas.
Nunueyes. — Yeux.
Nutie. — Nuit.
Oder. — Fatiguer.
Oiffl. — Essoufflé.
Ouois, tu. — Tu vois.
Ouvrache. — Ouvrage.
Pâ. — Par.
Pâ dret. — Du côté, vers.
Patlon. — Pelle.
Pâpâs. — Images.
Partaiche. — Partage.
Passi ti. — Comme tu dis.
Pau. — Peu.
Paumes. — Épis.
Paumillons. — Petits épis.
Paurjon. — Poireau.
Paurplette. — Porte d'agrafe.
Péchi. — Péché.
Pelon. — Poëlon.
Petete. — Peut-être.
Peuye. — Peur.
Pilot. — Pied.
Pis. — Puis.
Plaindeu, je m'. — Je me plaignais.
Por. — Pour.
Portatif. — Portant.
Portant. — Pourtant.

Pou. — Pour.
Pouillette. — Amande.
Peuisque. — Puisque.
Promière. — Première.
Prougnots. — Pruneaux.
Pu, pus. — Plus.
Purette. — Vêtement simple.
Queler. — Pleurer.
Queude. — Coudre.
Queuque. — Quelques.
Quiés. — Tiens.
Qu'manci. — Commencé.
Qu'ri. — Appeler.
Raboureuye. — Laboureur.
Ragusette. — Pierre à repasser.
Ramasseye. — Ramasser.
Ramon. — Balai.
Rasette. — Tasse de bois.
Rauille. — Sillon.
Ravoriller. — Remuer le feu.
Recrant. — Fatigué.
Regallans-nous. — Régalons-nous.
Réquiot. — Rateau.
Riey. — Rien.
Rigolet. — Réglisse.
Roche. — Sarrau.
Sav'lon. — Savon.
Saurtu. — Sorti.
Sentu. — Senti.
Seulmâ. — Seulement.
Si gn'ai. — S'il y a.
Soile. — Seigle.
Sou. — Son.
Souite. — Suite.
Soupeye. — Souper.
Souyé. — Soulier.
Steux. — Ceux-là.
Susiot. — Ciseau.
Talc. — Table.
Ti. — Toi.
Tortout. — Tout.
Tou. — Ton.
Toujou. — Toujours.
Toula. — Ici, là.

Tutute. — Mouchoir.
Vaillin. — Pelle à feu.
Vasse, que j'. — Que j'aille.
Vat. — Vant.
Vâte. — Vendre.
Vaureu, tu. — Tu voudrais.

Vereye, tu. — Tu iras.
V'ni. — Venir.
Volu. — Voulu.
Voyache. — Voyage.
Yauque. — Quelque chose.
Yeun, yeune. — Un, une.

Résumé des remarques de Grosley sur le langage encore usité à Troyes dans le XVIIIe siècle.

A. — De. Le champ à Pierre.
Abre. — Arbre.
Adrès. — Ardres.
Ain, aine. — Un, une.
An. — On.
Benin, pain. — Pain béni.
Berbis. — Brebis.
Berlan. — Brelan.
Bregier. — Berger.
Chemi. — Chemin.
Coutuzière. — Couturière. La lettre R au milieu des mots se prononçait comme le Z.
Ecuzie. — Ecurie.
Ein. — Un.
En. — On.
Ergarder. — Regarder.
Fourveyer. — Fourvoyer.
Fremer. — Fermer.
Fusin. — Fusil.
Guille. — Quille.
Mairosse. — La femme du maire.
Maîtrosse. — Maîtresse
Mati. — Matin.
Modre. — Mordre.
Neyer. — Noyer.
Odre. — Ordre.
Pauvrosse. — Pauvresse.

Pedre. — Perdre.
Persin. — Persil.
Persoir. — Pressoir.
Perter. — Prêter.
Pleyer. — Ployer.
Preutir. — Pétrir.
Que. — Tant que, tellement que. — Pourvu que, dès que.
Raidosse. — Rudesse.
Récuzer. — Récurer.
Remanger. — On se sert souvent en Champagne de la répétition des mots : ainsi on dit j'ai mangé et remangeras-tu. — J'ai bu et reboiras-tu. — Dans le poème de Growestein, écrit en patois de Possesse, on trouve : je — l'as prouvei ; prouvei je l'as.
Remin, saint. — Saint Remi.
Reviennont, ils. — Tous les verbes recevaient la désinence en *ont* à la 3e personne du pluriel.
Ruion. — Petite rue. La syllabe *on* mise à la fin des mots était un signe de diminutif.
Suillon. — Petit seau.
Vion. — Petite voie.

Notes sur la prononciation conservée dans les communes de Gourgançon, Semoine et Salon, situées dans le canton de Sézanne, arrondissement d'Epernay (Marne).

Mèze. — Mère.
Pèze. — Père.
Pant. — Pont.
Agnan. — Oignon.
Fendre. — Fondre.
Fondre. — Fendre.
Dia. — Diable.
Tale. — Table.

Étazer. — Écraser.
Couto. — Couteau.
J'ons. — J'ai, nous avons.
J'avions. — Nous avions.
J'alliains. — J'allais.
Je veniains. — Je venais.
Frèze. — Frère.
An. — On.

Fin du Ier Volume.

www.ingramcontent.com/pod-product-compliance
Lightning Source LLC
Chambersburg PA
CBHW070631170426
43200CB00010B/1977